Anonymous

Der altsächsische Beichtspiegel zur Zeit des Heiligen Liudgerus und seiner nächsten Nachfolger

Anonymous

Der altsächsische Beichtspiegel zur Zeit des Heiligen Liudgerus und seiner nächsten Nachfolger

ISBN/EAN: 9783337320683

Hergestellt in Europa, USA, Kanada, Australien, Japan

Cover: Foto ©Lupo / pixelio.de

Weitere Bücher finden Sie auf **www.hansebooks.com**

Der altsächsische Beichtspiegel

zur Zeit

des h. Liudgerus und seiner nächsten Nachfolger

mit Übersetzung und Wörterbuch,

Festgabe

zur

Feier des 1050jährigen St. Ludgeri-Jubiläums

in der

St. Ludgeri-Kirche zu Münster,

von

Dr. J. R. Köne,

Oberlehrer am Gymnasium zu Münster,
Mitglied des Vereins für Geschichte und Alterthumskunde Westfalens, des historischen Vereins zu Münster, des naturhistorischen Vereins für Rheinland und Westfalen, des vlämisch-holländischen Sprach-Congresses, Inhaber der goldnen Denkmünze für Wissenschaft.

(Zugabe: Verzeichniß der Bischöfe von Münster.)

Münster,
Druck und Verlag von Friedrich Regensberg.
1860.

Seiner

Hochwürden und Gnaden

Johann Georg,

Bischof von Münster,

dem 64sten Nachfolger des heiligen Liudgerus

in

treuer Liebe und inniger Verehrung

gewidmet.

Gedenke:

Erot endi minniot
biscopos endi prestros.

Nach Beichtfp. 3. 55.

Vorsicht.

Wer diesem hehren Denkmal altsächsischer Sprache und Frömmigkeit nahe zu treten gedenkt, um dessen Schönheiten und Wahrheiten gründlich zu erkennen und zu würdigen, der wolle nicht versäumen, sich vorher anzusehen und zu merken die Gedanken, welche unter folgenden Worten dargelegt sind:

1. Der Fund.

Archiv-Rath Lacomblet hat das Glück gehabt, dies höchst werthvolle Denkmal zu entdecken, wie er selbst sagt in seinem Archiv für die Geschichte des Niederrheins I. S. 1:

Die Handschrift, worin der Herausgeber das nachstehende schöne Sprachdenkmal entdeckte, enthält das Sacramentar Gregors des Großen, ein Calendarium und mehrere kirchliche Formeln und Lectionen von etwas verschiedener Hand, theils vorgeheftet, theils angereihet, unter diesen einige Einweihungs- und Beschwörungs-Formeln, z. B. bei Gottesurtheilen durch die Wasser- und Feuerprobe. Hier findet sich auch ein Ordo ad dandam poenitentiam, worauf, ohne Absatz oder Aenderung der Schrift, die vorliegende Beichtformel folgt, daher sie leicht unbemerkt bleiben konnte.

In alter Zeit hat die Handschrift, welche die Spuren eines hundertjährigen Gebrauchs zeigt, dem Frauenstifte zu Essen gedient, dem sie vielleicht, da ein solches Buch zu den ersten Bedürfnissen einer neuen kirchlichen Pflanzung gehörte, von ihrem Stifter, dem Bischofe Alfrid (richtiger Altfrid) von Hildesheim, also bald nach der Mitte des neunten Jahrh. zugewendet worden ist. Auch die Schriftzüge bezeichnen das neunte

Jahrh. und die Sprache des Denkmals selbst berechtigt, dessen Abfassung dem Anfange dieses oder noch dem Ende des achten Jahrh. zuzuschreiben.

2. Der Werth.

Der entdeckte Schatz ist wie Gold unter den Erzen, in so schmuckem und lieblichem Glanze leuchtet uns entgegen die Sprache desselben. Die Töne der Worte geben bewundernswürdig reinen, hellen, vollen Klang. Sie prangen in so vollendeter Blüte, wie sie von altsächsischem Munde gewiß niemals gediegener und schöner gesprochen werden sind. Es offenbart sich darin in jedes Wortes Laut die Sprache des achten, siebenten, sechsten Jahrhunderts in Sachsen, ja viele Formen strahlen noch im herrlichen Gepräge der gothischen Vollendung. Der ganze Bau spricht durch seinen festen Verhalt und sein zartes Gefüge entschieden und wahr: die altsächsische Sprache ist die älteste, edelste, verehrungswürdigste Tochter der gothischen Sprache. So ist schön wie Gold die Netz des Beichtspiegels in der Worte Laut und Ton, sie ist aber nicht minder schön wie Gold in der Worte Sinn und Gedanken. Die sind von der kostbarsten Güte. Denn indem sie uns sagen, was böse oder Sünde ist in Gedanken, Worten und Werken, lassen sie uns zugleich erkennen, was gut oder Tugend ist. Die Worte verkünden so das Gottes Wort in der lautersten Reinheit, haben so verkündet die ewigen Wahrheiten des christlichen Glaubens und die daraus folgenden Pflichten der Menschen gegen Gott, gegen den Nächsten, gegen sich selbst, haben das gethan zur Bekehrung der Heiden in Westfalen. Die Worte, wie sie in diesem Spiegel für den beichtenden Sachsen gedacht und gefaßt erscheinen, verrathen den Geist eines Mannes, der schaute auf den tiefsten Grund göttlicher Tugend und menschlicher Sündhaftigkeit, so würdig eines von Gott gesandten Bekehrers der Heiden in unserm Vaterlande, eines Kirchenfürsten, eines Bischofs, eines großen Heiligen, eines heiligen Liudgerus.

3. Der Urheber.

Der heilige Liudgerus, Apostel der Westsachsen oder Westfalen, als Bischof deren oberster Seelenhirt muß allein schon auf Grund dieser seiner göttlichen Sendung und dieser seiner heiligen Amtswürde für den Urheber des Beichtspiegels gehalten werden. Aber es gibt auch noch andere innere und äußere Anzeichen, welche den Gedanken nahe legen und stützen, daß schon der erste Glaubensbote im Lande der zu bekehrenden Sachsen die in diesem Beichtspiegel vorliegende Weise eines Sündenbekenntnisses gefaßt und gelehrt habe:

1. Die Sprache im Beichtspiegel bekundet durch ihre hohe Vollendung entschieden genug die Zeit um 800, also die Zeit der Wirksamkeit des heiligen Mannes in Westfalen. Ihr ganzes Gepräge zeigt noch, wie schon angedeutet, unversehrt die Schönheit einer noch weit ältern Zeit, fordert also um so mehr zum Urheber den heiligen Liudger.

2. Großer Geist gibt sich dar in der ganzen Anlage des Beichtspiegels, wie in den einzelnen Sätzen, große Gewissenhaftigkeit in der Lehre von Tugend und Sünde, beide Eigenschaften groß zum Bewundern im Leben Liudgers von Kindheit an bis zu seinem Tode. Wir vermögen uns keinen andern Urheber der in dem Beichtspiegel sich offenbarenden Glaubens- und Sittenlehre zu denken, als den Mann, in dessen Leben ausdrücklich geschrieben steht, wie liebreich er Gäste empfing und bewirthete, wie hoch er achtete seine Herrschaft, den Kaiser, wie musterhaft mäßig er war in Essen und Trinken, der seine ganze große Einnahme von seinen Gütern unter die Armen vertheilte, seine Tagesgebete mit großer Gewissenhaftigkeit verrichtete, Schmähen und Fluchen nachdrücklich bestrafte, das unrecht Lesen des göttlichen Wortes so bitter bereuete. Alle diese herrlichen Tugenden und noch eine Reihe anderer, deren Verletzung im Beichtspiegel als Sünde bezeichnet ist, würden vielleicht gar nicht, oder doch so durchweg nicht so ausdrücklich und nachdrücklich in den dawider begangenen Sünden gelehrt und gepriesen sein, wenn nicht Liudger, der an jenen Tugenden so reiche Heilige, hier für den Urheber gelten sollte.

3. Nicht zulässig ist der Gedanke, daß Jemand anders, selbst ein Geistlicher, zur Zeit des h. Liudger, einen Beichtspiegel dieses Inhaltes und dieser Umgrenzung für das ganze Volk neben dem Oberhirten desselben verfaßt und in ein Sacramentar zum kirchlichen Gebrauch eingetragen habe. Das Recht und die Pflicht zu der Abfassung und Verbreitung eines Werkes, dessen Gehalt zur Spende und zum würdigen Empfange des Sakraments der Buße so wesentlich ist, stand nur zu, vermöge Amt und Hoheit, dem geistlichen Herrn über Priester und Volk, dem Bischof Liudger. Und so kann Urheber unseres Beichtspiegels nur sein der h. Liudger.

4. Der Name.

Beichtformel haben die frühern Herausgeber dieses altsächsische Sündenbekenntniß zu nennen beliebt. Aber Formeln sind kalt und todt, Eigenschaften, welche für gewisse wissenschaftliche und andere Zwecke erwünschte Dienste leisten mögen, für den Zweck jedoch, welchen ich bei dieser Ausgabe nur allein in Auge habe, ist ein so ungemüthlicher, herzloser Name, widerwärtig und unleidlich. Welches Gemüth würde es ertragen, wenn wir das Confiteor der h. Messe Formel nennen würden? Und in der That ist ja doch diese Beichte nur das erweiterte Confiteor der h. Messe. Anfang und Schluß sind fast genau dieselben Worte, und nur für den dazwischen stehenden allgemeinen Ausdruck: peccavi nimis cogitatione, verba et opere mea culpa, sind hier die Sünden einzeln namhaft gemacht, wie es die Beichte als Sakrament fordert. Dies kürzere und längere andächtige Confiteor Beichtformel zu nennen, wie das andächtige Vaterunser Gebetformel, wäre unleidlich für ein andächtiges Gemüth. Dagegen ist um so inniger und sinniger die Benennung Beichtspiegel; als bekannter Name für die Verzeichnung der Sünden, wie sie der Lehre über den Empfang des Sakraments der Buße beigefügt zu werden pflegt. So wird es keiner weitern Entschuldigung oder Rechtfertigung bedürfen, daß ich die kahle und kalte Formel übersetzt habe mit dem sinnbildlichen und sinnvollen Spiegel.

5. Die Ausgaben.

Den ersten Abdruck besorgte Lacomblet, der glückliche Entdecker, wie schon oben angegeben, in seinem Archiv für die Geschichte des Niederrheins I. S. 1. Eine ins Einzelne gehende sprachliche und geschichtliche Wertbung dieses Denkmals war, da es ja sächsisch und nicht rheinisch ist, außer dem Zwecke dieses Archivs gelegen. Doch hat der gelehrte und berühmte Herausgeber unter dem Texte einige sprachliche Bemerkungen beigefügt, welche ich im Wörterbuche an der betreffenden Stelle berücksichtigt habe. Tiefen und scharfen Blick in die Geschichte bekundend ist der vorausgeschickt Gedanke: dies Denkmal ist die älteste deutsche Beichtformel und Quelle aller bisher bekannt geworden, die althochdeutschen Beichtformeln sind nur Ueberarbeitungen dieser. Mit diesem Gedanken hat der Mann, der ihn sprechen konnte, für sprachliche und kirchengeschichtliche Forschung ein großes und reiches Feld eröffnet, auf welchem Felde wir nun um so bequemer zu suchen und zu finden vermögen, als Maßmann, der gewaltige Kenner und Erforscher der Sprache, in seinem Werke: Bibliothek der gesammten deutschen National-Literatur, im VII. Bande: die deutschen Abschwörungs-Glaubens- Beicht- und Betformeln vom achten bis zwölften Jahrh., auch diese altsächsische Beichte hat abdrucken lassen. Die sparsamen und kurzen gewöhnlich nur andeutenden Bemerkungen unter dem Text habe ich, wo thunlich, zu beachten gesucht, sehnlich wünschend, aus dem so reichen Schatze des gelehrten Mannes reichere Gaben. Doch solche Spende verbot ja der Bereich seines Werkes. In nächster Nähe lag der sprachliche Theil unserer Beichte dem ersten Herausgeber des Heliand bei Anfertigung des Glossars dazu. Und so hat denn auch Schmeller mit der ihm eignen Sorgfalt und Vorsichtigkeit alle Wörter unseres Beichtspiegels aufgenommen und ins Latein übersetzt. Somit war denn auch zur Werthung der Leistungen des berühmten Sprachforschers stetige Gelegenheit geboten, die ich mit Sorgfalt benutzt habe. Immerhin ist es zu bedauern, daß dieser Beichtspiegel nicht entdeckt und veröffentlicht war, als Jacob Grimm seine grammatischen Werke ausarbeitete. Was später Grimm für Aufhellung der Dunkelheiten gethan hat, betrifft nur einzelne Wörter und ist zerstreuet in seinen oder andern wissenschaftlichen Werken. Wo diese mir zur Hand waren, hab' ich mit Freuden gesehen und bedacht die Erklärungen des Fürsten unter den deutschen Sprachforschern.

Bei unbefangener Werthung dessen, was nach der gegebenen Uebersicht bis jetzt für ein ausgezeichnetes Denkmal altsächsischer Sprache geschehen, wird, hoff ich, diese meine Ausgabe desselben mit den ihm gewidmeten Zuthaten nicht allein hinlänglich begründet und gerechtfertigt erscheinen, sondern auch meiner mühsamen Arbeit erfreuende Anerkennung nicht versagt werden.

6. Die Uebersetzung.

Gibt Wort für Wort, auch auf derselben Stelle, wo immer das Verständniß nur eben nicht gefährdet schien. Bei solcher Weise der Uebertragung wird der Ausdruck allerdings nicht selten steif und ungelenk, darum dann mißliebig zumal bei der Lesewelt, welche Uebersetzungen liest nicht um zur Quelle zu kommen, sondern nur liest, um weiter und weiter zu lesen. Indeß wird solcher Nachtheil, wenn ein solcher wäre, von Vortheilen überwogen, wodurch eine wörtliche Bezeichnung ihren vorzüglichen Werth behauptet und des Beifalls gewärtig sein kann. Jedes Wort gleicht einem Leibe, dem wie diesem nur eine einige Seele inwohnt und durch Umschreibung wird mit diesem Leibe zugleich auch dessen Seele in Leben und Kraft geschwächt, gestört, vernichtet, nicht anders als wenn von einem Gemälde die einzelnen Glieder abgelöst und für sich eingerahmt würden, dies Gemälde völlig zu nichte wird. Wer Sinn und Geist eines Wortes, Sinn und Geist einer aus den Worten geschaffner Rede, und damit Sinn und Geist eines Volkes zu erfassen wünscht, für den ist unerläßlich, daß er den sprachlichen Ausdruck in seiner Einheit und Ganzheit zu erfassen strebe. Auf diesem allein richten und rechten Wege zum allein wahrhaft wissenschaftlichen Ziele lenkt eine wortgetreue Uebersetzung die Schritte wenigstens eben so gerad und sicher als die vermag, welche die Worte in noch so glatte und gerundete Redensarten auflöst und den alten Bau der Rede nach neuestem Geschmack formt und fügt. Wird sich gewiß selbst die freieste Verhochdeutschung nicht rühmen wollen, daß sie den so eigenthümlichen und tiefen Sinn, wie ihn die Ursprache enthält in Wörtern, wie bispraki, giwerran, mistumst, githingi, vollständig getroffen habe. Es wird hier, wie bei einer möglichst wörtlichen Bezeichnung Erklärung unerläßlich bleiben.

7. Das Wörterbuch.

Was der Uebersetzung unmöglich war, was selbst die gelungenste, sei dieselbe eine wörtliche oder freie, nicht zu leisten vermag, das blieb einer allseitigen Betrachtung der einzelnen Wörter, einem Wörterbuche, vorbehalten. Die Schönheit der lautlichen Form, wodurch sich der Beichtspiegel im hohen Maße, nicht selten selbst vor dem Heliand, auszeichnet, die Wahrheit der dieser schmucken Wortform inwohnenden Bedeutung, welche gewöhnlich der heutigen hochdeutschen Bezeichnung unerreichbar fern liegt, diesen äußern und innern Verhalt der Rede für die Erleuchtung des Beichtspiegels zu ergründen und darzulegen, war mein Ziel bei dem der Uebersetzung folgenden Wörterbuch. In weite Ferne und tiefe Gründe mußte eine so gestellte Aufgabe nothwendig führen, weil dieselbe das ganze Leben eines Wortes in seiner Entwicklung und seinem Bestande in ihr

Bereich zu ziehen hat. Darum war denn auch unerläßlich beständige Vergleichung der gothischen Sprache, als der Urquelle aller deutschen Sprachgeschichte, unerläßlich die durchgängige Hinweisung auf den Heliand, unentbehrlich oder doch nützlich oft das Althochdeutsche, aushelfend nicht selten die mittelwestfälische und heutige Sprache Westfalens. Wie diese Vergleichungen durch das in der Wortgeschichte vorgestecte Ziel geboten waren, so förderlich schien mir für die Sache zu sein, wenn ich nicht allein die Theile der Zusammensetzungen einzeln in die Reihe stellend für sich behandelte, sondern auch die Wurzeln und Stämme, denen die betreffenden Wörter entsprossen sind, gleichfalls aufnahm und ebenmäßig betrachtete. Selbstredend war hier Maß halten nicht selten so nöthig, als schwierig. Hab' ich dennoch manchem Leser in Beziehung auf den Beichtspiegel des Guten zu viel gethan, so werden doch auch andre Forscher im Gebiete der altsächsischen Sprache mit mir erkennen, daß ich durch solches Abgehen vom richten Wege mich wenigstens doch im Bereiche eines altsächsischen Wörterbuchs gehalten habe, diese erweiternden Zugaben an der Stelle, wo sie eingetragen sind, eben so gern annehmen, als wenn sie in einem Anhange in so genannten Ausläufen (excursibus) hinten nachfolgten. Besonders hoffe ich solchen Beifall bei der Heranziehung und Deutung der Personen und Ortsnamen auch da, wo diese nicht unmittelbar den Beichtspiegel erleuchten. Sie mögen als Beispiele aus den vielen tausenden dienen dafür, welch ein reicher Schatz von Erd-, Orts- und Menschengeschichte in diesen Namen durch gründliche Sprachforschung zu finden und zu heben ist, zur Beschämung aller derjenigen, welche etwa gleiche Ueberzeugung hegen möchten mit einem, besonders der alten Geschichte Westfalens beflissenen, jungen Manne, der auf die Frage, ob er denn auch die (hier Schritt für Schritt doch umumgängliche) altsächsische Sprache kenne oder lerne, antwortete: O nein, die Sprache kümmert mich nicht, ich studire nur allein bloß Geschichte!!

8. Die Schreibung.

Die Lautschreibung in der Handschrift unseres Beichtspiegels ist mitunter von der heute im Drucke gängen so verschieden, daß dadurch ein an solche Weise nicht gewöhntes Auge sehr unangenehm berührt, und dadurch nicht selten sogar Mißverständniß erzeugt wird. Darum hab ich jene alte Bezeichnung in die jetzige umzuändern mir erlaubt, ohne jedoch damit andeuten zu wollen, daß ich jene der alten Weise nahe gebliebene Schreibung für werthlos und verwerflich hielte. Darüber bemerke ich:

1. Der W Laut ist gewöhnlich mit UU bezeichnet, wie in uuari, uuithar, daneben zuweilen auch durch vu, wie in vuihethon, vuithar u. a., dann drittens sogar mit einfach u, wie uilliono neben uuilion, im Inlaute ist dies u für das weiche w die alleinige Bezeichnung, wie in gilouo, ouar, uuil. Diese Ungleichheiten habe ich durch die Wahl eines w und v vermieden, w setzend im Anlaut, das v im Inlaut, also wari, withar, wihethon, und gilovo, ovar, uvil, dadurch denn auch vorbeugend, daß man z. B. uuil nicht lese wil. Doch mußte u für v oder w hinter s unter h, wie in suerian, suestar, huat, unverändert bleiben. Damit sind freilich die widerwärtigen Ungleichheiten in der Lautschreibung nicht völlig beseitigt, gründliche Heilung dieser Schäden wäre erst erzielt, wenn, wie im Gothischen so vernünftig, überall statt des W ein V geschrieben würde. Dazu ist jedoch für die alte, wie auch besonders für die neuere Schreibung ganz und gar nicht zu rathen.

2. Für das gestreckte oder lange ſ, welches Maßmann im An- und Inlaute nach der Handschrift hat setzen lassen, habe ich mit Lacomblet das halige s aufgenommen, nicht weil ich jenes ſ für unrecht hielte, sondern weil dasselbe in unserm heutigen Druck schon zu altfränkisch aussehen würde.

3. Die großen Buchstaben sind hier, wie auch sonst gewöhnlich in alten Handschriften, nicht nach den hochweisen Grundsätzen der heute sogenannten Orthographie, gepflanzt zur Acht und Ehre, sondern nach Gefall, wie gesäet. Diesen Anstoß wollte ich anfangs durch Anschluß an die heutige Schreibung zu vermeiden suchen, sah jedoch bald die Unmöglichkeit. Ich hätte ja dann Thu setzen müssen statt thu, um nicht die Ehre zu schmälern, welche wir durch große Buchstaben zu erweisen pflegen, wenn wir schreiben Du, Er, Sie. Dieser Verlegenheit auszuweichen, mußte ich kein besseres Mittel als überall für die großen Buchstaben die kleinen drucken zu lassen. Es genügte ja, wie auch sonst im Text, überall der Punkt. Offenbar hat die Schrift durch diese Ebenmäßigkeit an Schönheit sehr gewonnen.

4. Für gisuonan und gisuonda 36 hat die Hds. gisonan, gisonda mit einem über o geschriebnem v. Ich habe dies v als u vor o eingereihet. Schon der Druck rieth dazu. Gerechtfertigt ist diese Schreibung durch das gisuonian im Heliand. Freilich findet sich dies uo sonst im Beichtspiegel nicht für o, wogegen das uo im Hel. das gewöhnlichste ist. Ob darum uo hier ganz recht sei, will ich nicht behaupten.

5. Die Hand des Schreibers, im Ganzen fest und sicher, hat doch einige Mal gefehlt. Denn nodthurti ist doch so offenbarer Schreibfehler, daß ich das richtige nodthursti ohne Bedenken in den Text aufgenommen habe. Fehlerhaft muß auch sein hlutarlikio 64 statt hluttarliko 23, da sich likio in keiner Weise sprachlich rechtfertigen läßt, wie auch darin dort hluttar und hier hlutar wenigstens nicht löbliche Ungleichheit ist. Doch war eine Aendrung hier weniger räthlich als bei thurti statt thursti. Warum Maßmann das e in godes und manne 2 und damider a in godas und manna durch Cursiv bezeichnet hat, weiß ich nicht. Gewiß darf ja dieser Wechsel der Form nicht für fehlerhaft gelten. Eben so sprachrichtig ist scoldi in than ik scoldi 50, worin Maßman das i cursiv gibt, gewiß so richtig als das gleiche scoldi in than ik scoldi 18, 53, wie richtig scolda in dem oft wiederkehrenden so ik scolda. Sein dedi 58, wenn auch sprachrecht, doch bei Lac. dadi, das the für te 66 gewiß nur Druckfehler. Verschrieben oder verlesen ist gisiblio für gisihtio w. s. im Wörterb., wie auch das überflüssige iu 18.

9. Die Bischöfe.

Gegenstände, erhalten aus der Vorzeit, die Alterthümer, pflegen wir sorglich zu wahren und vor Schaden zu hüten, halten sie in Ehren, weil sie sind, wenn auch stumme, doch sprechende Zeugen einer Welt, die war längst ehe wir waren. Sogar scheinbar geringe Sachen, als Geräthe, Waffen, Töpfe und dergleichen, umfaßt diese unsere wachsame Obhut. In den Augen eines Mannes guter Art und Sitte ist die Beschädigung oder Zerstörung dieser Dinge roher Frevel am ehrwürdigen Kleinod. Und nun höre man und sehe doch einmal her: eine herrliche Art von hochschätzbaren Alterthümern hüten und achten wir gewöhnlich nicht, lassen sie unbewacht beschädigen und verkommen. Das sind die Namen der ausgezeichneten Männer und Frauen unter unsern Vorfahren in alter grauer

Zeit, die Namen der Helden und Heiligen, der Würdenträger in Kirche und Staat. Die Namen sind Altertbümer von größerer und tieferer Bedeutung, als die gewöhnlich so genannt werden, nicht allein durch die Thaten, welche sich daran knüpfen, sondern eben so sehr und oft noch mehr durch den hehren und hohen, inhaltsreichen Sinn, welchen die Namen als Worte einer herrlichen Sprache bekunden und besagen. Und doch sind diese so geistreich unmittelbar vom Geiste des Volkes redenden Namen durch den Verfall der Sprache im Mittelalter und heute nicht selten bis zum völligen Unverstand entstellt, beschädigt und zertrümmert. Für den Sprachforscher und Kenner besonders ist's ein wahrer Jammer, wenn er in Werken über die Geschichte Westfalens oder Personen-Verzeichnissen die Namen der Bischöfe von Münster, Paderborn, Osnabrück und Minden, der Aebte und Aebtissinen überblickt und sieht, wie diese mitunter wenig oder gar nichts mehr zeigen von der alten Schönheit und in dieser häßlichen Gestalt nichts mehr sagen von dem Geist und Sinn des Alterthums. Einen Beweis von dieser beklagenswerthen Verunstaltung und Vernachläßigung der edelsten Altertbümer Westfalens habe ich durch das dem Beichtspiegel beigegebene Verzeichniß der Nachfolger des heiligen Liudgerus vor Augen legen und zugleich auch bezwecken wollen, daß die Namen der höchsten Würdenträger unseres Bisthums in ihrer alten herrlichen Form und Bedeutung betrachtet, gewerthet und weit um verbreitet würden. Doch muß ich dazu hier noch bemerken, daß mir urkundlich verbürgte Beglaubigung nur bis zu Ludolf, dem 27. Bischof † 1247, Juni 10, zu Gebote stand, weil so weit einschlägig nur reicht, das die Regesten von Erhard fortsetzende westfälische Urkunden-Buch von Wilmanns. Wenn der gelehrte, tief forschende und gewissenhaft berichtende Herausgeber dieses hochwichtige und in der von demselben getroffenen neuen Einrichtung so sehnlichst erwartete Werk bis zum vorgesteckten Ziele vollendet haben wird, dann mag sich auch noch wohl Gelegenheit bieten, wo die Namen unserer Bischöfe durch urkundliche Zeugnisse bewährt insgesammt und gründlicher, als hier geschehen konnte, betrachtet und gedeutet werden können. Eine wörtliche Uebersetzung ins Hochdeutsche ist fast bei keinem Namen möglich, weit leichter war der tiefe Sinn durch das Latein erreichbar. So ist und bleibt freilich das Fremde für viele Leser noch fremd, doch für viele, denen besonders daran gelegen, auch heimisch und deutlich.

10. Grammatik.

Verzichten mußte ich auf eine zweite Zugabe, worin ich eine gedrängte Uebersicht der altsächsischen Declination und Conjugation aufzustellen gedachte. Doch finde ich einige Bemerkungen hier nun unerläßlich: Ich blieb bei der Bezeichnung durch stark und schwach, weil sie aus dem tiefsten Grunde der Sprachforschung geschöpft so wahr als bequem dadurch ist, daß sie das Substantiv Stärke und Schwäche wie auch das Verbum stärken und schwächen also alles gewährt, was ein sogenannter terminus technicus, wenn er gut sein soll, enthalten muß. Desgleichen bin ich geblieben bei der Zahl und Folge der Conjugationen, weil nach Grimm's Vorgang alle Welt seit fast einem halben Jahrh. daran gewöhnt ist und so jede Aenderung unsägliche Verwirrung erzeugt. Behält ja doch auch die Wissenschaft dabei freien Raum genug, wie die Ansicht, der ich im Wörterbuche überall, wo einschläglich, gefolgt bin:

1. Die ganze starke Conjugation zerfällt nach den Unterscheidungsmerkmalen des Prät. in drei Gruppen:
a. die vollständig ablautende von VII bis XII;
b. die reduplicirende von I bis VI;
c. die verschobene, mit Prät. in Präsens Bedeutung.

2. Aus der Urconjugation, welche ist die XI., haben sich alle übrigen sammt und sonders entwickelt:
a. die VII. X. und XIII. von Grimm entdeckte, indem die Grundvocale i, a, u für andre Zeiten verwendet wurden, als in der XI., wie lisan, graban, trudan;
b. die VII. und IX., indem zu den Vocalen i und u die Ablautung i und a in die Wurzel trat, wie in beidan (= biidan), baid, bid, in biudan, baud, bud;
c. die XII., indem die Grundvocale i, a, u blieben und zum Consonanten ein andrer hinzutrat theils in dem Stamm wie findan aus fithan, theils sich hinten ansetzte wie in hilpan, theils sich verdoppelte, wie brinnan;
d. alle reduplicirenden, indem die Form des Prät., zum Präs. und Part. Prät. verwendet wurde, wie haldan aus der XII., haitan aus der VIII., hlaupan aus der IX., slokan aus der VII., letan aus dem Pl. des Prät. und so kein Ablaut fürs Prät. mehr möglich war;

e. alle verschobenen, indem sie, wie die reduplicirenden, die Form des Prät. zum Präsens machen, und das eigentliche Prät. schwach nehmen, weil kein Ablaut dafür möglich war;

So viel wird genügen zum Verständniß der Einzelnheiten im Wörterbuch, hoffentlich werde ich bald Gelegenheit finden, diese meine Ansicht über die Entwicklung der Conjugationen aus einander vollständig mit festen und der Wissenschaft genügenden Gründen zu stützen, mich haltend im Wege, welchen Jacob Grimm in seiner Geschichte der deutschen Sprache vorgezeichnet hat S. 842 und flg.

11. Die Abkürzungen

sind meistens für sich an der Stelle deutlich oder doch sonst bekannt, wie die grammatischen und die für die Werke von Jacob Grimm. Der Erklärung bedürftig oder doch der besondern Nennung werth, scheinen mir nur:

Buck: Erbauliche Betrachtungen über Glaubens und Sittenlehre in Versen und Prosa, feste, schöne Sprache, schöne Handschrift auf Pergament, 8, beendet im Jahr 1444 von Buck, im Fraterhaus zu Münster, Eigenthum des hiesigen Priesterseminars.

Bw.: Caedmons biblische Dichtungen von K. W. Bouterwek, dessen angelsächsisches Glossar. Anerkannt höchst verdienstvolles, schwer gelehrtes Werk.

FH.: Heberolle des Stiftes Freckenhorst in: Denkmäler alter Sprache und Kunst von Dorow, 1824, die Handschrift sonst in Berlin, jetzt hier im Königl. Provinzial-Archiv. Ich benuze hier gern die Gelegenheit, eine über diese berühmte Handschrift gewonnene Ansicht auszusprechen: Sie ist zusammengestellt aus einem Gedenkbuch, wie dies bekanntlich in den Klöstern angelegt und worein die frommen Schenkungen von Zeit zu Zeit, wo sie geschahen, nach einander eingetragen wurden. Seit mir dieser Gedanke aufging, war mir hell und klar, warum in dieser nach Aemtern geordneten Fassung die ältesten und schönsten Formen der Sprache und die verfallenen der spätern Jahrhunderte so seltsam bunt durch einander liegen. Ja manche Schreibfehler mögen darin ihren Grund haben. War doch am Original von vielen verschiedenen Händen in mehrern Jahrhunderten geschrieben von 851 dem Gründungsjahr des Stiftes bis auf Bischof Erpo † 1097, unter welchem diese Handschrift angefertigt sein muß. Die Abschreiber solcher Gedenkbücher waren bei Ehr und Eid gehalten, auch nicht einen Buchstaben am Original zu ändern.

Gr. Gesch.: Grimm Geschichte der deutschen Sprache, 1848. Ein glänzend Gewinde von Gold und Edelgestein in großen Reiche der deutschen Sprachwissenschaft, das ist dies Buch des großen Mannes.

Hel.: Heliand, hier gewöhnlich citirt nach den Versen meiner Ausgabe, 1855.

LL.: Leben des h. Liudger, Handsch. des 15. Jahrh. in westfälischer Sprache, klein 8. auf Papier 72 Blätter, dem hiesigen Alterthums-Verein geschenkt vom Ober-Lands-Gerichts-Präsidenten, Geheimen-Rath von Olfers.

MChr.: Die münsterischen Chroniken des Mittelalters von Dr. Julius Ficker, 1851.

Otfrid: Otfrids Krist von Graff, hier der Kürze wegen bezeichnet mit Seiten und Versen.

Pass.: Passionale oder Legenden, besonders von Martyrern auf die Tage des Jahrs, in westfälischer Sprache, und darin höchst werthvoll, 249 Blätter Pergament in 4, sehr schöne Hdf. mit kunstreichen Initialen vom Jahr 1493, Besitzer Joseph Bon und Zur-Mühlen.

RC.: Codex diplomaticus hist. Westf. oder Urkunden zu

Reg.: Regesta hist. Westf. oder die Quellen der Geschichte Westfalens von Erhard 1851, die Fortsetzung ist bezeichnet durch UW.

Richth.: Altfriesisches Wörterbuch von K. F. von Richthofen, 1840. Schon der Name Richthofen darf Bürge sein für die ausgezeichnete Vortrefflichkeit dieses Werkes.

UW.: Westfälisches Urkunden-Buch, Fortsetzung der Reg. von Erhard, in neuer höchst bequemer und lichtvoller Einrichtung, dritter Band von Archiv-Rath Wilmans 1859.

Vege: Reden des Pater Bege im hiesigen Frauenkloster Nising in den Jahren 1480 bis 1504, groß 8, 600 Blätter auf Pergament, sehr feste und sehr schöne Hdf. Eigenthum des hiesigen Alterth. Vereins, ausgezeichnet an Sprache und Inhalt. Man sieht so recht klar aus diesem umfangsreichen Werke, welch neue herrliche Blüten die Sprache um 1500 getrieben hatte.

WU: Werdensche Urkunden, womit hier gemeint ist das bekannte Cartular der Abtei Werden in Lacomblets Urkundenbuch für die Geschichte des Niederrheins I. Band von nr. 2 bis 65, reich an herrlichen Namen für Personen und Oerter, doch nicht in dem Maße als die

WH: zwei Heberegister der Abtei Werden aus dem neunten und zwölften Jahrhundert in Lacomblets Archiv II. Band S. 217 bis 290. Es ist bis jetzt kein Werk erschienen, welches in den Orts- und Personennamen für die Geschichte der Erbgestalt, des Landbaues, der Viehzucht, des Glaubens, der häuslichen und staatlichen Verfassung im alten Sachsen oder Westfalen so lautere und reiche Quelle böte. Zumal zeigen die Namen in der ältern Rolle eine so glänzende Vollendung der Formen und bergen darin so tiefen bedeutsamen von dem herrlichen Geiste des Volkes zeugenden Sinn, daß die Sprache gleich der in dem aus derselben Zeit stammenden Beichtspiegel des Forschers und Kenners Bewundrung im hohen Grade erregen muß. Groß ist so auch das Verdienst zu erachten, welches sich Lacomblet durch den Abdruck dieser Verzeichnisse um Westfalen erworben hat und darf sich darum auch des wärmsten Dankes versichert halten von allen, welche den Werth des kostbaren Schatzes zu erkennen und zu würdigen wissen. So hoch und laut sei hier betont Werth und Verdienst zur Abwehr einer nur von gänzlicher Unkunde unserer herrlichen Sprache eingegebenen und darum schmählichen Verkennung.

12. Hoffnung.

Ist es mir gelungen, die Schönheiten der Form, wodurch sich ein kostbares Denkmal altsächsischer Sprache wundervoll auszeichnet, dem Auge des Beobachters in wahrer Beleuchtung darzubieten, dazu gelungen, den tiefen oft so versteckten Sinn der Worte dem forschenden Blick für die Erkenntniß zu erschließen, dann darf ich mich auch mit Zuversicht der freudigen Hoffnung hingeben, daß der Spiegel, in welchem unsere heidnischen und christlichen Vorfahren ihre Sünden und dadurch auch die Tugenden zu erschauen vermochten, in der ihm gewidmeten Beleuchtung und Ausstattung einen willkommenen Beitrag bringen werde zu der Jubelfeier, mit welcher die St. Ludgeri-Kirche zu Münster den Gedenktag, wo ihr fromm verehrter Beschützer, der heilige Ludgerus, Apostel der Westfalen, vor 1050 Jahren von der Erde zum Himmel gegangen ist, in würdiger Andacht verherrlichen wird. Und die lohnende Freude für so liebe lange schwere Mühe um so segensreichen Zweck wird viel sein und groß.

Dr. Köne.

BEICHTSPIEGEL.

Ik giuhu goda alomahtigon fadar. endi allon sinon helagon wihethon. endi thi godes manne. allero minero sundiono. thero the ik githahta. endi gisprak. endi gideda. fan thiu the ik crist sundia werkian bigonsta. ok iuhu ik so huat so ik thes gideda thes withar mineru cristinhedi wari. endi withar minamo gilovon wari. endi withar minemo bigihton wari. endi withar minemo mestra wari. endi withar minemo herdoma wari. endi withar minemo rehta wari. ik iuhu nithas. endi avunstes. hetias. endi bisprakias. sueriannias. endi liagannias. firinlustono. endi minero gitidio farlatanero. ovarmodias. endi tragi godes ambahtas. horwilliono. manslahtono. ovaratas endi overdrankas. endi ok witidion mos fehoda endi drank. ok iuhu ik that ik giwihid mos endi drank nithargot. endi minas herdomas raka so ne giheld so ik scolda. endi mer terida than ik scoldi. ik (iu) giuhu that ik minan fader endi moder so ne eroda endi so ne minnioda so ik scolda. endi ok mina brothar

endi mina suestar endi mina othra nahiston endi mina friund so ne eroda endi so ne minnioda so ik scolda. thes giuhu ik hluttarliko. that ik arma man endi othra elilendia so ne eroda. endi so ne
25 minnioda so ik scolda. thes iuhu ik that ik mina iungeron endi mina fillulos so ne lerda so ik scolda. thena helagon sunnundag endi thia helagun missa ne firioda endi ne eroda so ik scolda. usas drohtinas likhamon endi is blod mid sulikaru forhtu
30 endi mid sulikaru minniu ne antfeng so ik scolda. siakoro ne wisoda endi im ira nodthurfti ne gaf so ik scolda. sera endi unfraha ne trosta so ik scolda. minan degmon so rehto ne gaf so ik scolda. gasti so ne antfeng so ik scolda. ok iuhu ik that
35 ik thia giwar the ik giwerran ne scolda. endi thia ne gisuonda the ik gisuonan scolda. ik iuhu unrehtaro gisihtio. unrehtaro gihorithano. endi unrehtaro githankono. unrehtaro wordo. unrehtaro werko. unrehtaro sethlo. unrehtaro stadlo. unrehtaro
40 gango. unrehtaro legaro. unrehtas cussiannias. unrehtas helsiannias. unrehtas anafangas. ik gihorda hetlunnussia endi unhrenia sespilon. ik gilofda thes ik gilovian ne scolda. ik stal. ik farstolan fehoda. ana orlof gaf. ana orlof antfeng. meneth
45 suor an wiethon. abolganhed endi gistridi an mi hadda. endi mistumft. endi avunst. ik sundioda an luggiomo giwitscipia. endi an flokanna. mina gitidi

endi min gibed so ne giheld endi so ne gifulda so ik scolda. unrehto las. unrehto sang. ungihorsam was. mer sprak endi mer suigoda than ik scoldi. endi mih selvon mid uvilon wordon endi mid uvilon werkon endi mid uvilon githankon. mid uvilon luston mer unsuvroda than ik scoldi. ik iuhu that ik an kirikun unrehtas thahta. endi othra merda theru helagun lecciun. biscopos endi prestros ne eroda endi ne minnioda so ik scolda. ik iuhu thes allas the ik nu binemnid hebbiu endi binemnian ni mag. so ik it witandi dadi so unwitandi. so mid gilovon so mid ungilovon. so huat so ik thes gideda thes withar godas willion wari. so wakondi so slapandi. so an dag so an nahta so an huilikaru tidi so it wari. so gangu ik is allas an thes alomahtigon godas mundburd. endi an sina ginatha. endi nu duon ik is allas hlutarlikio minan bigihton. goda alomahtigon fadar. endi allon sinan helagon. endi thi godas manna. gerno an godas willion te gibotianna. endi thi biddiu gibedas. that thu mi te goda githingi wesan willias. that ik min lif endi minan gilovon an godas huldion giendion moti.

endi mina suestar endi mina othra nahiston endi mina friund so ne eroda endi so ne minnioda so ik scolda. thes giuhu ik hluttarliko. that ik arına man endi othra elilendia so ne eroda. endi so ne
25 minnioda so ik scolda. thes iuhu ik that ik mina iungeron endi mina fillulos so ne lerda so ik scolda. thena helagon sunnundag endi thia helagun missa ne firioda endi ne eroda so ik scolda. usas drohtinas likhamon endi is blod mid sulikaru forhtu
30 endi mid sulikaru minniu ne antfeng so ik scolda. siakoro ne wisoda endi im ira nodthurfti ne gaf so ik scolda. sera endi unfraha ne trosta so ik scolda. minan degmon so rehto ne gaf so ik scolda. gasti so ne antfeng so ik scolda. ok iuhu ik that
35 ik thia giwar the ik giwerran ne scolda. endi thia ne gisuonda the ik gisuonan scolda. ik iuhu unrehtaro gisihtio. unrehtaro gihorithano. endi unrehtaro githankono. unrehtaro wordo. unrehtaro werko. unrehtaro sethlo. unrehtaro stadlo. unrehtaro
40 gango. unrehtaro legaro. unrehtas cussiannias. unrehtas helsiannias. unrehtas anafangas. ik gihorda hetlunnussia endi unhrenia sespilon. ik gilofda thes ik gilovian ne scolda. ik stal. ik farstolan fehoda. ana orlof gaf. ana orlof antfeng. meneth
45 suor an wiethon. abolganhed endi gistridi an mi hadda. endi mistumft. endi avunst. ik sundioda an luggiomo giwitscipia. endi an flokanna. mina gitidi

endi min gibed so ne giheld endi so ne gifulda so ik scolda. unrehto las. unrehto sang. ungihorsam was. mer sprak endi mer suigoda than ik scoldi. endi mih selvon mid uvilon wordon endi mid uvilon werkon endi mid uvilon githankon. mid uvilon luston mer unsuvroda than ik scoldi. ik iuhu that ik an kirikun unrehtas thahta. endi othra merda theru helagun lecciun. biscopos endi prestros ne eroda endi ne minnioda so ik scolda. ik iuhu thes allas the ik nu binemnid hebbiu endi binemnian ni mag. so ik it witandi dadi so unwitandi. so mid gilovon so mid ungilovon. so huat so ik thes gideda thes withar godas willion wari. so wakondi so slapandi. so an dag so an nahta so an huilikaru tidi so it wari. so gangu ik is allas an thes alomahtigon godas mundburd. endi an sina ginatha. endi nu duon ik is allas hlutarlikio minan bigihton. goda alomahtigon fadar. endi allon sinan helagon. endi thi godas manna. gerno an godas willion te gibotianna. endi thi biddiu gibedas. that thu mi te goda githingi wesan willias. that ik min lif endi minan gilovon an godas huldion giendion moti.

Übersetzung.

Ich bekenne Gott dem allmächtigen Vater, und allen seinen heiligen Geistern und dir Gottes Manne alle meine Sünden, solche die ich gedacht und gesprochen und gethan habe, seitdem wo ich zuerst Sünde (5) zu begehen anfing, auch bekenne ich, was immer ich deß gethan, was wider meine Christenheit wäre und wider meinen Glauben wäre und wider mein Bekenntniß wäre und wider meinen Meister wäre und wider meine Herrschaft wäre und (10) wider mein Recht wäre, ich zeihe mich des Neides und der Abgunst, des Hasses und der Verleumdung, des Schwörens und des Lügens, der Frevelgelüste, und der Unterlassung meiner Gezeiten, des Übermuthes und der Trägheit im Gottesdienste, der Unzucht, des Todtschlages, des Überessens und Übertrinkens (15) und auch in Weihzeiten Speise versorgte und Trank, auch bekenne ich, daß ich geweihte Speise und Trank niedergoß, und meiner Herrschaft Sache so nicht bewahrte, wie ich sollte, und mehr verzehrte, denn ich sollte, ich (schon) bekenne, daß ich meinen Vater und Mutter so nicht ehrte und so (20) nicht liebte, wie ich sollte und auch meine Brüder und meine Schwestern und meine andern Nächsten und meine Freunde so nicht ehrte und so nicht liebte, wie ich sollte; das bekenne ich lauterlich, daß ich arme Leute und andere Elendige so nicht ehrte und so nicht (25) liebte, wie ich sollte; das bekenne ich, daß ich meine Schüler und meine Pathchen so nicht lehrte, wie ich sollte, den heiligen Sonntag und die

heilige Messe nicht feierte und nicht ehrte, wie ich sollte, unseres
Herrn Leichnam und sein Blut mit solcher Furcht (30) und mit solcher Liebe
nicht empfing, wie ich sollte, Sieche nicht besuchte und ihnen ihre Bedürfnisse nicht gab, wie ich sollte, Traurige und Unfrohe nicht tröstete, wie ich sollte, meinen Zehnten so recht nicht gab, wie ich sollte,
Gäste so nicht empfing, wie ich sollte, auch bekenne ich, daß ich (35) die trennte,
die ich trennen nicht sollte, und die nicht versöhnte, die ich versöhnen
sollte; ich zeihe mich unsittlichen Ansehens, unsittlichen Anhörens, und
unsittlicher Gedanken, unsittlicher Worte, unsittlicher Werke, unsittlichen
Sitzens, unsittlichen Stehens, unsittlichen (40) Gehens, unsittlichen Liegens,
unsittlichen Küssens, unsittlicher Umarmung, unsittlicher Berührung;
ich anhörte Aufwiegelung, und unreine Leidspiele, ich glaubte, was ich
nicht glauben sollte, ich stahl, ich Gestohlenes besorgte, ohne Urlaub
gab, ohne Urlaub empfing, Meineid (45) schwor auf die Heiligen, Zornigkeit und Streitsucht an mir hatte und Unfrieden und Abgunst, ich sündigte durch lügenhaftes Zeugniß, und durch Fluchen, meine Gezeiten
und mein Gebet so nicht hielt und so nicht erfüllte, wie ich sollte, unrecht las, unrecht sang, ungehorsam (50) war, mehr sprach und mehr
schwieg, denn ich sollte, und mich selben mit übelen Worten, und
mit übelen Werken, und mit übelen Gedanken; mit übelen Lüsten
mehr verunreinigte, denn ich sollte; ich bekenne, daß ich in der Kirche
Unrechtes dachte und Andre (55) hinderte an der heiligen Lesung, Bischöfe
und Priester nicht ehrte und nicht liebte, wie ich sollte; ich bekenne
das alles, was ich nun benannt habe und benennen nicht kann, wie
ich es wissend that, wie unwissend, wie mit Glauben, wie mit Unglauben, was immer ich deß (60) gethan, was wider Gottes Willen war, wie
wachend wie schlafend, wie am Tag wie zu Nacht, zu welcher Zeit

immer es war; so gehe ich in alle dem an des allmächtigen Gottes Schutz und an seine Gnade, und nun thue ich alles dessen aufrichtig mein Bekenntniß, (65) Gott dem allmächtigen Vater und allen seinen Heiligen und dir Gottes Manne, gern nach Gottes Willen zu büßen und dich bitte um das Gebet, daß du mir zu Gott ein Fürsprecher sein wollest, daß ich mein Leben und meinen Glauben in Gottes Hulden vollenden möge.

Wörterbuch.

(Die Zahlen hinter den Belegen aus dem Beichtspiegel weisen auf die Zeilen desselben.)

A.

Der a Laut ist der erste, offenste, rundeste, vollste, schönste an der menschlichen Stimme, a ist der Vocal aller Vocale, ist der reichste und reinste Quell für die andern Vocale, aus ihm entspringen unter bestimmten Verhältnissen die übrigen je einzeln alle. Darum ist es denn auch eine leicht gewonnene Bemerkung, daß je älter die Sprache ist, desto überwiegender das a vorwaltet. Im Gothischen findet sich unter 1000 der Reihe nach gezählten Vocalen über 400 mal a. In der altsächsischen Sprache ist das Walten des a schon geringer, zumal in späterer Zeit, indeß doch noch so vorherrschend, daß sie darin eine vorzügliche Schönheit ihres tonischen Verhaltes bekundet. Eine vollständige aus allen Bereichen der Wortformen gewonnene und begründende Darlegung dieser durch das a verliehenen Auszeichnung könnte der altsächsischen Sprache große Bewunderung erwerben. Doch zu solcher Erweiterung ist hier nicht Ort und Raum, auch genügen kurze Andeutungen, um zu erkennen, welche Herrschaft das a vor den übrigen Vocalen auch in dem Beichtspiegel bekundet

1. Die Conjugation ist das weiteste und wichtigste Reich des a, zumal alle Nomina darin entspringen oder doch daraus erklärt werden müssen, vorab weit unter den Wurzelvocalen, denn

a. die X. und XI. wählt a kurz für den Sing. im Prät. wie in las von lesan, sprak von sprekan, und demzufolge

b. die VII. a kurz für Präsens und Part. Prät. wie graban, gigraban;

c. die XII. das a für Sing. im Prät., wie drank von drinkan, sang von singan, und demzufolge

d. die I. für Präf. und Part. Prät., wie haldan, gihaldan

e. die X. und XI. lang a für Pl. im Prät., wie lasun von lesan, sprakun von sprekan, und demzufolge

f. die IV. lang a für Prät. und Part. Prät., wie slapan gislapan, radan giradan.

2. Groß ist auch das Reich des a in den beweglichen Endungen für Decl., Conj. und Wortbildung. Der Betrachtung unterlegt man hier am schicklichsten bloßes a und a mit folgenden Consonanten. Von dem Stande des bloßen a mag hier genug sein:

a. a, ns. der Substantive, wie ginatha, missa, raka, sundia.

b. a, np. der Adjective in allen Geschlechtern, wie arma, elilendia, sera, unfraha, unhrenia, auch der Pron., wie thia, mina, othra, sina.

c. a, ds. der ersten und zweiten Decl., wie goda, manna, mestra, rehta.

3. In den Endungen mit folgenden Consonanten erscheint a so zahlreich, als das lautlich möglich ist, weil es fast mit allen Consonanten sich verbindet, indem es gibt ein al am an ar, ein af ab aw, ein ag ak ah, ein as, ast und andre zusammengesetzte. In diesem Reichthume an Berästelung zeigt die alts. Sprache bewundernswürdige Schönheit, die Schönheit der goth. und sie beide die Schönheit der griech. und lat. Doch ist der Bestand des a an dieser Stelle weniger fest und dauerhaft, und es unterliegt hier im Laufe der Zeit den zerstörenden Einwirkungen der Maßen, daß davon in der heutigen Sprache nur noch die seltensten Reste zu finden sind. Unsere Sprache hatte hier gleiches Schicksal mit der hochd. Was von diesem Stande des a im Beichtsp. sich erhalten hat, ist im Folgenden alphabetisch eingetragen und betrachtet.

4. Außer dem bezeichneten Verhalte des a ist noch besonders die Aufmerksamkeit darauf zu lenken, wie sich auch a mit den übrigen Vocalen an der Rückwirkung betheiligt hat, an dieser höchst wunderbaren Thätigkeit, welche (um dies hier auch für die übrigen Vocale zu bemerken) darin besteht, daß der folgende Vocal den vorhergehenden zu verändern pflegt, in bestimmten Fällen sich sogar völlig gleich macht. Bisher hat man, so viel ich weiß, diese Gewalt des a nicht erkannt und begründet, weshalb ich hier einige Fälle zur weitern Prüfung vorzulegen wage:

a. In der X. und XI. Conj. hat das a in den Endungen an und at das ursprüngliche i des Stammes in e verwandelt, also lisan lisat wurde wegen des folgenden a abgeschwächt zu lesan, lesat. Will man hier die Wirkung des a nicht zugeben, so bleibt dieser Lautstand doch ein gutes Merkmal für das Gedächtniß;

b. Wie hier e vor a, so steht o vor a aus gleichem Grunde im Part. Prät. der XI. wie in giholan von helan, desgleichen in der XII. bei Wörtern wie belgan, woher gibolgan, nicht minder in der IX., wie gibodan von biodan.

c. In dem Diphthong iu finden sich beide Wirkungen neben einander, es wird darin das u zu e und o, wie in kiesan und kiosan, wozu noch kommt die dritte, daß u wird gleich a, wie in liagan u. s. Wenn irgendwo, dann ist hier die Wirkung des a unleugbar.

d. Vielfältig muß die Rückwirkung des a auch sein in den Declinationen. Ich will hier nur das eine erwähnen, was sehr merkwürdig ist: Wörter mit dem Diphthong iu, wie liud bewahren doch dies iu wegen des in der II. Decl. waltenden i, dagegen erscheint darin io oder ie, wenn sie nach erster Decl. gehen, wie griot oder griet, liod, und das sollte nicht Wirkung sein des in dieser Decl. waltenden a, wie iu in der II. Decl. des i? Mir scheint das so sicher zu sein, daß wir banach sogar die Decl. man= cher Subst. bestimmen dürfen, wie biod im Hel. 6036 ohne Zweifel nach der ersten geht, und dann auch das goth. biuds, alth. biot, nicht biut wie bei Graff 3, 76.

a-, ab, ex, de, ab, aus, er, ver, ent, weg, untrennbare Präp., wie er, ver und ent, womit zusam= mengesetzt ist abolganhed, w. s., merke dazu:

1. Zusammengesetzt erscheint dies Ent= fernung und Vollendung ausdrückende a mit Verben, Adjectiven und Substantiven,

a. Im Hel. ist a verbunden mit 50 Verben, wohin gehören abelgan erzürnen 10326, abiddian erbit= ten, losbitten 9903, 10826, abi= tan abbeißen 251, akiosan er= kiesen 3668, adelian ertheilen, verurtheilen 3384, 10130, afallan abfallen, verfallen 304, agangan abgehen, vergehen 94, 475, agel= dan entgelten 10659, alatan er= lassen 1767, aledian ableiten, wegführen 1408, alosian ablösen, erlösen, 11445, 8330, aquicon erquicken, beleben 4438, arihtian errichten 10148, arisan erstehen, auferstehen 4402, aslahan er= schlagen 3810, awahsan erwach= sen 4585, awerthan verderben 2732, u. a.

b. Im Hel. findet sich a mit Ad= jectiven nicht verbunden, dagegen oft im alth. wie aherzi neben urherzi für excors, vecors Graff 4, 1045, amahtig neben unmahtig für invalidus 2, 618, ateili für expers, exsors 5, 406, awerti für absens 1, 998, awiggi für avius, devius 1, 670.

Doch lebt noch jetzt in Westfa= len ml. awis (mit dumpfem a), osn. auwis oder auwisig für unweise, und adraitsk (mit dumpfem a) verdrießlich, alth. urdruzi Graff 5, 249,

c. Auch mit Substantiven ist a nicht verbunden im Hel. Im alth. kann man dahin zählen abulgi für ira Graff 3, 105, adank und neben urdank für inventio 5, 164, aleiba für residuum 2, 49, u. a., obwohl diese Substantive so nicht entstanden sein mögen, sondern entweder von einem Ver= bum oder Adjectiv stammen.

2. Aus der Uebersicht der Beispiele ergibt sich, daß die präpositionale oder örtliche Bedeutung von a ab, aus, von, weg, fort zur Bezeichnung von zwei entgegengesetzten Begriffen verwen= det wurde. Es bezeichnet a das Ab= werben, Absein als Vollkommen= heit, Vollendung, und dawider das Abwerben, Absein als Verneinung, Vernichtung, es bedeutet awahsan erwachsen, vollwachsen, wachsen bis zur Vollendung des Wachsens, dagegen agangan abgehen, weggehen, ver= schwinden, zu nichte gehen und werden. In dieser so scheinbaren Widerspruch= lichkeit der positiven und negativen oder intensiven und privativen Bedeutung hat a mehrfache Gleichheiten:

a. im goth. us z. B. in usdauds (eifrig) 2 Cor. 8, 17, welcher ist aus — bis zu Ende, zum höchsten Grade dauds, dagegen usveihs ist, wer aus dem veih (heilig) ist, nicht mehr darin, also unheilig ist;

b. im alth. ur, da urmari Graff II. 823 ist admodum clarus,

bis zum vollen Maße mari, dagegen urtriwi Graff 5, 465 ist,
wer aus dem treu heraus, also
untreu, treulos ist;

c. im lat. ex, da edurus, efferus
den bezeichnet, welcher ist durus,
ferus bis wo dies ein Ende hat,
also im höchsten Grade durus,
ferus ist, der exanimis aber
und excors der fern von Seele,
von Herz, also leblos, herzlos ist.

d. im gr. ist ἔκπικρος äußerst bitter,
dagegen ἔκπνοος athemlos, welchem gleicht ἀπόθεος gottlos, weiter auch mit a priv. ἄθεος gottlos. Dies verneinende gr. α ver-
glichen mit unserm gibt uns guten
Grund, daß das gr. sogenannte α
intensivum, copulativum kein andres sei, als das α privativum.
Der ἀτάλαντος bleibt in dem Gewichte mit einem andern, wie der
ἔκπικρος in dem πικρός, edurus
in dem durus, der urinari in
dem mari, der usdauds in dem
dauds, der ἄλογος dagegen ist
außer dem λόγος. Damit wären
wir denn auch nahe dem Stamme
unseres a.

abelgan, irasci, erzürnen, daher
das Particip Prät. abolgan, woher abolganhed, w. s. die Conj.
sieh beim einfachen belgan.

abolganhed, f. ira, iracundia,
Erzürntheit, Zornigkeit, Zorn, as.
abolganhed 45, wozu merke:

1. abolganhed ist zusammengesetzt
aus hed und dem Part. abolgan im
Hel. 10326. In dem hed gleicht
abolganhed einer cristinhed, w. s,
im Hel. lefhed 4218, spahed 3801,
iuguthed 158, magathed 1010.

Das hed ist hier ans Part. gesetzt,
wie im alth. wizanheit Graff 1,
1096, farloranheit 2, 267, farmez-
anheit 2, 892, darin gleichend dem
heutigen Beschaffenheit, Gelegenheit, Verborgenheit u. a.

2. Vor allem ist bei abolganhed,
wie bei allen mit hed verbundenen
Subst. zu merken und fest zu halten,
daß darin die hed nicht wie im heutigen hochd. heit den allgemeinen Sinn
einer Ableitung habe, sondern hier die
volle und klare Bedeutung eines Substantivs bewahre. Die abolganhed
ist eine hed d. h. ein Zustand, eine
Eigenschaft, Beschaffenheit dessen, der
abolgan ist. So unterscheidet sich die
abolganhed wesentlich von dem einfachen torn (Zorn), und die hier damit
bezeichnete Sünde ist eine weit schwe-
rere, als die durch torn bezeichnete sein
würde.

asunnan, invidere, mißgönnen,
beneiden, davon das Subst. avunst,
w. s., merke dazu:

1. asunnan nur einmal im Hel.,
aber sehr deutlichen Sinn gewährend:
Gott Vater sandte auf diese Welt seinen Sohn, that was satanase tulgo
harm an is hugie. abonsta (afon-
sta M.) hebanrikeas manno cunnea 2084. Also bezeichnet asunnan
die teuflische Gesinnung, welche einem
andern sein Glück nicht gönnt und ihn
darum beneidet, wie hier Satan that.

2. Wie der Sinn hier sehr klar ist
von asunnan, so auch die Form der
Conjugation leicht erkennbar. Sieh
unten das einfache unnan.

-ag, sehr schöne Endung zur Bildung von Adjectiven, wie helag,
w. s., dazu merke:

1. helag auch oft im Hel., wie 13, 29, u. a. eben so mit ag gebildet bluodag 10010, gradag 4287, grimmag 4286, hruomag 9851, u. a.

2. Dies wohllautende ag wird später abgeschwächt in eg, wovon sich schon Beispiele finden im Hel., wie in manega B. 1, zuletzt wird aus ag überall ig, wie helag wird helig, fällt also sehr mißlich mit dem eigentlichen ig zusammen. Für die Sprachforschung ist darum sehr wichtig zu wissen, wo ag und wo ig einem Worte gebühre.

3. Lange habe ich nach einem Grunde für ag und ig vergeblich geforscht, bis mich auf denselben führte das goth. handugs für σοφός, sapiens 1. Cor. 1, 20. Dies handugs ist nämlich von handus, also das u in ug im Stamme begründet, danach schloß ich, daß auch bei ig, wie in mahtig, das i schon im Stamme enthalten sein müßte, was sich dann auch unzweifelhaft bestätigte im goth. gabigs Matth. 27, 57, oder gabeigs Luc. 6, 24, als von gabei Marc. 4, 19. Weiter folgt dann auch, daß das a in ag, gleichfalls schon im Stamme begründet sein müßte. Und es bewährt sich in der That, daß ag tritt an Nomina der I. starken Decl., und an starke Verba, wie manag ist von man, bluodag bluod, wogegen ig sich fügt an Nomina der II. Decl., wie mahtig von maht, sculdig von sculd, oder Verba auf ian, im goth. auch an Nom. auf ei in schwacher Decl.

-al, sehr schöne Endung zur Bildung von Adjectiven und Substantiven sehr zahlreich verwendet, wie in sethal und stadal, w. s. Bemerkenswerth ist dabei:

1. Im Hel. sind Adj. auf al, wie idal M. 3124, adal 61, gamal in gamalon, wancal 4984, dann auch Subst. wie nebal 11259, nagal 398, mahal 5775, cumbal 1268, u. a., daneben auch il wie in ubil, mikil, luttil, biril, und ul, wie in hatul, gebul, angul u. a.

2. Das a in diesem al ist so weich und gefüge, daß es in dem Casus auszufallen pflegt, wie in sethlo von sethal, stadlo von stadal, im Hel. neslu 5813 von nesal, naglos 398 von nagal, u. a., im goth. fehlt dies a in al gewöhnlich schon im Nominativ, wie in agls, mathl, svibls, tagl, tveifls, thvahl u. a., welche Formen bei unserm agal, mathal ein rechtes Merkmal der Unterscheidung beider Sprachen abgeben.

3. al tritt wie ag nur an starke Formen, dagegen il und ul in gleicher Weise wie ag an schwache oder die auf i und u ausgehen, wie entschieden zeigt das goth. mavilo von mavi und magula von magus.

al, omnis, totus, cunctus, universus, integer, all, ganz, gesamt, so mit einfachem l nur in Zusammensetzungen, wie alomahtig w. s., wozu bemerke:

1. Die al mit einfachem l auch im Hel. noch in Zusammensetzungen, wie alomahtig 62 und alamahtig 2170, alathiod 9491, alawaldo 1624, alaiung 322, alahel 4662, alahuit 11683, in dieser ältesten Form ala noch völlige Gleichheit mit dem goth. alamans, woher alamannam Sk. VIII. 6, alatharba Luc. 15, 14, und Alamod Mon. Aret. und Neap.

2. Von diesem al läßt sich Urverwandtschaft mit Gewißheit vermuthen, wie man denn auch schon längst an das so nahe liegende ὅλος gedacht hat. Wie man aber die Vocale a und o in Einklang bringen und den so starken Spiritus vernichten mag, weiß ich nicht einzusehen. Darum habe ich nach bequemeem Stamme gesucht und den gefunden in dem Verbum ἔλειν oder mit verstärktem Präsens geschrieben εἴλειν, welches gemäß seinen Stammformen εἰλ (= ἐλλ), αλ- in ἑάλην, ἁλῆναι, ἁλείς, ολ- in ἑόλημαι zur XI. Conjugation gehört, bedeutend drängen, pressen, sammeln, wonach also ἁλείς heißt gedrängt, gedrang, dicht, gesammelt, wie das ἁλὲν ὕδωρ Il. 23, 420. Zu derselben XI. Conj. darf auch unser al gezählt werden und es einigt sich im Begriffe des Prät. sehr wohl mit dem ἁλείς. Das all oder ganz ist in al dargestellt als ein voll, dicht, gedrängt, geschaart in einem Sinne, der auch waltet im lat. cunctus, altl. conctus, was nichts anders sein kann als con-citus, mit Ausfall des wurzelhaften i, wie in postus für positus. In dem All oder Ganz sind die Theile gesammelt, zusammen, gesamt, samt und sonders in einer Einheit verbunden. So ist der Sinn von unserm so wahr als deutlich. Ueberdies gewinnen wir nun auch sinnige Abstammung und Bedeutung für das goth. alan, lat. alere. Aus der XI. Conj. hat sich ja die VII., wozu alan gehört, entwickelt. Sieh unten. Und der Begriff ἁλείς, al ist ganz dazu angethan, daß sich alan, alere nähren, wachsen daraus entwickeln kann.

all, omnis, totus, cunctus, universus, integer, all, ganz, gesamt, wober gs., in thes allas 57 is allas 762, dp. allon, in allon sinon helagon wihethon t allon sinan helagon 65, gp. allero minero sundiono 2, Ueberdies merke:

1. all hat mit dem Artikel und den übrigen Pron. die Eigenthümlichkeit, daß es nur starke Declination zuläßt, wie wir schon sehen an allas und allero, und im Hel. an gs. m. allas 2205, gs. n. allas 7652, as. m. allan 247, np. m. alla 349, gp. m. allero 737, gs. f. allaro 3972 u. a.

2. Im Satze erscheint all theils als Adjectiv, theils als Substantiv, wobei zu merken:

a. als Adj. steht all theils hinter seinem Nomen, wie in thia gumon alla Hel. 5758, thia aramun man alla 10824, them lande allon 5792, thesa werold alla 8636, theils vor dem Nomen, wie in allan dag 347, alla man 9297;

b. all steht, wie der Artikel und andre Pron. vor dem mit dem Nomen verbundenen Adjectiv wie in allan langan dag 1929, allon cristinon folke 6143;

c. Desgleichen steht all vor dem Artikel und anderen Pron., wie in all that landscepi 683, alles thines wines 4114, alles theses landes 3356, alla thia iungron 9399;

d. Dem Substantiv all geht der Artikel und andre Pron. vor, wie in thes alles 10955, is alles

10967, theils folgt er, wie alles thes 6745;

c. Wie beim Artikel folgt auf all das Adjectiv vor dem Nomen in schwacher Decl., wie in alla langan naht 11748.

3. Während al mit einfachem l nur noch in der Zusammensetzung erscheint, wird all mit doppeltem l außer in der Zusammensetzung immer da geschrieben, wo es selbständiges Wort ist. Schon goth. findet sich all in der Zusammensetzung theils mit Bindevocal, wie allavaurstva Col. 4, 12, theils ohne denselben, wie in allsverei Rom. 12, 8, allbrunsts Marc. 12, 33, auch im Hel. wird geschrieben allmahtig 4335, 3533 neben alomahtig. Diese so auffällige Verdopplung des l in all wird doch gleichen Grund haben mit der im goth. hallus Fels, fill Fell, spill Rede, vulla Wolle, fulls voll, und ufsvalleins Aufschwellung 2. Cor. 12, 20, keinen andern als im alth. gellan, scellan, wellan u. a., da allen diesen Formen eine Wurzel mit einfachem l zum Grunde liegt. Durch die Verdopplung des l sind diese Wörter aus der XI. Conj. in die Form der XII. oder wenn wir wollen der I. übergetreten. Nicht ungleich ist auch im griech. πολύς, πολλή, es wird πάλλω aus πέλω, wie lat. daraus pello, mit dem Unterschiede, daß im Griech. λλ in der neuen Stellung nur für's Präs. und Imp. gilt, während im Deutschen ll in allen Formen haftet. So hat all neben al, beide betrachtet als Conjugationsformen, nichts auffälliges mehr. Aus dem griech. Lautgange πελ-, παλ-, πολ- (in πέλω) entwickelte sich mittels παλ-, der neue Stand πάλλω, ἔπηλα, woher auch πάλλα, gleicher Weise gab εἴλω (= ἔλω), das ἀλεῖν, woher unser al, und daraus wieder all, woraus sich sehr wohl eine neue Conjugation hätte entwickeln können.

alomahtig, omnipotens, allmächtig, daher ds. m. alomahtigon in alomahtigon fader 1, so auch im Hel. 16 mal theils von Gott Vater wie in alamahtig fader 2170, fader alomahtig, theils von Jesus, wie in crist alomahtig 5908, 8100, merke dazu:

1. Das o in alomahtig ist nicht ursprünglicher Bindevocal, sondern abgeschwächt aus a, wie zeigt das goth. alabrunsts Marc. 12, 33, alatharba Luc. 12, 14, auch im Hel. noch in alaiung 322, alahel 4662, alahuit 11683, alamahtig 2170, alathiod 9491, alawaldo 1624, doch auch schon alomahtig 62, alowaldo 2589. Das a ist rechtmäßig, weil al nach der ersten Decl. geht.

2. alomahtig ist doppelt zerlegbar, indem es

a. abgeleitet sein kann durch ig von alomaht, wobei die alomaht als fertiges Wort durch ig zum Adjectiv erhoben wäre, und die alomaht gliche einem alathiod,

b. zusammengesetzt aus al und mahtig, wobei das fertige mahtig durch al näher bestimmt sein könnte, und alomahtig gliche so einem alahuit.

ambaht, n. servitium, ministerium, munus, officium, Amt, Dienst, woher gs. ambahtas in tragi godes ambahtas 3, über dies hochwichtige Wort deutscher Sprache merke hier:

a. Im Hel. erscheint ambaht nur in den Zusammensetzungen ambahtman 4222 und ambahtscipi 2231 nebst dem abgeleiteten ambahtio 6844, wohl aber in FH. noch ambaht, woher ds. ambahte und ambahta 16 und 23 am R.
b. unser ambaht entspricht dem goth. andbahti Luc. 1, 23, was jedoch durch i deutlich von andbahts Diener abgeleitet ist und so bezeichnet den Stand oder das Geschäft des andbahts. Diese schöne Unterscheidung ging verloren, da statt ambahti eintrat ambaht, wodurch es dann kam, daß für den andbahts ein ambahtio und ambahtman gebildet wurde, wie denn auch dem Aussterben des persönlichen ambaht das heutige Ambtmann oder Amtmann zuzuschreiben ist.
c. Nicht unbedeutsam ist die Fügung godes ambaht entsprechend dem godes ambahtman im Hel. 5392, wo der Genitiv die Person bezeichnet, welcher der Dienst gewidmet ist, wogegen der Genitiv in dem goth. dagos andbatheis is Luc. 1, 23 und in van Ikicon ambahte FH. 35, 1 die Person bezeichnet, welche den Dienst verrichtet.
d. Aus dem tiefsten Grunde der Sprache ist geschöpft die Abstammung des dunkeln vielgedeuteten Wortes andbaht oder ambaht von Grimm, der in baht findet bak dorsum Rücken Wörterb. unter Amt Sp. 280. Nach dieser Deutung ist ambaht der Mann, welcher dem Herrn im Rücken ist, hinter diesem geht, ihm folgt, er ist ein griech. ὀπαδός d. h. ein ὄπισθεν hinten nachgehender Diener. Das ist dort aus der Sache so überzeugend dargethan, daß ich nun gern den Gedanken aufgebe: das bah in ambaht ist gleich bag, bak und dies gleich dem lat. pag, pac in pactus, wonach der ambaht wäre ein angebungner, erbungner.

-amo, Endung für den ds. m. des Pronomens min in minamo gilovon 7, auch noch in thamo FH. 28 — 13 älteste schönste Form dieses Casus, so noch nahe dem goth. amma wie in meinamma Matth. 8, 9, schwächer ist schon emo, w. s. unten bei min.

-an, Endung ältester und vollendetster Form und darin ein wahrer Schmuck der Sprache, in Declination, Conjugation und Wortbildung zu sehr verschiednen und wichtigen Zwecken verwendet, darunter ist dies

1. -an as m. des Adjectivs und Pronomens, wie in minan sader 19, minan degmon 33, minan bigihton 64, minan gilovon 69.

2. -an dp. m. des Pronomens, wie sinan in allon sinan helagou 65, für das gewöhnliche sinon, wozu merkwürdig auch im Hel. einmal dp. m. sinan in aldron sinan 1677, welches an noch deutlich gemahnt an das a im goth. aim und am, das Ebenbild nun auch in dem dp. husan in dem Ortsnamen Bernatheshusan WH. 238.

3. -an Infinitiv aller starken Conjugationen, wie wesan 68, giwer-

ran 35, und schwachen wie gilovian 43, binemnian 57.

4. -an Part. Prät. der starken Conjugation wie in farstolan 58, farlatan in farlatanero 12.

Diese hier vorkommenden an begreifen nur einen geringen Theil der vollen Zahl, eine erschöpfende Darlegung, wenn auch lehrreich genug, würde hier nicht am Orte sein.

an, in, in, an, auf, zu, Präp. mit dem Dativ und Accusativ, so zahlreich und zu so mannichfaltigen Verhältnissen gebraucht, wie keine der übrigen Präpositionen, ja gewiß wie sie alle zusammen nicht. Im Heliand begegnet an 1322mal. Dieser große Reichthum hat seinen Grund in der Armut, daß es der Sprachen an der Präp. in gebricht und so an für das hochd. an und zugleich für in dienen muß. Doch ändert das nichts an den Verhältnissen, worin an erscheint, welche sind bei beiden Casus:

a. örtlich, wie an kirikun 54,
b. zeitlich, wie an dag endi nahta 61, an tidi 62,
c. persönlich, wie an mi 45,
d. abstract, wie an wiethon 45, an giwitscipia 47, an flokauna 47, an mundburd 63, an ginatha 64, an willion 66, an huldion 69.

ana, sine, extra, praeter, ohne, außer, sonder, Präp. mit dem Acc. in: ana orlof gaf. ana orlof antfeng 44, wozu bemerke:

1. auch im Heliand begegnet diese Präp., jedoch schon in der Form ano B. 2973, 3535, 3735, 7733, 8962, 10061.

2. Bei der bis jetzt noch ungeschlossenen Untersuchung über die Abstammung von ana, ano hat man meines Wissens nicht gedacht an was doch so nahe liegt, an a f. oben ... Das na an ana gleicht ja dem na in den Adv. obana, nithana u. a., und ana steht für a-ana, woher denn auch die Länge in ana (— ⏑) stammen mag Und Adv. ist ana ursprünglich nicht minder als nithana. Ueberdies ist auch die Bedeutung von ana mit a einhellig genug.

anafang, m. attactio, attrectatio, Anfassung, Anrührung, Berührung, in unrehtas anafangas 41, ein recht merkwürdiges Wort sowohl in seiner Form, als in seiner Bedeutung:

1. Die vier a in anafangas ohne andern Vocal dazwischen, geben dem Worte eigenthümlichen Klang, dazu ist as ältester, vollendetster Genitiv, wie auch ana die vollendetste Form der Präp., in C. des Hel. nicht mehr findlich, dafür stets an, und in M. nur noch in anagin für angin B. 7182 und anawerpan 7880;

2. anafang gleicht in Form ganz dem alth. anafang Graff 3, 411, weicht jedoch in der an der Stelle selbst hinlänglich klaren Bedeutung weit ab, indem dies den Sinn des heutigen Anfangs hat, unser anafang dagegen die unzüchtige Berührung ausdrückt, welche alth. heißt anagrif Graff 4, 318, und altfr. basafeng, worin basa ist alth. posi, jetzt böse Grimm zu Richth. 1163.

-and, sehr vollendete und schöne Endung des Part. Präs., noch ganz unversehrt das goth. and, hier er=

halten in slapandi von slapan, witandi von witan und unwitandi, darüber mag hier bemerkt werden:

1. and ist die Form für alle Conjugationen mit Ausnahme der Verba auf on:
   a. bei allen Verben der starken Conjugation, wo and unmittelbar an den Stamm des Präs. tritt, wie slapandi an slap-an;
   b. bei der III. schwachen Conj. enthält das a zugleich den Ableitungsvocal a, woher z. B. aband Abend, so gleichend einem lat. amans und amandus, das a des Stammes behauptete sich in der Endung;
   c. bei der I. schwachen Conj. bleibt das ableitende i vor dem a in and unversehrt, wie in thagiandi Hel. 5143;
   d. bei der II. schwachen Conj. hat das o solche Macht, daß es das a des and unterdrückt und an dessen Stelle tritt, wie in drubondi von drubon Hel. 9860.

2. In dieser Ansetzung des and ist, wie gesagt, noch völlige Gleichheit der goth. Sprache, jedoch bleibt die Form nicht überall so unversehrt, wie im goth.:
   a. durch den Druck eines folgenden i, wird and nicht selten abgeschwächt in end, wie in neriendi für neriandi Hel. 4473;
   b. auch erscheint das ia schon, wie im alth. gewöhnlich, zusammengezogen in e, wie aus sittiandi wird sittendi Hel. 681;
   c. gar findet sich hettindi für hettiandi in hettindeon Hel. 4561, wo iandi oder wenn wir wollen endi übergegangen ist in indi.

3. Die Decl. dieses and erscheint in so mannichfaltigen Formen, daß es oft unmöglich ist, den wahren ns. aus den vorliegenden Casus zu finden. Doch kann man mit Sicherheit sagen, daß and im Hel. vierfache Declination hat von vierfachem ns., nämlich doppelte Form, die eine nach erster Decl. der Adjective, die andere nach deren zweiter Decl. und beide entweder stark oder schwach, also:
   a. and, wie in neriand 7430, lithand 5819, hettiand 9314, welches and zu Substantiven verwendet wird, und dann im Pl. auch os bekommt, wie wigandos 11083;
   b. davon die schwache Form ando, wie in neriendo 2529;
   c. andi für alle drei Geschlechter, wie neriendi crist 4473, idis greotandi 5985, wallandi fiur 5198, wohin denn auch gehört im Beichtsp. witandi 58, unwitandi 58, slapandi 61;
   d. davon wieder die schwache Form andio oder andeo, wie in waldandeo crist 8203.

Diese Vielfältigkeit der Form darf nicht angesehen werden für ein unnöthiges und lästiges Spiel der Sprache, sie ist vielmehr eine sehr bedeutsame Vollendung, weil sie dem Dichter reiche Mittel gewährt, dem Verse an bestimmter Stelle gefälligen Wechsel oder die ebenmäßige Hebung und Senkung zu verleihen, wie das Spiel in den Formen bei Homer nirgend leeres, sondern allerwegen bedeutsam ist.

-anni, Endung für das Gerundium oder Supinum, wovon der Genitiv -annias in cussiannias, hel-

siannias, liagannias, snerian-
nias, und der Dativ — anna in
gibotianna und flokanna, zwei
Formen, welche für die deutsche
Sprachkunde im höchsten Grade
merkwürdig sind, wie gewiß auch
Grimm anerkannt haben würde,
wenn ihm wo er in Gramm. I.
1020 von der Declination handelte,
ein solches annias schon bekannt
gewesen wäre. Zu dessen Ergänzung können wir nun bemerken:

1. Der Gen. ias zeigt die vollendete
Form wie in hetias von heti und
bisprakias, im Hel. nirgends mehr zu
finden, es steht dafür durchweg ies
oder eas.

2. Auch gibt es im Hel. kein Beispiel von diesem Genitiv des Infinitivs,
nicht mehr, oder noch nicht? dagegen
ist er häufig bei Otfrid, jedoch ist darin
in gewöhnlicher Weise des alth. das
ias, ies, eas verschränkt in es, wie
zeigt thes lesannes 6 — 7, fleht-
annes 50 · 5, thes drinkannes
145 — 15, suimmannes 400 — 25
u. a. In diesem es muß ein i un-
tergegangen sein, weil sonst das nn in
der Form unerklärlich bliebe.

3. Der Dativ anna bewahrt gleichfalls das aus dem Gen. annias folgende a, mit Ausfall des i, so merkwürdig abweichend vom Dat. giwitscipia von giwitscipi w. s. Dies
ursprüngliche ia ist noch einige Mal
bezeugt im Hel., wo sich findet to
alosannea 16 — 1, B. 1042, seg-
gennea M. 55 — 22, B. 3674, sonst
ist gewöhnlich das dem alth. gleiche
und dem Gen. annes entsprechende
anne.

4. Durch die Formen annias und
annea ist nun auch die Schwierigkeit
gehoben, welche die Erklärung des nn
in dieser Infinitivform bot. Denn
da darin das i bezeugt ist, so wird
damit auch dargethan, daß das nn
durch Rückwirkung des folgenden i entstanden sei, hier also gar kein andrer
Grund walte, als in dem Ortsnamen
Haranni WH. 242, Ocanni WU.
nr. 9, J. 797, kein andrer, als in
sunnia Hel. 4608, goth. mit einfach
n sunja, und in unzähligen andern
mit nn und allen andern Consonanten
im Auslaut.

5. Wie hebbian wird von haban,
leggian von lagjan, settian von
satjan und darin nicht allein die Verdoppelung bb, gg, tt durch Rückwirkung des i, sondern auch die Wandlung
des a in e entstand, so wird nicht minder der Inf. anni zu enni, welches
nn auch da haftete, wo das i geschwun-
den war. Daher bei Otfr. brennennes 428 — 66, forahtennes 431 —
138, wirkenne 407 — 35 im Hel.
gisrummienne M. 138 — 14, B.
9047, gihorienne 72 — 22, B. 4752
u. a.

6. Im Hel. nur der Dat. anne
und zwar stets nur mit ti oder te,
bei Otfr. jedoch außer zi: zi was-
ganne 124 — 28, auch mit andern
Präp. und zudem mit dem Artikel, wie
mit blasanne 434 — 202, in themo
sliahanne 12 — 82, woraus wir denn
deutlich erkennen, daß der Inf. als
wirkliches Nomen gedacht ist, wie das
ja auch nicht minder entschieden zeigt
der Gen. thes lesannes 6 — 7, thes
drinkannes 145 — 15, thes ruaf-
ennes 204 — 20 u. a. Betrachten
wir dazu die Verbindung fiures brenn-
nennes 423 — 66, worin ja doch wohl
brennennes als Adj. steht zu fiures,

3

so dürfen wir setzen: der Inf. an, ani oder anni, gen. annias steht in der Reihe der Adjektive, deren Form nach I. und II. Decl. geht, deren Neutrum dann als Substantiv gebraucht wird, wie bei bispraki, ovarmuodi, githingi w. s. in der Reihe der Participia auf and und daneben andi, wovon das m. in beiden Formen als Substantiv gebraucht wird, wie das n. des Inf. an und anni.

-**ano**, Endung für den gp. s der Substantive auf a, wie in gihorithano von gihoritha w. s., ist in dieser vollen Form eine Zierde der Sprache, so gleichend dem banano von bana Bohne FH. 3—8, garvano von garva Garbe 4—1, noch älter und schöner ist — ana, wie in frumana M. Hel. 9604 von fruma, musana in dem Ortsnamen Musanahurst WH. 236 von musa (ein Waldvogel, Sumpfvogel, welcher? ich vermuthe Schnepfe), durch Rückwirkung des o in — ano wird — ano gewöhnlich — ono, wie in erthono Hel. 1514 von ertha Erde, auch früh schon abgeschwächt in — eno, wie in iungereno FH. 32—2 und 32—5 von iungera Jüngerin.

antfahan, accipere, excipere, suscipere, empfangen, aufnehmen, Prät. antfeng in: usas drohtinas likhamon endi is blod — antfeng 30, gasti antfeng 34, ana orlof antfeng 44. Ueber die Conj. bei fahan.

-**ar**, Endung, vielfältig zur Wortbildung verwendet, hier sind dadurch gebildet

1. Substantive, wie brothar, fadar, mestar, prestar,
2. Adjective, wie hluttar,
3. Pronomen, wie othar,
4. Adv. und Präp., wie nithar, ovar, withar.

Es bekundet der Beichtsp. hohes Alterthum, daß darin dieses schöne — ar so unversehrt erhalten ist. Im Hel. erscheint dies — ar schon häufig in der Form er.

arm, pauper, egens, arm, dürftig, np. m. in arma man 23, im Hel. neben arm auch noch aram 1477, wie haram, waram und wanam. Wir erkennen darin die wohllautenden Formen, wie sie der Gesang zu seinem Schmucke schafft oder erhält.

-**aro**, Endung für den gp. aller Geschlechter in starker Declination, in dieser vollen schönen Gestalt erhalten in unrehtaro, m. in: unrehtaro githankono 37, f. in: unrehtaro gihorithano 37, n. in: unrehtaro wordo 38, u. a. Dies —aro hat sich entwickelt aus dem goth. —aize und —aizo, merkwürdig durch den Wandel des z zu r, wie der auch sonst oft vorkommt, merkwürdiger noch durch den Uebergang des ai in a, welches sonst gewöhnlich e wird. Das volle a begründet die Schönheit der Form.

-**aru**, Endung des ds. f. wie wir sehen an: sulicaru forhtu 29 von sulica forhta und huilicaru tidi 62, von huilica tid, wie im Hel. sulicaru M. neben sulicoro C. 6161, sulicaru M. neben sulikero C. 7870, und so andere in gleicher Verschiedenheit. Die schönste und älteste Form ist aru, oro ist durch Assimilation entstanden, und ero durch Wandel des ai in e aus dem goth. — aizos, welcher Gen. in unsern Dat. eingedrungen ist.

-as, Endung, in ihrer Form höchst vollendet und höchstes Alterthum bekundet, in Declination zu mehrfachen Zwecken verwendet. Hier ist erhalten

1. — as als gs. m. wie in anafangas, drohtinas u. a.

2. — as als gs. n. wie in ambahtas, atas u. a.

3. as als zweite Pers. s. Conj. wie in willias. Ueber Werth und Bestand dieses herrlichen — as bei den einzelnen Wörtern.

at, n. esus, Aß, Essen, erhalten in ovarat, w. s., auch im Hel. at, ates: was im ates tharf 2442. Kann das at bedeuten cibus, edulium, womit es übersetzt wird? Offenbar nicht in ovarat w. s. Im Hel. läßt sich at an jener Stelle eben so wohl verbal fassen, ates tharf kann sein der appetitus edendi, die Leute waren hungrig und begehrten zu essen. Und so verbal ist auch der ursprüngliche Sinn von at, als Substantiv von etan, w. s. Das at zeigt in a den Vocal des Prät. und enthält dieser Form gemäß den Begriff der Vergangenheit, die Geschichte, daß ein Mensch at, daß Menschen atun. Diese vollzogene Thätigkeit, diese Thatsache ist in at zu einer allgemeinen Bezeichnung ausgeprägt.

avunst, m. invidentia, invidia Abgunst, Mißgunst, Eifersucht, in: ik iuhu avunstes 11, an mi hadda mistumft endi avunst 46, dasselbe Wort im Hel. geschrieben abunst B. 6542. Der abunst verdient hier folgende Bemerkungen:

1. Wie häßlichen Sinn avunst habe und wie groß die Sünde sei, der sich der Beichtende hier zeihet, erhellet sehr deutlich aus dem Verbum, wovon abunst stammt, aus abunnan an der Stelle im Hel.: daß Gott seinen Sohn in die Welt sandte, um die Menschen zu erlösen, das war dem bösen Satan harter Harm im Herzen, abonsta hebanrikeas manno cunnea 2085. Der avunst ist eine teuflische Sünde, wie das auch noch an anderer Stelle im Hel. bezeugt wird: Satan säete Unkraut unter den Weizen und der Hausherr erkennt, daß Satan das that und warum, indem er sagt: ne gionsta mi thero fruhtio wel 5106.

2. Dann erhellet auch die furchtbare Häßlichkeit des avunstes aus dem höchst liebreichen und hehren Sinn enthaltenden Verbum unnan w. s., woher die göttliche Tugend bezeichnende anst gratia Huld Gnade. Von dieser anst ist avunst so das Gegentheil, daß wer ihn hat, diesen avunst, das Glück, was ein anderer besitzt oder hofft, von diesem fern wünscht und es ihm schadenfroh vernichtet, wie der Satan that nach dem Sänger des Heliand.

3. In der Schreibung der Präposition av weicht hier avunst ab von dem abunst und abonsta den Formen im Heliand. Dennoch ist dieses av (= aw) im Gesetze der Sprache des Heliand. Denn es ist ein sehr treffendes, weil durchgreifendes Merk-

zeichen, wodurch sich die altsächsische Sprache von der gothischen entfernt und auch von andern sehr unterscheidet, daß sie das f zwischen Vocalen verschmähet und dafür die abfälligen Stufen w, h zu wählen pflegt mit den höchst seltnen Ausnahmen wie tuelifi 2540, tuelifio 3173 neben tueliui 2497.

4. Ob avunst gehe nach der I. oder II. Decl., ist aus dem Gen. avunstes nicht zu erkennen, auch nicht aus dem alth. gs. abunstes, ds. abunsta Graff 1, 272, doch folgt die II. Decl. aus dem alth. np. unste (für unsti) von dem einfachen unst Graff 1, 271, desgleichen stimmt dafür das u, der avunst würde nach I. Decl. lauten avonst. Sieh unten bei i und u.

B.

belgan, irasci, indignari zürnen, erzürnen, daher abelgan und davon abolganhed, w. s. über Form und Bedeutung merke:

1. Durch sein g ist belgan gebaut, wie suelgan, bergan, darin auch gleichend einem melkan, suerkan u. a., gehört also mit diesen zur XII. Conj., und zwar darin zur Klasse derjenigen, welche eine deutliche Ableitung zeigend, dennoch stark geblieben sind. Seine höchst vollendeten Stammformen sind: belgan, bilg, balg, bulgun, gibolgan, wovon im Hel. erhalten sind belgan 9790, bilgit 2870, balg 1444, gibolgan 9730.

2. In der Fügung von belgan ist noch sehr eigenthümlich, daß es im eigentlichen Verbum das Subject zum Object hat, oder reciprok ist, wie in: ne sculun us belgan 9790, man ina (sich) bilgit 2870 und so an allen Stellen im Hel., wie auch so beim alth. belgan Graff 3, 103, und doch das Part. gibolgan bildet, und gefügt im Satze, als wäre das Verbum in gewöhnlicher Weise transitiv.

3. Die Ableitung des g in belgan zeigt sich noch recht kräftig im alth. pulahti für aemulationes, in gibuluht s. ira Graff 3, 105, gebaut, wie im Hel. thuruft für thurst w. s., gebildet durch t nach dem Gesetze, daß jeder Vocal eines starken Verbums der Ableitung mit t fähig ist, besonders abalaga für inbelles Graff 3, 97. Die Wörter, die von belgan enthalten bulag und bulug, beweisen noch deutlich, daß das Verbum zu den zweisilbigen gehört, welche mittels der fünf Vocale, mit Ausfall und Assimilation zwanzig Formen zu bilden fähig sind, wie bilag, bilig, bilg, blig u. s. w., wozu auch das heutige westf. blage Kind im verächtlichen Sinne, wie auch Balg so gebraucht wird.

4. Unser belgan gehört zu den ältest bezeugten deutschen Wörtern, nicht allein durch das goth. balgs für ἀσκός, uter Matth. 9, 17, auch in malibalgs für πήρα Marc. 6, 8, sondern auch durch die in die lat. Sprache übergegangene bulga Graff 3, 107, noch besonders durch die Volksnamen Belga und Bulgari Graff 3, 108. Diese Namen sind, trotz dem zürnen für belgan und Balg, bezeichnend und ehrenvoll genug, so sinnig wie ein gr. Φλέγων, Φλογίδας, Φλόγιος Pape 408, wie der Φλέγων vor dem Wagen des Sonnengottes. Denn unser belgan ist wie blikan ohne Zweifel urverwandt mit dem gr. φλέγω, lat. flagro.

a. Nach der Lautverschiebung stimmt φ und b und die Vocale ε, o zu bil, bal, bul. Das γ, wofür man, wie in blikan ein k erwarten sollte, wurde gehalten in der Verbindung lg, da es durch die Umstellung des φλεγ — in bilg starr und fest wurde wie in dem eben daher stammenden lat. fulgere, was auch dazu die Umstellung des fl beweiset, so gleichend unserm bulahti (s. oben).

b. Dazu stimmen dann auch die Bedeutungen samt und sonders ganz vortrefflich. Warm, hitzig ist der, welcher sich bilgit, welcher ist gibolgan, wie Petrus, da er so hitzig, zornig drein schlug im Hel. 9730, 9738, ist angezündet, entflammt, incensus, succensus, inflammatus; Wärme und Hitze entspringt aus Eifer, machen bulahti oder aemulationes; Wärme und Hitze blähet auf, macht geschwollen, so ist der balg zuerst gedacht als eine Hitzblase, Brandblase, wie ein φλέγμα, φλεγμονή Geschwulst, die bulga ist die Schwellung durch Wärme. Die Bulgari sind, wie Petrus, die hitzigen, hitzig kämpfenden Männer, wie die Belgae, die sind viri flagrantes, fulgentes, fulminei im Gegensatz zu den abalaga für imbelles (s. oben) sind sie balaga viri fortes, Helden sind die Belgier.

biddian, petere, rogare, orare, precari, bitten, in: ik thi biddiu gibedas, that 67, wie eben so im Hel.: ik biddiu V. 5974.

Die Satzfügung und Form von biddian geben Grund zu folgenden Bemerkungen:

1. Hier ist biddiu gibedas nicht precor precibus wie es Lacomblet auslegt, sondern precor preces nach der Fügung, wie sie im Hel mehrmal vorkommt: biddian hat den Gegenstand der Bitte im Genitiv und dazu denselben der Bitte als Erklärung durch einen Satz mit that, wie in: helpono biddian that hie iu alate lethes thinges 3133, ebenso V. 3147, 6773, 7482. Danach bittet der Sünder den Beichtiger in dem Ausdrucke biddiu gibedas um ein Gebet zu Gott, und läßt zugleich in dem Satze: that thu mi te goda githingi wesan willias, folgen die Erklärung, von welcher Art er wünscht, daß das Gebet sei. So ist die Fügung des biddian mit dem Genitiv rechtfertig und die ganze Ausdrucksweise wie in der Sprache so auch in der Sache begründet.

2. biddian ist stark im Prät. bad, badun und Part. Prät. gibedan, im Präs. dagegen schwach, und zwar mit dd, wo auf i eine vocalisch anlautende Endung folgt, wo nicht, bleibt einfach d. So gleicht biddian völlig dem liggian und sittian, ist das dritte so eigenthümliche Verbum in der XI. Conj. Dieselbe Abweichung findet sich auch in der VII. wo im Präs. schwach sind hebbian heben, sebbian verstehen und sceppian schaffen, im Prät. stark huof, suof, scuop. Diese Abweichung ist um so mehr zu beachten, als manche abgeleitete Wörter den ursprünglichen Vocal zeigen und so zu Irrthum verleiten können, wie das e in beda Bitte, set Sitz, legar

Lager, welches e dem i in biddian, sittian, liggian entspricht so als wenn die Form stark wäre bedan, setan, legan nach lesan, legan, weban u. a.

3. Urbedeutung von biddian kann keine andre sein, als die, welche Grimm zum Grunde legt Gramm. II. 25, nr. 282 Anm., worauf er auch fußet im Wörterb. I. S. 1722 unter Bett, die ist liegen, oder wenn wir wollen sich senken, sich legen, sich neigen, sich beugen, sich niedern, eine Bedeutung, welche noch sehr sichtlich durchscheint im Hel. in der Redeweise te bedu gihneg 1959, ti bedu hnigan 3131 u. a., worin beschrieben ist die lat. supplicatio. Die Haltung des Körpers als Beugung, Neigung, Knien bei Bitten und Beten, diese sinnliche Aeußerung in Folge innerer Andacht ist im Deutschen verwandt zur Bezeichnung des abstracten Begriffes und das Wort ist in diesem Begriffe auch gefügt wie ein Verbum transitivum ganz so gleich dem griech. γουνάζομαι, γουνπετέω für flehen, bitten. Noch ganz ist diese sinnliche Bedeutung enthalten in beddi Bett, Lager. Der oder die bathu in den schönen Mannsnamen wie Bathurad, u. a., als strages Niederlage, victoria gefaßt, gibt trefflichen Sinn, wie der Bado Trad. Corb. 271 und Badio 246 sinnreich ist ein vir prosternens, victor, und die gibada oder gibadi im Hel. 6318, 11654 ist gedankenreich eine Niederlegung, Beschwichtigung einer Aufregung des Gemüthes. Warum nun das bad Bad hieher nicht gehören soll, kann ich noch immer nicht begreifen, da es ja doch einstimmig ist eine Niedersenkung in die Tiefe des Wassers.

4. Ganz besondre Aufmerksamkeit verdient das vorhin erwähnte bathu, weil es Stamm ist zu dem Gaunamen, wie dieser steht in: in pago Battawi Lac. Urk. I. nr. 79, J. 897, in pago Batue, in insula Batue, in Battwe WII. nr. 65, J. 855, villa quae sita est in Bethua RC. 297, J. 1154, womit wir dann reichen bis an die Batavi Tac. Germ. 29 u. a.

a. bathu gefaßt als goth. Adj. oder Substantiv bathus, bathu declinirt nach dritter starker Decl. bathaus, bathius, bathive erzeugt die Form bathav oder bathaw, an welche sich bei weiterer Wortbildung die Endung ansetzt, wie das i in Battawi, welches in awi völlig gleicht einem alth. garawi, f., das gleiche geschieht bei Ansetzung von a, wie denn alth. garawa, f. besteht neben garawi Graff 4, 241 beide als von garu, wie Battawi oder Bathawi von bathu, es gleicht hier auch die sarawa und sarawi Graff 3, 703 u. a. Ganz dasselbe bleibt bei der Bildung des Namens für Personen, also Batavi oder Bathawi. Das bindende a fällt auch aus und so entsteht bathwi und Bathwa, mit Rückwirkung des i dann Bethwi, welches e dann auch bleibt in Bethwa oder Bethua.

b. Die Römer wählen auch hier, wie gewöhnlich, ihr t für das deutsche th entsprechend dem C, welches sie setzten für unser h. So machten sie Batavi aus Bathawi.

Und so erleidet es auch keinen sprachlichen Zweifel mehr, daß in der Form und Bedeutung von bidilian, beddi, bad, bathu, die Bathawi ist das Land der Bataver, die Batavi oder Bathawi sind die Bewohner der Landschaft Bathawi, sind viri bathawi, die in der Niedrung wohnenden Männer, die Nieder-Männer, die Niederländer.

bigehan, confiteri, profiteri, promittere, spondere, bekennen, gestehen, geloben, verheißen, ist Stamm zu bigihto w. s., im Hel. nur einmal: die Juden klagen Jesum an, indem sie sagen: he sprikit oc word mikil· quithit that hie crist si· cuning obar thit riki. bigihit ina so gruotes 10973. Nur scheinbar entfernt sich bigehan hier von dem Begriffe in gehan und bigihto. Denn wer sich dafür ausgibt (ina bigihit), daß er König sei, sich dieser großen Ehre rühmt, der thut ja doch ganz gleich dem, welcher bekennt, daß er ein Sünder sei, sich zeihet (ina bigihit) der Sünde.

bigihto, m. confessio, professio, promissio, sponsio, Bekenntniß, Geständniß, Gelöbniß, Verheißung, ds. in: withar minemo bigihton 8, as. in: nu duon ik minan bigihton 64. Der bigihto ist sachlich und sprachlich im hohen Grade merkwürdig überhaupt, und besonders an dieser Stelle:

1. An der ersten Stelle, wo der Beichtende sich schuldig gibt, daß er wider seinen bigihton gesündigt habe, bezeichnet dieser bigihto offenbar das abgelegte Glaubensbekenntniß, die Abschwörung des Heidenthums oder der Sünde mit der Zusage, nach dem christlichen Glauben zu leben. Der Mensch bekennt in einem bigihton, wie er hier steht, daß er ein Heide, ein Sünder gewesen, und verspricht, gelobt (ina bigihit), daß er ein Christ, sündenfrei sein wolle. Und so nur konnte hier der Beichtende gestehen, daß er wider dieses sein Bekenntniß und Gelöbniß (withar sinemo bigihton) sich verfehlt habe. Dieser tiefe und umfassende Sinn des bigihto zeigt sich noch deutlicher an der zweiten Stelle. Denn nachdem der Beichtende alle seine Sünden aufgezählt hat, schließt er mit den Worten: nu duon ik is allas (aller namhaft gemachten Sünden) minan bigihton, was dann ist die in bigihto enthaltene confessio, fügt demnächst zugleich die ebenfalls auch grammatisch von bigihto abhängige Erklärung oder Versicherung hinzu: gerno an godas willion te gibotianna, was ist die promissio das Gelöbniß der Buß' und Besserung. Demnach ist der Inhalt des bigihto, der Beichte, in diesem Beichtspiegel:

a. confessio, Bekenntniß (reuiges versteht sich von selbst) aller Sünde,

b. promissio, sponsio, Versprechung, Verbürgung, Buße zu thun und sich zu bessern.

Diesen inhaltsreichen Sinn hat auch das alth. bigiht oder bigihti, wenigstens nach den von Graff als Erklärung dahinter gesetzten lat. Wörtern confessio, promissio, sponsio Graff 1, 587.

2. Ueber die Form und Abstammung von bigihto ist noch zu merken:

a. Sehr eigenthümlich ist bigihto durch sein männliches Geschlecht gegenüber dem weiblichen alth. bigiht oder bigihti dem heutigen Beichte. So freilich im Einklange mit dem m. degmo und gilobo w. s., jedoch dadurch sehr abweichend, daß dies o an das participiale bigiht angesetzt ist und abstracte Bedeutung hat, wofür wohl kein zweites Beispiel in deutscher Sprache zu finden sein wird. Selbst für männliche Personen wußte Grimm nur zwei dieser Art Wörter goth. fravaurhta und alth. wurhto agf. vyrhta Gramm. II. 206, wozu wir den Berto WH. 223 gleich Berhto oder Berahto hinzusetzen können.

b. Die bigiht und der bigihto sind participiale Substantive, voraussetzend ein Adjectiv bigiht im Sinne vom lat. confessus und professus, welches bigiht dann seines Gleichen hat im goth. mahts, bauhts, im Hel. hast, reht, lioht, beraht, forath u. a. Daher denn das Substantiv die maht, die forahta u. a. Demnach liegt in bigihto der Begriff der Vergangenheit, wie im lat. confessio als von confessus. Und das ist nicht gleichgültig, sondern sehr beachtenswerth, weil darin begründet ist, warum der Beichtende sagen konnte min bigihto.

biginnan, incipere, ordiri beginnen, anfangen, anheben, davon Prät. bigonsta, in: san thiu the ik erist sundia werkian bigonsta 5. Bemerkenswerth ist:

1. biginnan hat hier zur Bildung des Prät. ein st zu Hülfe genommen und sich so in die Reihe gestellt von onsta, woher abonsta (mißgönnte) Hel. 2084, gionsta 5106 (gönnte), konsta (wußte), und weicht darin ganz seltsam ab von dem biginnan im Hel., wo für bigonsta nur steht bigan 279, 601, 621, bigunnun 3, 1373, 3651 u. a. Eben so absonderlich findet sich im alth. neben bigan auch bigunsta und bigonda Graff 4, 208 flg., auch altf. bigonste und bigunde, bigonde Richth. 638, welche Formen im mw. ständig werden: die costume bigunste Pass. 172 a, de erste sunde in den hemel begunde Buch 14. Woher diese Verirrung der Sprache? oder ist es am Ende doch keine Verirrung? Darüber tiefgründlich Grimm: ginnan schloß ursprünglich den Sinn von schneiden, spalten, gann den von ich habe geschnitten, gespalten in sich; wer sich Brot, Fleisch geschnitten hat, der hebt an zu essen Wörterb. I. Sp. 1296.

2. ginnan, gann, gunn ist Verbum der XII. Conj. also geworden durch Zugabe eines Consonanten, des n, aus einem einfachern ginan entstanden, wie linnan, brinnan, rinnan, spinnan, winnan führen auf einen Stamm, der nur ein n hat, in gleicher Weise, wie im Griech. γεννα, γεννάω wurde aus dem einfachen γεν- in γίγνομαι. Weiter dürfen wir unser gin, ginn mit dem Griech. γεν-, γενν- vergleichen, indem wir setzen: dem gin liegt das noch einfachere gi zum Grunde, wie dem griech.

γεν- ein γα, wie wir sehen an γέγαα, dieses ganz, wie dem τείνω ein τα-, dem φένω ein φα- zum Grunde liegt, welche alle mit Aufnahme des n in starker Conjugation bleiben: γεν-, γον-; τείνω, ταν-, τον-, φένω, φον-. Auf diesem Wege gelangen wir für unser gin, ginn zu der Urwurzel im griech. χάω, χαίνω, lat. hiare, hisco, wohin auch gewiß inchoare (beginnen) gehört. Grundbegriff dieser Wörter ist **offen stehen, klaffen, gespalten sein**, wie dieses auch gilt für das eben dahin gehörende alth. gien für hiare, ginan, geinon für dehiscere, oscitare Graff 4, 106. Durch nn bekam ginnan transitiven Sinn offen thun, öffnen, wie wir sagen eröffnen für beginnen, oder nach Grimm schneiden, spalten, in gleichem Gange mit dem griech. γεννάω erzeuge von γίγνομαι werde. Diese sinnliche Bedeutung lebt noch heute in Westfalen in dem Worte begeinen oder beginen verschneiden, beschneiden für castrare. Wenn das lat. inchoare ist von χάω, so trifft dies Wort in der Uebertragung des öffnen, spalten, scheiden, schneiden auf anfangen, beginnen mit unserm biginnan sinnig zusammen und bewahrheitet so unsere Deutung.

binemnian, nominare, nuncupare, benamen, benennen, in binemnian 57, und binemnid 57, zusammengesetzt aus der Präp. bi und nemnian w. s., dies binemnian nicht im Hel., wohl aber das einfache nemnian B. 2505 und 7248.

biscop, m. episcopus, Bischof ap. biscopos 55, auch im Hel. 6mal B. 8291, 8326, 8936, 9881, 10158, 10191. An allen diesen Stellen bezeichnet biscop den Hohenpriester Kaiphas, gewählt für die biblische Bezeichnung ἀρχιερεύς, pontifex Joh. 11, 49, princeps sacerdotum Matth. 26, 3. Höchst merkwürdig ist nun, wie der Sänger des Heliand, aus diesen einfachen Benennungen und aus der Sache schöpfend, die hohe Würde und das heilige Amt des Bischofs in so wahrer und mahlerischer Darstellung besingt B. 8287—8298, 8319—8326, 10159. Die Wahrheit und Schönheit dieser Zeichnung besteht aber darin, daß der Bischof

1. ist en giherod man, ein hochbewürdeter Mann,
2. ist obarward wero, ein Oberwart der Männer,
3. soll thes godes huses gomian, wardon thes wihes, des Gotteshauses achten, warten des Domes,
4. hat helagan heth, eine heilige Amtswürde,
5. ist thie furisto thes folkes, der Fürste des Volkes.

Und merkwürdig ist diese Zeichnung, weil sie augenscheinlich das Gepräge der bischöflichen Würde zur Zeit des Sängers an sich trägt und dieselbe darin den bekehrten oder zu bekehrenden Sachsen verhält. Um so deutlicher sehen wir nun auch, welcher schweren Sünde sich der Beichtende zeihet, da er bekennt: biscopos ne eroda endi ne minnioda so ik scolda 55.

bispraki, n. compellatio, obtrectatio, vituperatio, Schelte, Rüge, Tadel, Verkleinerung, Verleumbung, daher gs. bisprakias, in: ik inhu hetias endi bisprakias 11. wozu bemerke:

1. bispraki nicht im Hel., wohl aber dessen Stammverbum bisprekan, woraus wir den nachtheiligen Sinn des Wortes aufs deutlichste erkennen: Im Gleichniß vom Balken und Splitter: wie kannst du deinen Nebenmenschen bisprekan M. 3407, daß er einen Splitter im Auge habe und siehst den Balken nicht in deinem eignen? Also ist bisprekan Fehler an andern sehen, rügen und schelten. Denselben Sinn hat das Wort in: Jesus zog mit großem Gefolge in Ephraim, was die Juden bisprakun 8479, d. h. was sie tadelten, schalten, rügten.

2. In dem gs. bisprakias zeigt sich die älteste schönste Form, wie in hetias, sueriannias u. a., im Hel. würden dafür stehen die schwächern Formen bisprakies oder bisprakeas.

3. Schmeller bezeichnet bispraki mit mn. Gloss. 102, ist also zweifelhaft über das Geschlecht. Unbedenklich jedoch dürfen wir bispraki als n. nehmen, es stellen in die Reihe von overmodi w. s., was das n. ist vom Abjectiv als Substantiv gebraucht. Und Adj. muß auch bispraki ursprünglich sein nach Maßgabe von guodspraki im Hel. 1130, vom alth. gisprachi s. disertus, ursprachi, filusprachi Graff 6, 386 und 387.

4. In bispraki muß a lang sein, weil bei kurzem a durch Rückwirkung des folgenden i hätte werden müssen bispreki. Somit enthält bispraki vom Verbum sprekan den Vocal des Pl. im Prät., den Vocal von sprakun. In dieser Abstammung gleicht also bispraki dem tragi, w. s., dem gifragi im Hel. 5614 und 5947, dem auch gleichen lari, mari, spahi, giwari und andre in gleicher und andrer Conjugation.

blod, n. sanguis, cruor, Blut, as. in: usas drohtinas likhamon endi is blod mid sulicarn forhtu endi mid sulicarn minniu ne antfeng so ik scolda 29, so das Wort auch im Hel.: thit is min lichamo endi min bluod so samo 9276. Merke dazu:

1. Im Hel. ist das Wort 5 mal, darunter nur einmal die Form blod 11075, sonst bluod 10964, 11415 und bluod aber blod M. 9276, 9758, woraus wir erkennen, daß o darin steht nicht für goth. au, sondern für goth. o lang, wofür dann auch zeugt goth. bloth, gs. blothis Matth. 27, 4, u. a., also blod oder bluod steht in der VII. Conj. und führt demnach auf ein blad mit a kurz. Sehr merkwürdig ist dies blad nun Laut für Laut das blad gleich folium Blatt, woher im Hel ap. bladu 8658. Aber Blut und Blatt, wie sollten die so fern liegenden Begriffe vereinbar sein? Dennoch lassen sie sich wenigstens nahe bringen.

2. Im Hel. werden dem bluod oder blod gegeben die Verba springan, rinnan, wellan: Aus des Malchus Ohrwunde bluod after sprang, well san wundon 9758, is blod ran an ertha, dror san uson drohtine 11073, aus Jesu Seite bluod endi water, bethiu sprungun, wellun san thero wundon 11415. Danach könnte ja springen, rinnen, triefen, wallen Grundbegriff sein von bluod, dem springen und wallen

gemäß auch sprühen, sprudeln, sprießen. Das Blut wäre so benannt von der Leibeswunde, woraus das Blut hervorbricht, schießt, springt, sprühet, sprudelt, sprießt, so dies thut, wie an der Pflanze die Knospe, das Laub, das Blatt, die Blüte, die Blume, die Frucht. Wunderbar stimmt nun dazu das ags. bled als bedeutend folium, ramus, fructus Bw. Gloss. 27. So wurzelt blad und blod mit dem Verbum bloan oder bloian blühen in gleichem Urstamme, im griech. φλέω, φλύω, woher auch φλόος lat. flos, indem d in blod und blad als Ableitung gelten darf.

botian, corrigere, emendare, reficere, expiare, bessern, büßen, oft im Hel., in der Form buotian, davon gibotian, w. s., dessen tiefen Sinn zu erkennen, vorzüglich helfen kann, wenn wir bedenken:

1. Die Satzfügung und Objecte von buotian, welche sind:

a. Als abstammend von buota Buße, Besserung hat buotian, wie jedes abgeleitete Verbum, zunächst sich selbst oder seinen Stamm zum Object, ist so factitiv — intransitiv, bedeutend buota thuen, buota wirken, wobei dann die Person oder Sache im Dativ steht, wie im Hel.: Jesus buotta them thar blinda warun 4714, von Jesus warth blindon gibuotid 7505.

b. Dann wird buotian transitiv, indem es den Gegenstand zum Object nimmt, an dem sich ein Fehler, Gebrechen, Schaden befindet, wie sinnlich netti Netz, das schadhaft ist: Jacob und Johannes brugdun endi buottun thiu netti 2349, abstract hugi: ich will buotian im is briosthugi 10644.

c. Endlich erscheint sogar der an einem Gegenstande haftende Fehler Object zu buotian, welcher durch buotian entfernt wird, wie die blindi Blindheit: durch Jesu Ankunft auf Erden ward thiu blindi gibuotid 7267, baludad Uebelthat: Ihr sollt buotian baludadi der Menschen 2723, sundia Sünde: iro selboro sundea buotean 2274, that sia mid fastunniu iro selbaro sundea bottin 1753.

2. Die Bedeutung, welche buotian von seinem Stamme buota überkommen hat, und begreift die Hülfe oder Heilung, welche der Gichtbrüchige und die Blinden am Wege bedurften, von Jesu baten und erhielten 4595, 7095, die Heilung von bösen Seuchen, welche Jesus den Menschen verlieh 4703, die Linderung der Pein, welche der Reiche in der Hölle von Abraham begehrte 6763, den Trost, welchen die Jünger von der Auferstehung Jesu hofften 11744.

So leuchtet der tiefe und reiche Sinn von buotian und gibotian weit und hell: wer da, wie der Sünder in der Beichte, gelobt te gibotianna, d. h. bota an sich zu thuen, der ist bereit, auszubessern die Schäden, welche seine Seele durch die Sünde genommen hat, wie die Fischer ihre zerrissenen Netze ausbessern, zu heilen die Blindheit, Lähmung, Seuche seiner Seele, zu meiden die Sünde, die Missethat, sich zu bessern durch tugendhafte Gesinnung und Werke.

3. Für die Geschichte von botian oder buotian ist noch sehr merkwürdig, daß sich das uns in dieser Form so fremd klingende Wort durch das mw. hindurch bis auf den heutigen Tag in Westfalen erhalten hat ohne sich von dem ursprünglichen Sinne zu entfernen, mw. in der Form boeten und boten; gab dem Schuhmacher seine Schuhte lappen ende te boeten Pass. 11—6, wie die Fischer ihre Netze buottun, ein Jeder muß sines selbes scholt boten Buck 118, besonders gänge ist das Feuer boten: ein vuer maken ende boten Vege 96—6, von nassem Holz is quaet ein vuer to botene 179—6, woher das heutige ml. und osn. für böten, ab. baiten, dagegen auch anböten und inböten. Kein anders Wort als botian, boten ist das böten, welches that das alte Weib auf dem Berge bei H. im Osnabrückischen, welche Leibesschäden heilen zu können den Leuten vorspiegelte, indem sie unter unverständlichem Gemurmel das Gebrechen mit einem alten in Amern gewärmten Messer kreuzweis bestrich. Dieses zu zauberhafter Besprechung und Bannung in böten verwendete botian hat mir Licht gewährt in das so lange dunkle bote, wie es steht in: im ersten Gebote Gottes ward verboten alla wichelie, alle bote Buck 40, im altfr. bote und bueta Richth. 664. Offenbar ist dies bote und bueta das hota oder buota im Heliand. Das hehre, Hülfe, Heilung, Besserung bezeichnende Wort ist entwürdigt durch Uebertragung auf zauberhafte Besprechung und Bannung, ist also sicher auch nicht divinatio, augurium, womit es übersetzt ist im Theuton. 37.

brothar, m. frater, Bruder, ap. brothar in: mina brothar — ne eroda 20.

1. brothar ist in dieser Form das unversehrte goth. brothar Matth. 5, 23, im Hel. 11 mal und zwar bruother 7941 u. a. in C. nur 1 mal bruoder 5419, dagegen in M. gewöhnlich broder wie 8063, 2 mal brodar 3408 und 6778. Durch d steht das Wort eine Stufe niedriger, broder ist schon ganz die mw. Form.

2. Eigenthümlich ist bei brothar oder bruother, daß daran im Sing. kein Casus bezeichnet wird, und im Pl. nur der Dat. bruothron Hel. 6778, 11870, 11904, in dieser Einfalt der Form gleichend dem suestar, fadar, modar. Was ist Grund dieser höchst auffälligen Unvollkommenheit?

burd, f. latio, gestio, Tragung, Tracht, Haltung, Bringung, Leistung, in der Zusammensetzung mundburd, w. f. Dazu merke:

1. Die burd auch im Hel. nur in cunnibnrd 5303 und 8934, und in mundburd, aber alth. auch einfach burt Geburt, Natur, dann auch in den Zusammensetzungen giburt und anburt Natur, aburburt und widirburt für regeneratio Graff 3, 159, luriburt für continentia 146, und das dem mundburd so sehr gleichende eidburt für jusjurandum 163, alle zeigend dieselbe Bildung von gleichem Stamme, von beran, und gleich in ihrer Grundbedeutung, wie weit sie aus einander zu liegen scheinen.

2. Die burd geht nach der II. starken Decl., hatte also gs. ds. und np. burdi, wie noch zeigt der alth. ds.

burti Otfr. 67—17. Auf dieses i dieser Decl. gründet sich auch das u in burd, was sonst nach boran oder giboran geworden wäre bord, wie es auch besteht in bord Rand im Hel. 5857, 5914, 11532, was nach der I. starken geht. So gleicht bord und burd dem word und wurd.

3. Die burd von beran, wie giburt von giberan, wie eben daher auch bard (Bart) und bord, weil alle Vocale eines starken Verbums der Ableitung mit d fähig sind. Das d daran ist participial, wie das t in dem ganz gleichen von gleichem Verbum φέρω gebildeten φόρτος Last, Tracht, Bürde, Ladung, es bezeichnet also in diesem d, wie φόρτος in τ die Vergangenheit und zwar passivisch, wonach die burd bedeutet, was gehoben, aufgeladen ist, was also Jemand trägt, auf, an, in sich zu tragen hat, bringt, wo er will, soll und muß. Höchst sinnreich ist daher das alth. eidburt für Eides-Leistung, wie unser mundburd w. f.

C.

cristin, cristinhed, cussian s. in K.

D.

-da, älteste, vollendetste Endung für die 1. und 3. Person des Prät., 2. Person ist das, Pl. dun, entsprechend der Conjunctiv di, dis, din. Sie wird mit dem Stamme verbunden entweder mit oder ohne ein bindendes i. Nur von dem letzten Falle sind in diesem B. Beispiele. Die Ansetzung dieses da ohne das bindende i erzeugt mehrfache Veränderungen am Stamme, auch an da selbst und an beiden zugleich. Zu merken ist deshalb:

1. l-da, m-da, n-da, r-d, s-d, bleibt unverändert wie in scolda, gisuonda, lerda, u. a.
2. ll-da wird lda, in gifulda.
3. b-da wird fda, in gilofda.
4. h-da wird dda, in hadda.
5. a-da, e-da, o-da wird ada, eda, oda, wie in dadi, deda, wisoda.

dag, m. dies, Tag, in der Zusammensetzung sunnundag, und einfach in: so an dag so an nahta 61, auch im Hel. wird gesagt an dage, wie: an them ahtoden dage 878, an them helagon dage 10807, wie gleichfalls an dag: sum thar quam an middian dag 6834. Dies an dag ist jedoch Acc., welcher Casus in so an dag so an nahta nicht gelten kann, und so bleibt dieser Dativ an dag für an dage oder daga wie zu erklären? Ich glaube durch den Apostroph aus der Redensart dag endi naht, worin der Dat. daga oder dage das a oder e verlor wegen des e in folgendem endi, es wurde an daga endi nahta zu an dag' endi nahta. Vergl. naht.

degmo, m. decima, Zehnte, as. degmon in: minan degmon — gaf 33, der sonderbare degmo nicht im Hel., doch ist altfr. der degma auch dekma und dekema Richth. 681, alth. der zehanto Graff 5, 630. Ein sonberbar Wort ist degmo, da es in dem g und in der Ableitung mo deutsch behandelt ist und in dem d sich als Lehnwort, als das lat. decimus zu erkennen gibt, sonderbar ist dieser Zwitter gegenüber dem echt altf. für Zehnten gebildeten tegatho oder tegotho, dessen oth assimilirt ist aus dem folgenden o in: to tegathon FII. 17—1, to tegothon 15—18, wo to tegathon nicht heißt ad decimas, wie Schmeller fragt Gloss. 108, sondern pro decimis d. h. als Zehnten, wie im Hel. te lone 1112.3 zum Lohn, als Lohn. Folgt aus dem sonderbaren degmo nicht, daß der Verfasser des Beichtsp. ein Friese war?

dom, m. judicium, imperium, honos, dignitas, Urtheil, Ehre, Würde, in der Zusammensetzung herdom w. f., im Hel. auch einfach duom und dom in M. B. 3385, 7999, 8972 u. a. In der Schreibung dom ist das Wort das reine gothische doms Skeir. II. c. VI. c.

drank, n. potio, potus, Trank, as. in: mos sehoda endi drank 15, mos endi drank nithargot 16, auch in der Zusammensetzung ovardrank w. f., im Hel. nur 1mal drank in: metes endi drankes thigidun an thero theodo 2444.

1. Das Geschlecht von drank, ob m. oder n., läßt sich hier nicht erkennen, allein alth. ist das trank Graff 5, 538, und noch maßgebender ist das goth. thata dragk 1. Cor. 10, 4, zudem schickt sich das n. besser zur Sache und so denn auch zu at, w. f.

2. drank stammt von drinkan, wie sang von singan, stank von stinkan, und es ist wie bei at die Thätigkeit im Verbum drinkan, d. h. er trank, auf die Sache übertragen, an welcher das Trinken geschah und geschieht.

drinkan, bibere, potare, trinken, ist Stamm zu drank, w. f., im Hel. sind von diesem starken Verbum alle Ablautsformen erhalten, als drinkan 3929, drincu 9529, dranc 4001, drunkun 5478, druncan 4106.

drohtin, m. herus, dominus, imperator, Herr, Herrscher, Droste, gs. drohtinas in usas drohtinas 28, so auch im Hel. von Gott: uses drohtines man 2392, und so der drohtin noch 230mal von Gott Vater und Jesus, nur einmal vom Kaiser drohtin an thesaro weroldi 2397 und einmal vom Herrn der Arbeiter im Weinberge erlo drohtin 6845, besonders merkwürdig ist, daß Gott heißt erlo drohtin 2051, siriho drohtin 8405, folco drohtin 877, liudio drohtin 6045, manno drohtin 762, thiodo drohtin 5894, darum merkwürdig, weil durch diese Beisätze, erlo, folco, liudio u. f. w. der schon in drohtin enthaltene Begriff noch ausdrücklich bezeichnet und dadurch um so deutlicher gesagt ist, daß der drohtin so drohtin heißt in Beziehung auf die ihm untergebene droht oder druht w. f., daß er ist der Herr der droht oder druht, wie der druhtseto oder drohtseto (Droste) ist der stator, ordinarius (seto) der druht oder droht, der griech. ταμίας und ταμιοῦχος, welcher druhtseto Herr ist von der droht, aber Diener des drohtin. Daß dies und nur dies allein die richtige Deutung des so viel und oft so wahn gedeuteten Wortes Droste sei, darüber Richth. 694.

druht, s. stipatio, copia, cohors, agmen, exercitus, Truppe, Trift, Troß, Volk, Gefolge, Schar, Heer, Heerschar, ist Stamm zu drohtin w. s. Merke bei diesem merkwürdigen druht:

1. Im Hel. dies druht nur in der Zusammensetzung druhtfolc 1953 für die Leute, welche Johannes taufte, als Leute, welche eine druht ausmachten, weil sie dem Johannes folgten, dann in drohtscepi, druhtscepi M. 722, wo die druht bezeichnet die Unterthanen des Königs David. Auch im Goth. drauhts nur in drauhtivitod für στρατεία, militia 1. Tim. 2, 18 und gadrauhts für miles Matth. 8, 9. Dagegen einfach s. driht oder dryht (= druht) im ags. wie auch m. driht oder dryht für dominus, princeps Bw. Gloss. 48. Auch altfr. ist dracht, drecht Volk, Schar, Geleit, und helichdracht heilige Versammlung Richth. 691 und 805.

2. Da das goth. drauhtivitod in der Fuge i hat, wie matibalgs, naudibandi u. a., so geht unser druht wie das goth. drauhts nach der II. starken Decl., also im Pl. druhti, steht also ganz gleich einem maht Macht, thurst Durst, suht Sucht,

u. a. Auch spricht für ein druht, druhti das n, was gehalten ist durch das i in der Decl., wogegen sonst das goth. drauhts zu droht geworden sein würde.

3. Im goth. besteht für drauhts das Verbum driugan, woher driugais für στρατεύῃ milites 1. Tim. 1, 18, was, obgleich verwendet für das Dienen im Kriege, doch kein anders Verbum sein kann, als das driogan in bidriogan betrügen, im Hel. 209, 3773. Vermittelnd tritt zwischen diese beiden Bedeutungen das agf. dreogan für exercere, agere, patrare Bw. Gloss. 47. Vergleichen läßt sich auch das griech. μῆχος, μηχάνη und von gleichem Stamme doch μάχομαι.

duan, agere, facere, reddere, thuen, machen, daher duon, in: nu duon ik minan bigihton 64, und das mit gi zusammengesetzte giduan, w. s. In seiner Form und Bedeutung gehört duan zu den merkwürdigsten Verben der deutschen Sprache:

1. duan hat so allgemeinen Sinn, daß es jegliches andre Verbum vertreten kann, wovon Beispiele im Hel. 155, 355, 639, 963 u. a. So eignet es sich auch vorzüglich zur Umschreibung wie sie hier steht: bigihton duan, dem gleicht im Hel. gilobon duon 5770, und andre, sehr zahlreich im alth. Graff 5, 295 flg.

2. Die erste Person Präs. ist gezeichnet durch n, wie auch im Hel. unserm duon gleich ik duon 3943, 6497 u. a. alth. duan Disf. 247—59, für älteste Form muß hier m gelten, wie denn auch im Hel. steht duom M. 6497, 8185 und dom 3943 u. a.,

gleich wie hium M. 237, 238 neben biun C. 566, 1789 u. a. Für das m spricht das goth. im bin, welches ist das älteste Griech. ἐμ- in ἐμεν von εἰμί. Im alth. hat sich diese Bezeichnung der ersten Person durch n oder m in allen Conjugationen erhalten, wie zeigen gihun Graff 1, 583, stelon 6, 668, slafon 6, 799, erem 1, 447, u. a.

3. Der Inf. im Heliand duan 1941, 7691, 9878, 10055, doch auch duon 2094, 3073, 6513, und in M. auch doan 9818, doen 9878 und don 2094. Danach gehört also duan nicht zur starken Conjugation, sondern es spielt durch an und on in der II. und III. schwachen, wofür auch noch entschieden sprechen du duos im Hel. 6874 u. a., sie duat 2678, duot 5194 u. a. Ein gleiches Hüpfen in der schwachen Conjugation ist auch sonst im Hel. sehr häufig.

4. Wie unzweifelhaft das Präsens duan oder duon schwach conjugirt, so bestimmt ist das Part. Prät. stark in der Form giduan 6151, 6484, 7953 und in M. auch gidoen 10212, 10226. Aber nach welcher Conjugation geht dies giduan? Die Form gestattet die XI., es könnte u sich aus ältester Zeit erhalten haben und giduan neben gidoan bestehen, wie ginuman M. neben ginoman 5973. Einspruch thäte jedoch das u des Präsens duan, wenn das der Stammvocal wäre. Auch gestattet die Form die IX., wo dann u die alte Form wäre. Das Präsens du-an gliche dem lukan. Endlich könnte u der Vocal der III. sein, falls dies u gleich wäre dem u in buan und truon, welches u entspricht dem goth. au. Daß duan zur rebuplicirenden Conjugation gehöre, dafür könnte auch sprechen, das sonst so seltsame

5. Prät. deda so stets in erster und dritter Person im Hel. 155, 355, 4566 u. a. in allen übrigen Formen willkürlich theils ded, theils dad wie dedun 963 und dadun 5291, dedi 9766 und dadi 10951 u. a. Die Form läßt sich in der That als rebuplicirte deuten, nämlich deda als ein goth. daida oder daido. Das daid wäre regelrecht zu ded und dad geworden. Dann wäre jedoch da oder do irrthümlich für die Endung der schwachen Conjugation genommen und demgemäß do, do-un entstellt in da und dun, oder besser, es wäre in dem deda nur der Consonant rebuplicirt, und der Vorsatz dai, de, da gewinnt den Schein der Wurzel. Solche Rebuplicationen, welche man abgebrochene nennen könnte, finden sich häufig im griech. δείδω, da es steht für δειδέω, und eigentlich nur δ rebuplicirt ist.

6. Bei dieser Zerlegung der Form gliche duan (stark) einem goth. dauan wie bauan, und giduan einem goth. dauans, und deda einem goth. daidau oder mit Einschiebung der Reduplication in die Wurzel einem deo, dio, dea, dia, die. So gehörte denn das so seltsame duan, deda, giduan doch in die III. und stände bei hlaupan oder hlopan, hropan oder hruopan.

E.

Der Vocal e ist in unserer Sprache nirgends ursprünglicher Laut, er ist vielmehr überall aus andern Vocalen entsprungen oder für dieselben eingetreten. Das gilt sowohl von dem langen e, als von dem kurzen e. Beide nehmen Stellen ein, wo früher andre Vocale standen und im goth. meistens noch stehen. Verfolgen wir dessen Geschichte von der ältesten bis zur heutigen Sprache Westfalens, so ergibt sich, daß e für alle übrigen Vocale, ja überaus häufig sogar für viele Diphthonge sich eingefunden hat. Wie wichtig und lehrreich für die Wortforschung eine vollständige Darlegung dieser Geschichte des e sein möge, so ist hier doch nicht der Platz dafür, weil ja einige Fälle für das Verständniß des Beichtsp. genügen. Es trat ein

1. e für a im ds. der starken Declination wie in manne 2 für manna 66, gode für goda 1, 65, 68. Erst wechselt hier e mit a, später wird a für immer von e verdrängt. Sieh oben a.

2. e kurz aus kurzem a in der II. starken Decl. in den Casus auf i, wie gesti von gast, eusti von aust, hendi von hand, serdi von sard u. a. Auch hier erscheint e zuerst nur wechselnd mit a, demnächst schwindet a für immer überall.

3. e kurz aus kurz a in der VII. Conj. vor der Endung is und id, wie im Hel. kommt dregit von dragan 4889, ferit von faran 3565, jedoch noch neben dragit, farit. Das folgende i in der Endung is, id hat rückwirkend das a in e verwandelt.

4. e lang aus ai im Sing. des Prät. der VIII. Conj., wie ken von kinan, scen von scinan u. a., wie auch in allen Ableitungen, welche das e dieser Conjugation aufgenommen haben, wie blek, wek, lef, leth u. a. Dies lange e ist ein böses e, weil es in der Schrift mit kurzem e zusammenfallend oft die Wortforschung sehr erschwert.

5. e kurz aus o oder u in dem Präsens der IX. Conj., jedoch nur in den Formen, wo eine mit a anhebende Endung folgt, wie biedlan statt biodlan, kiesan statt kiosan u. a., anfangs wechseln beide Formen, später erscheint allein ie statt io, wird im mw. ei, was jetzt sogar zu ai oder äi geworden ist.

6. e kurz aus i in der X. und XI. Conj., jedoch auch hier nur in den Formen, wo a folgt, wie in helan, lesan, wesan, sprekan, wrekan u. a. Offenbar muß hier dem folgenden a diese Wirkung zugedacht werden, weil ja wenn u oder i folgen, das i bleibt, wie ich hilu, du hilis, er hilit von helan u. a.

7. e kurz aus i kurz in der XII. bei Werben, welche durch äußere Ansetzung eines Consonanten entstanden sind wie helpan, delban, sueltan u. a., das i haftet, wo das Wort durch Einsatz eines Consonanten entstanden ist, wie findan aus fithan, windan aus withan u. s. w.

8. e kurz aus a kurz in der Wortbildung, wenn ein i folgt, stehe dies i allein, oder im Verbande mit ableitenden Consonanten, wie in il, in, ir, is, it, isc. u. a. so zahlreich, daß die Sprache gegen das goth. ein fremdartiges Ansehen bekommt, wie leggian wird aus lag, settian aus sat, ethili aus adal, megin aus magin u. s. w. u. s. w.

eli, alius, alter, alienus, ander, fremd, nur in der Zusammensetzung elilendi, w. f., wie unscheinbar, so bedeutsam ist dies eli:

1. Auch im Hel ist eli nur einmal einfach in dem Adv. ellior 5408, und

in der Zusammensetzung elilendi 685. elilendig 10273 und elithioda 4260 u. a. aber das gleiche goth. alis steht wirklich für ἄλλος alius und ἕτερος, woher aljis Gal. 3, 10, aljai Sk. VII. 6, alja 2. Cor. 1, 13. und 1. Tim. 1, 10, dazu die Adv. alja, aljar, aljath, aljathro, und die Zusammensetzungen aljakuns und aljaleiks.

2. In eli ist e geworden durch Rückwirkung des folgenden i aus dem goth. ali oder alis. Folgt bei diesem eli noch eine Endung mit Vocal anhebend, so verdoppelt sich wie auch sonst gewöhnlich, der Consonant, woher das von dem goth. aljar so unkenntlich abweichende ellior im Hel. 5408, so abweichend wie ellian im Hel. 6097, wo ellen steht für ellian, in elleandad 301, elleanruof 11795.

3. Unser eli goth. alis ist buchstäblich das lat. ali in alius, wofür galt im altl. alis, alid, was sich dann auch in aliter erhalten hat, und dasselbe al hat ferner noch alter. Dieser Uebereinstimmung widerstrebt keineswegs das griech. ἄλλος, weil dessen λλ steht zu λ wie in βάλλω, ἔβαλον, wie in κάλλος und καλός u. a. Wie weit steht dies al, all, von unserm al, all (all)?. Kann der alis, eli, der ἄλλος und ἕτερος nicht im Verhältnisse gedacht werden zum Ganzen, zu dem al, all? Ist der ander, ein alius, ein alter nicht die Ergänzung eines gedachten in Theile zerlegten Ganzen? Wohl ist das gedenkbar und so auch möglich, daß alis oder eli durch i abgeleitet sei von al, all (all).

elilendi, extorris, peregrinus, miser, anderländisch, ausländisch, landfremd, fremd, elend, np. in: arma man endi othra elilendia nämlich man 24. Merke dazu:

1. Hier hat elilendi schon ganz die Bedeutung des neuhochd. elend, elendig, im Hel. dagegen hat elilendi noch die Wortbedeutung, wie thia elilendiun man 685, worunter dort die im Auslande wohnenden Menschen verstanden werden, wofür auch steht eliliga man 10273 wie daselbst die Römer als Ausländer in Jerusalem so heißen. Die Uebertragung des elilendi auf Unglück, Noth, Leiden ist im hohen Grade merkwürdig: Sie gibt ein lautredendes Zeugniß für die große Liebe der Deutschen zur Heimat, zum Vaterland, ihnen ist die Trennung von der Heimat, der Verlust des Vaterlandes ein hartes Geschick, ein Unglück, ein Elend ist ihnen das Sein im Elend.

2. elilendi ist gebildet durch Zusammensetzung aus eli, w. s. und land mittels des ableitenden i. Das ali land ward, indem es als Eigenschaft von dem ausgesagt wurde, welcher sich im eli land befand, zu elilend-i, wie ovarmodi w. s. Denn dies ovarmodi ist im Ursprunge ein Adj., wovon das n. als Subst. gebraucht wird, dem dann auch elilendi entspricht, da es als Subst. steht im Hel. 1261.

3. In elilendi ist lend aus land entstanden durch die rückwirkende Kraft des folgenden i, wie alth. gilenti für arvum, inlenti für patria, niulenti für novale Graff 2, 236 flg. Sieh unten i.

-emo, Endung des ds. der m. und n. der Adj. und Pron. in starker Declination, woher minemo 7,

8, 9, 10, so auch im Hel. minemo inngron 11225, thinemo herten 6748. Dies emo ist abgeschwächt aus amo w. s.

endi, m. finis, terminus, Ende, Grenze, davon das Verbum endion, wie giendion w. s. Dazu merke:

1. In endi steht e durch Rückwirkung des folgenden i, so geworden aus andi, wie es noch besteht im goth. andeis, woher andi für τέλος, finis Marc. 3, 26, andjam und andi für ἀκρόν, summum Marc. 13, 27, und daneben ands, woher andins für πέρατα, fines Rom. 10, 18. Das gleiche Wort im Hel. endi 531, 4846, 5177 u. a. im Sinne von Ende, Zweck, doch auch merkwürdig für Anbeginn in: san thesaro weruldes endi 8785, womit gemeint ist die Erschaffung der Welt.

2. Merkwürdig ist aber dies endi für Anfang, weil wir daraus erkennen,

a. daß das alth. andi oder endi für frons Stirn, woher ende bei Otfr. 366 — 5 und endin 366 — 3 kein andres Wort ist als endi Ende, daß dasselbe andi oder endi ist in andilothi und endilosta für antiae Graff 1, 358 bedeutend Vorwuchs, Endwuchs, Stirnwuchs, da lothi stammt von liothan wachsen im Hel. 5010, wie auch in endiluz für frons Graff 1, 363 und 2, 322.

b. Daß endi abstamme von der Präp. and vor, welches vor, vorn und hinten, zu Anfang und zu Ende gedacht werden kann. Vom Ende einer Reihe rückwärts gedacht, ist der Anfang nicht minder ein Ende, als das Ende vom Anfang gedacht. Eine Linie oder Reihe hat zwei Enden, zwei Vorn, ein doppelt and, je nach dem wir hier oder dort anfangen zu rechnen oder zu zählen. In gleichem zweifachen Sinne ist dem Griechen ἀρχός der Vordere und der Hintere, der Anfang und das Ende. So hat die Ableitung: endi stammt von and, kein Bedenken. Und so ist auch der endi oder das Ende gar keine andre Wortform, als die Conjunction endi w. s.

endi, et, atque, und, wie in: mos endi drank 16, fader endi moder 19, und so noch 50 mal in diesem Beichtsp. also so häufig vorkommend, wie keine andre Conjunction, im Hel. gar 840 mal. Diese große Zahl ist gar nicht unbedeutsam, gewährt sie ja einen Schluß auf die Form der Rede. Darin und auch sonst noch ist dies so gemeine und geringe Wörtchen endi merkwürdig, es ist in der Geschichte unserer Sprache ein rechtes Merkwort, wie dazu gemacht.

1. endi ist Conjunction abstammend von einer Präposition, diese Präp. ist das goth. and, wovon auch endi (Ende) abstammt. Die Form sagt das auf das unzweifelhafteste, mag man das i als Ableitung oder als Casusform von and ansehen. Und die Bedeutung ist damit ganz im Einklange. Denn wenn man sagt fader endi moder, so läßt sich das sehr wohl denken: Vater vor Mutter, dies vor als Adv. ohne Einfluß auf den Casus von Mutter gefaßt. Beide Vater und Mut-

ter werden darin einander gegenüber gestellt, ähnlich wie wenn wir sagen: Vater nebst Mutter, Vater dazu Mutter, wie der Grieche setzt: πρὸς δέ, πρὸς ἔτι. Dazu kommt, daß auch schon and selbst als Conjunction gebraucht wird, wie in: ant im is libes cumit aldres aband Hel. 6911 und sonst gewöhnlich mit folgendem that, worin and oder ant wesentlich nicht verschieden ist von endi, da beide das folgende Wort oder den folgenden Satz dem vorhergehenden gegenüber stellen als gleich im Satzverhältniß.

2. Ist endi bedeutsam in seiner Abstammung und Stellung im Satz, so ist es das in der Veränderung seiner Form noch weit mehr. In seiner Form seit ältester Zeit bis heute, in der Form and, andi, ande, endi, ende, end, inde, ind, onde, ond, unde, und, un sind Zeit und Ort der Sprache gezeichnet oft so genau, daß wir daraus hochwichtige Schlüsse zu ziehen vermögen. Man sehe doch einmal, was der geistreiche und große Sprachkenner Richthofen in seinem altfr. Wörterbuche S. 605 aus diesem einfältigen endi, ande für die friesische und sächsische oder westfälische Sprache geschlossen hat, und man wird erkennen, wie beachtenswerth das so unbeachtete Wörtchen u n d ist.

endion, finire, terminare, desinere, interire. davon das zusammengesetzte giendion w. f.
Merke dazu:

1. Im Hel. ist endion 4mal, und zwar theils intransitiv, wie in: thius werold endiot 3899, 8089, theils transitiv, wie: thiu werold aldar endon (für endion) scoldi 91, die Menschen iro dag endiot 8654, in welcher doppelten Fügung gleich alth. enton: thes oppheres ziti warun entouti 35—81, und thaz er sin lib scolta enton 323—38. Im ersten Falle hat endion sich selbst oder das endi zum Object, bedeutend endi thuen, endi machen, wie desgleichen alle abgeleiteten Verba zunächst ihren Stamm zum Object haben, im zweiten Falle ist der endi auf einen außer ihm liegenden Gegenstand übertragen.

2. Unser endion ist gestaltet wie sundion w. f. und andre, zeigt also durch sein i unzweifelhaft, daß dessen Stamm ist endi. Für diese Abstammung spricht weiter auch entschieden das e, weil dies nur aus a durch Rückwirkung eines folgenden i entstanden sein kann. Somit ist denn auch das alth. enton nicht anders zu erklären, als durch Ausfall des i. Das gleiche gilt von dem endon im Hel. 91, es ist hier endon alth. Form, wie diese Formen im Eingange des Hel. auch in vielen andern Wörtern, merkwürdig genug, vorkommen.

-er, Endung des ns. der Substantive, wie fader, moder, abgeschwächt aus ar, so daß fader und moder neben fadar und modar bestehen, wie auch im Hel. wintar 393 und winter 1016, accar 5095 und acker 5076 u. a., so wechselnd anfangs bis später das volle schöne ar dem schwachen er gänzlich unterliegt.

er, ante, pro, ex, antea, prius, vor, aus, zuvor, eher, davon der Superlativ erist, w. f. Dies als

Präp. und Conjunction im Hel. vorkommende er ist in deutscher Sprache so bedeutsam und wichtig, wie kaum ein andrer Redetheil gleicher Art. Dafür nur folgende Bemerkungen:

1. Im Hel. ist er Adv. Präp. und Conj., wie als Adv. in er warun eher, vorhin, waren 741 u. a., als Präp. in: er is tidion 5353, er domes dage 8663, er hanocradi 9385, als Conj. in: er hie thit lioht agebe 4295, er than thi magu wirthit 289, in dieser dreifachen Fügung auch das alth. er Graff 1, 434 flg.

2. Schmeller zeichnet unser er lang Gloss. 29, aus welchem Grunde? Vielleicht wegen des goth. air Marc. 1, 35 und 16, 2. Das wäre ja aber kein zureichender Grund, da daran ai auch das kurze gebrochene i sein kann Dazu kommt, daß die Präp. ar, er, ir, or, ur ohne Zweifel gleichen Stammes ist mit unserm er und goth. air. Wenn für jenes die goth. Form ist us, so kann das die Vereinigung nicht hindern, da hier das s dem z gleich ist, wie wir sehen an uz uh Marc. 11, 30, dessen wirkliches r wir auch sehen vor anderm r, wie in ur riqviza 2. Cor. 4, 6, und in urraisjan u. a. Und der Bestand eines s (= z) und r neben einander schon im Gothischen anzunehmen, wäre hier zu kühn? Die Bedeutung von us und er ist sehr wohl vereinbar, da us und auch dies er nicht ist ante, sondern pro, und es unterscheidet sich us, er von and, wie das lat. pro von ante z. B. in pro janua und ante januam. Denn pro janua ist der, welcher aus dem Hause herausgekommen oder doch so gedacht ist, ante januam dagegen, wer auf das Haus zugegangen ist und so vor der Thür steht. Bei Otfr. ist ir himile 37 — 3 aus dem Himmel hervor und er dage ist im Hel. aus dem Tage heraus vor den Tag, vor dem Tage nämlich gedacht. Wie demnach die Bedeutungen sich einigen, so nicht minder die Formen air, er, ir, ar, us, ur, or, da sie spielen in dem Lautgange der XI. Conj. so gleichend dem fair, fer, fir, far, fur, for, alle ganz wie bairan, beran u. s. w.

3. Bei dieser Deutung unsres er ist nun auch an das griech. ἔαρ, ἦρ, lat. ver, welche man hinter das goth. air setzt, um so weniger zu denken. Vielmehr ist das deutsche er, ar, er u. s. w. urverwandt mit dem griech. ἀρι und ἐρι, wie ἀρίδηλος und ἐρίδηλος, zu welchem ἄρι auch gehört der Comparativ ἀρείων und Superlativ ἄριστος. Dazu stimmt auch die Bedeutung vortrefflich, denn der ἀρίδηλος ist praeclarus und der ἄριστος ist der fürste, forderste, erste, beste.

erist, primum, erst, zuerst, Superlativ als Adv. in: the ik erist sundia werkian bigonsta 4, gleich wie im Hel. 77, 889, 907, 1265 u. a., dabei achte besonders:

1. erist stammt vom Adv. er w. s., jedoch nicht unmittelbar, sondern von einem voraus zu setzenden Comparativ eris, wie dieser erhalten ist im goth. airis Luc. 10, 13. Dieser Ableitung widerspricht keineswegs, daß der Comp. von er lauten würde erir oder erer, wie im alth. wirklich ist erir und erer Graff 1, 437. Denn das ursprüngliche s gebunden durch das t in der

Zusammensetzung st widerstand dem Wandel des s in r, gerade wie im lat. quaestus neben quaero, ustus neben uro, desgleichen in gestus, festus, vastus u. a. Allgemein muß der Grundsatz maßgebend sein: der Superlativ stammt vom Comparativ, und nicht vom Positiv.

2. Der Superlativ erist hat hier als Adv. starke Form wie im Hel. alle Superlative und Comparative nur in der adverbialen Form stark sind. Wo ein bestimmtes Geschlecht eines Stammes sich auf den Superl. und Comp bezieht, da bekommen diese ganz im Einklange mit der goth. Fügung schwache Form.

-ero, Endung zu mehrfacher Formbildung verwandt, wie denn ero ist gp. aller Geschlechter, als in allero 2, ds. der Adj. und Pron. in starker Decl., als in thero 3, minero 3, auch Comp. als in iungero 26. Doch hat dies ero nicht überall gleichen Ursprung.

era, f. honor, auxilium, munus, donum, Ehre, Hülfe, Gabe, Geschenk, ist Stamm zum Verbum eron w. s. Merke besonders:

1. Diese weite, dem hochd. gleichen Worte Ehre (so falsch geschrieben statt Ere) so fern abstehende Bedeutung begründen die Stellen im Hel. 4463, 5638, 7006, 7490, 7538, 8817, 11235. Sieh Anm. zu 4463. Folgt dieser so weite Begriff aus der ursprünglichen oder sinnlichen Bedeutung? und welche ist diese? Sie hat ihren Ursprung im Licht und Glanz, denn

2. nach Maßgabe von lera und lerian, welche vom goth. lais und laisjan stammen, sind wir sprachlich berechtigt für era ein ais als Stamm anzunehmen. Und dieses ais ist wirklich erhalten im goth. aiz. für χαλκός, aes Luc. 6, 8, was schon durch sein z die Nähe des r verkündet, wie sich das auch zeigt in dem gleichen lat. aes, Gen. aeris. Das s hielt sich auch im goth. aistan und dem lat. aestimare, wie auch in aestus und aestas. Also unser era stammt von ais, aiz, wie lera von lais, jedoch nicht so, als wenn in era der Begriff des χαλκός, aes enthalten wäre, sondern von ais in seiner ursprünglichen Bedeutung, welche dies ais gemeinschaftlich hat mit is Eis und isarn Eisen, in dem Lautgange eines starken Verbums der VIII Conj. nach goth. Weise eisan, ais, isun, isans, welches urverwandt ist mit dem griech. $\alpha i\vartheta\omega$ brenne, leuchte, glänze, indem sich ϑ und σ verhalten, wie in $\alpha\gamma\alpha\vartheta\delta\varsigma$, $\vartheta\epsilon\delta\varsigma$, $\vartheta\acute{\eta}\rho$, $\vartheta\acute{\epsilon}\lambda\omega$, Dor. $\alpha\gamma\alpha\sigma\delta\varsigma$, $\sigma\iota\delta\varsigma$, $\sigma\acute{\eta}\rho$, $\sigma\acute{\epsilon}\lambda\omega$ u. a Also glänzen ist Urbedeutung von ais, aes, von is Eis, von isarn Eisen, und so auch von era Ehre, im Sinne des lat. illustris erlaucht, illustrare erleuchten, verherrlichen, so von Licht und Glanz ausgehend, wie her w. s.

eron, honorare, auxiliari, munerare, donare, ehren, beehren, helfen, beschenken, daher eroda 19, 22, 24, 28, 56. Merke dazu:

1. eron hier ganz im Sinne, wie im Hel. wie in: ik thi eron williu so hues so thu mi bidis 5504. erol gi arman 3077, Zacharias thie gierodo man 203, Kaiphas der Bischof en gierod man M. 8287.

2. eron stammt von era w. s. in

sich tragend den abstracten Sinn dieser era, wie lerian von lera, bedou von beda, caron von cara u. a. alth. ist die Form dreifach eran, cron und eren Graff 1, 447.

etan, edere, vesci, essen, Stamm zu at, auch in ovarat w. f., im Hel. zweimal im Inf. etan 3327, 9278. Bemerkenswerth ist:

1. etan ist goth. itan Luc. 15, 16, alth. ezan, ezzan Graff 1, 525, geht also wie lesan, geban und andre nach der X. Conj., schwächt das goth. i zu e, wo ein a folgt, wie in etan, etand, gietan, in den übrigen Formen bewahrend i, als in: ich itu, du itis, er itid, it it.

2. itan, etan ist ein treffliches Wort um das Gesetz der Lautverschiebung zu zeigen und zu merken. Denn itan, etan, ezan ist buchstäblich das griech. ἔδειν, lat. edere, dessen d ward zu t und alth. zu z, dessen ε wurde i und in den Formen mit e zum griech. ε zurückkehrte. Wir sehen so, daß hier nicht allein der Consonant beider Sprachen, der griech. und deutschen, sondern auch der Vocal das Gesetz bewährt. Ich betone hier vorzüglich den Vocal, weil darauf bei der Herleitung deutscher Wörter von griechischen gewöhnlich gar keine Rücksicht genommen wird, obwohl in den Vocalen nicht minder, wie in den Consonanten gesetzmäßige Uebereinstimmung waltet und nachgewiesen werden muß, wenn eine Ableitung richtig sein soll.

3. Die Bedeutung von itan, etan, ezan muß ursprünglich eine engere oder eine weitere gewesen sein, als sie unserm heutigen essen inwohnt. Denn wenn wir auch von itan noch eben zu dem goth. atisk für σπόριμα, sata Luc. 2, 23, Luc. 6, 1 alth. ezisg für seges Graff 1, 429 gelangen können, und damit verstehen unser etise oder etse in den Ortsnamen Ternetsea WH. 234, Langonetsea 223, wie auch das heutige ml. esk hochd Esch, für sich und in vielen Ortsnamen, so widerstrebt doch der Begriff essen durchaus den von itan, etan abstammenden Mannsnamen als da sind Etan in Etanesfeld oder Etenesfeld Reg. I. nr. 599, da ja dieser etan kein Esser oder Fresser sein kann, vielmehr ein Held ist, wie der altn. iotun ist gigas Grimm Gramm. I. 651, weshalb denn auch Grimm Etanasfeld übersetzt mit campus gigantis (Gesch. II 646, widerstrebt einem Ati und Attid Trad. Corb. 133, 241, einem tosenden Attika FH. 36—5, Attiko 24—5, Atzeko 9—13. Sie sind eben so wenig für Esser oder Fresser zu halten, wie der große Attila. Auch das hom. θυμὸν ἔδοντες Odyss 9, 75 u. a. fügt sich nur gezwungen dem Fressen, deutet vielmehr auf einen Sinn, der vor dem itan liegt. Dazu kommt, daß ἔδω zu einer Conj. gehört, worin für ε auch α und ο eintritt, so daß zu ἔδω auch gehört ἅδην satt, weiter auch ὀδούς Zahn, ὀδάξ beißend u. a. Wie nun, wenn Urbedeutung von ἔδειν, itan, etan wäre findere schneiden, spalten, beißen, wie des Beiles bili Hel. 9764 ist des Beiles ictus, wäre caedere, ferire, secare, oder molere, terere, mordere? So läge nahe ein trefflicher Sinn für die Männer Etan, Ati, Atto, Attica, Attila, sie wären viri icentes, caedentes, ferientes, cae-

sores, pugnatores Haudegen, Helden.

eth, m. juramentum, jusjurandum, sacramentum, Eid, Schwur, Eidschwur, in der Zusammensetzung meneth und wieth, w. f. Merke:

1. So eth auch im Hel. und zwar as. eth 9951, ap. ethos 3934, dp. ethon 10162, dazu auch meneth 3005, ethstaf 3013, ethword 3027, goth. aiths, alth. eid, agſ. ad Graff 1, 151.

2. Durch das goth. aiths für ὅρκος, juramentum Matth. 5, 33 ſind wir des Vocals in eth gewiß, wie auch, daß das Wort durch dieſen Lautſtand zur VIII. Conj. gehöre. Wir dürfen alſo auch bei der Forſchung nach der Abſtammung des ſo ſchwer zu deutenden Wortes ein eith oder ith (i lang) und ith (kurz) zu Hülfe nehmen, im griech. in gleicher Conjugation ein eit-, it-, oit-, und im deutſchen auch ein aid, eid, id, weil ja in Wörtern gleichen Stammes th und d im Auslaute vielfältig wechſeln. So darf denn auch der eder im Hel. ap. ederos 9884 für Zaun, Schranke, Gatter, Fried, Hag agſ. eador, edor, eder für sepes Bw. Gloss. 51, herangezogen werden troz dem alth. etar Graff 1, 157, wofür ja auch ider in iderzon für sepes Graff 5, 678 ſtimmt. Vgl. sethal. So waltete ja in unſerm aiths, eth ein Begriff gleich dem im griech. ἔρχος und ὅρκος. Dürfte man ferner bei aith, eith, ith mittels eder denken an das griech. ἰτέα (Weide und Geflecht), an ἴτυς (Kreis, Rand) ſo ſähen wir ja hier die Urbedeutung und Urverwandtſchaft nahe genug.

F.

fadar, m. pater, Vater, ſo 2mal ds. fadar 1, 65, und 1mal as. fader 19, im Hel. gewöhnlich fader, wie B. 452 u. a., doch hat M. noch fadar 3200, 3237, 3269, 3591, 3692, bleibt im Sing. ohne Decl., wie brothar, moder, suestar, hat alſo auch thes fader Hel. 3843, 9569, 10185.

fahan, capere, sumere, fahen, fangen, nehmen, in antfahan, w. f., im Hel. alle Stammformen erhalten, wie fahan 4791, 5438 u. a., Prät. fieng 2398, fengun 11653, Part. gifangan 7797, zu merken iſt:

1. Man hält das a in fahan für lang, aus welchem Grunde, weiß ich nicht zu finden, zumal im goth. fahan doch a kurz iſt, für fahan (a lang) müßte ja goth. ſein ſehan, wie für latan (a lang) goth. iſt letan, für slapan (a lang) iſt goth. slepan. Und wie könnten wir auch zum Verbum fuogian kommen, wenn fahan wäre fahan (a lang)? Offenbar ſtammt doch fuogian von fahan.

2. Nach dem goth. Prät. faifah würde man von fahan Prät. zunächſt erwarten fiah, mit Verhärtung des h zu g ein fiag. Es geſellte ſich jedoch zu dem g ein n und ſo wurde fiang wie noch bei Otfr. II. 5, 11 u. a. Dann ſchwächte ſich a zu e, es ward fiang zu fieng, weiter verſchmolz ie zu e, und daher feng. Das auf dieſem Wege geſchaffene ng ging auch über in das Part. gifangan.

fan, a, de, ex, ab, von, aus, Präp. mit dem Dat. oder Inſtr., in fan thiu 4, zeitlich a quo, ex quo seit dem, mit folgendem durch the verbundenem Satze, welches the als Adv. in dieser Verbindung gleicht dem lat. ex eo quod-, ex eo quum-, dem deutschen seit dem daß. Im Hel steht statt dieses fan thiu the gewöhnlich sithor 293, 1011 u. a., doch wird das adverbiale the in ähnlichen Wendungen gebraucht, wie widar thiu the M. 3648.

far, pro, prae, ante, vor, für, Präp. mit Dat. und Acc., in der Zusammensetzung ver, er, fort, weg, ent, wie in farstelan und farlatan. Sehr merkwürdig ist bei dieser Präposition oder Adv.:

1. daß sie ein Lautgefälle hat wie ein starkes Verbum höchster Vollendung, wie z. B. beran, sie also ablautet im Deutschen fir, fer, far, for, fur, welche Formen insgesamt vorkommen im alth. Graff 3, 604 flg., im Hel. nur far, for, furi und fur, im goth. nur fair und faur;

2. daß der Wurzelvocal ausfällt und so aus far wird goth. fra, dies ein ableitendes m bekommt, woher im Hel. fram und ein neues Verbum fremmian und frummian und so noch andere Wörter. Dies m an fram hat sichtlich genug ordinative Bedeutung, wie das m im griech. πρόμος und lat. primus.

3. Ein Ebenbild der Verlautung hat fir, fer, far, for, fur, in dem Adv. er, ir, ar, or, ur, woher or in orlof, w. s.

farlatan, relinquere, deserere, omittere, negligere, verlassen, unterlassen, versäumen, in gitidion farlatanero 12, d. h. der unterlassenen Gezeiten, welche wörtliche Uebersetzung sich in die Rede nicht recht schicken will. Auch im Hel. findet sich diese sittliche Bedeutung von farlatan, wie B. 2733, 6000 u. a. Ueber die Conj. von farlatan bei latan.

farstelan, auferre, surripere, furari, entwenden, wegstehlen, erstehlen, in dem Part. farstolan 43, auch im Hel. ist diese Zusammensetzung farstelan 3mal, B. 3288, 11514, 11767. Die Conjugation bei dem einfachen stelan.

fehon, decorare, ornare, colere, curare, celebrare, schönen, feinen, bereiten, zieren, schmücken, pflegen, hegen, besorgen, daher fehoda, in: ok witidion mos fehoda endi drank 15, d. h. Speise und Trank feinte, bereitete, beschaffte, weiter in: ik farstolan fehoda 44, d. h. Gestohlenes pflegte, hegte, besorgte, versorgte, bewahrte. Diese Bedeutung des fehon versuche ich in folgenden Bemerkungen zu rechtfertigen:

1. Nur zu leicht und geschwind nimmt man mit Lacomblet hier fehon für das einfache fahen, nehmen, empfangen, weil die Form und Bedeutung von fahan w. s. so nahe liegt. Und dennoch kann es so ganz und gar nicht sein:

a. aus fahan kann kein fehon werden, weil es durchaus an einem Grunde fehlt für den Wandel des a in e, der wäre hier

unerhört in der ganzen Sprach=
entwicklun.;

b. Wenn auch fehon im Sinne von
fahan hier zuläffig wäre, so fügt
fich diefelbe zu dem fehon im
Hel. in keiner Weife: Ein Theil
des Samens fiel auf gute Erde,
wo es luftig wuchs, weil was
that land so guod fronisco
gifehod 4794, worin auch keine
Spur von fahan zu entdecken ift,
und doch kann dies fehon kein
andres fehon fein als das im
Beichtfp.

2. Dem Auffinden des Stammes
und der wahren Bedeutung von fehon
würde das alth. gifehon bei Otfrid
günftiger fein, wenn dies gifehon bis
jetzt nicht eben fo im Unklaren wäre,
wie unfer fehon, wenn nicht grade
das Wort gisemon, was hier Sinn=
reim ift zu fehon, und fo Licht geben
könnte, bis jetzt dunkel wäre. Die
Stelle bei Otfrid: Die Juden wollten
nicht in das Haus des Pilatus des
heidnifchen Mannes eingehen, um fich
in den heiligen Zeiten nicht zu befudeln,
biwollane ni wurtin, fondern mit
reinidu gisemotin thie ostoron
gifehotin 322 — 6, wofür zur Auf=
hellung dient:

a. Die ganze Wendung gibt deutlich
zu erkennen, daß gifehotin mit
gisemotin denfelben Gedanken
bezeichnet, beide Wörter bezeichnen,
was im Hel. haldan von derfel=
ben Sache in: that sia so hluttra
helaga tidi, iro pascha hal=
dan weldin 10277, fie wollten
die osteron haldan halten,
gisemon oder gifehon feier=
lich halten, colere, cele=
brare feiern.

b. Diefer Sinn von gisemon folgt
aus dem goth. samjan für
ἀρέσκειν, placere Col. 3, 22,
für εὐπροσωπεῖν, placere Gal.
6, 12, nur ift gisemon tran=
fitiv, bedeutet alfo decorare,
ornare, colere, celebrare,
und demnach auch gifehon als
Sinnreim zu gisemon daffelbe
verehren, verherrlichen,
feierlich begehen.

3. Diefe für unfer fehon aus gi=
fehon und gisemon gewonnene Be=
deutung wird auch durch das eigentliche
Stammwort unerwartet finnreich beftä=
tigt, welches fein muß das Adj. feh
in der Bedeutung comptus, deco=
rus, ornatus, politus, pictus, ni=
tidus, woher im Hel. nadra thiu
feha 3754:

a. fehon gehalten neben gebon und
bedon könnte man meinen, es
ftamme nicht von feh(e lang),
fondern es habe wie bedon und
gebon das e kurz und ftamme
fo mittels eines feh(e kurz) vom
Verbum fehan. Dem wider=
fpricht jedoch das Verbum fehian,
woher afehian im Hel. 2881
und alth. gifehian Graff 3,
426, welches fehian das e lang
haben muß, weil ja fonft die Form
fihian lauten müßte. Und fehian
ift kein andres Verbum als fehon,
beide ftehen in ihrer Conjuga=
tion ian und on, wie im Hel.
druobian und druobon, full=
ian und fullon, gerian und
geron, haton und hettian u. a.
gewöhnlich ohne wefentlichen Un=
terfchied der Bedeutung.

b. Von diefem feh(e lang) einigt
fich alles und jedes gar leicht und

lieblich: sehian ist decorare, distinguere, wie in (corona) mit bluomon gisehet Graff 3, 427, wie in bluomseh 3, 426, sehon ist decorare, wie in land gisehod Hel. 4794, im höhern Sinne celebrare, wie die osteron bei Otfrid, farsehon ist dedecorare im Hel. 7391 d. h. das seh fortschaffen durch That und Wort, also verwünschen, verfluchen, ist dann vernichten überhaupt, consumere Graff 3, 427 Wer das wizzod sehod der ehrt, verehrt, feiert es, d. h. durch den Empfang des Sacraments. Eben so wer mos endi drank sehod, der decorat, ornat, ziert, schmückt, macht zurecht, bereitet, wie der thut, welcher z. B. Brod backt und Bier braut. Zu diesem Sinne und nur zu diesem fügt sich im Beichtsp. witidion von witid w. f. Diesem Sinne widerspricht auch nicht sehon in farstolan sehoda, denn wer das thut, der ehrt, verehrt ja eben gestohlen Gut, er decorat, colit, indem er es hegt, pflegt, bewahrt, versorgt.

4. Zur tiefern Begründung der Bedeutung von sehon und sehian darf noch bemerkt werden, daß deren unmittelbarer Stamm, das Adj. seh, obwohl dessen langes e gleich ai, den Vocalen in dem Verbum sehan, sih, sah widerspricht, dennoch dieses Verbum die Wurzel desselben sein muß, nach dem Grundsatze: die Vocale der X. und XI. Conj. sind fähig einer Ablautung, welche den übrigen Conjugationen eigen ist. Also trägt auch seh noch die ursprüngliche Bedeutung von dem starken Verbum sehan, welches seine Urverwandtschaft Laut für Laut bekundet mit dem griech. πέκειν, was bedeuten muß, nicht kämmen, strählen, sondern im tiefern Grunde cavere, cernere, distinguere, ornare, decorare. Dieses πέκειν ist ja gleichfalls eines Lautganges πεικ, ποικ fähig, woher dann ποικίλλος, eben so fähig, wie πένω eines πεινα und κοίνη, φένω eines φοινός, λέγω eines λοίγος, welcher Lautgang dann eben viel sagt, als: aus der XI. Conj. entwickeln sich Wörter im Lautgange der VII., wie seh = saih aus sehan, sih, sah, sahun, gisehan d. i. ornare, comere.

sillul, m. siliolus, Pathchen, up. sillulos in mina sillulos 26, ist das deutschen Lauten anbequemte lat. siliolus, indem das i hinter l dies el verdoppelte und nun selbst ausfiel. Dies siliolus, sillul ist hier doppelt merkwürdig, einmal als kirchliches Wort in kirchlicher Sprache und kirchlichem Sinne, dann auch weil wir hier sehen, daß das Wort schon in der Sprache des Lebens eingebürgert sein mußte. Ohne dies konnte es ja in einem Beichtspiegel für das Volk nicht gewählt werden. In den alth. Beichten steht für das einfache sillol das zusammengesetzte fontisillol: ih gihu, daz ih mine funtdiuillola so ne lerda Massm. 129.

sirin, reus, reprehensilis, schuldig, tadelig, sträflich, sündhaft, böse, in der Zusammensetzung sirinlusta w. f., schon im goth. wo es fairins (= sirins) lautet in unfairins für ἄμεμπτος, irreprehensilis Col. 1, 22. An sich hat sirin keine so böse Bedeutung, sondern wird erst böse durch die böse Sache, wovon es ausgesagt wird, so gleichend dem griech. αἴτιος und ἔνοχος, und dem hochd. böse. Auch seiner Abstammung nach ist sirin nicht böse, da es durch in abgeleitet ist von einem anzusetzenden seran, sar, sor, was ist das griech. πέρειν oder πείρειν.

sirinlusta, f. improba cupiditas, mala cupido, böse Lust, Frevellust, Lasterlust, gp. sirinlustono 12, zu merken ist bei dieser sirinlusta:

1. Der Nom. Sing. von sirinlustono kann nicht sein sirinlust, wie ihn Schmeller ansetzt Gloss. 36 und 74, sondern entweder sirinlusto oder sirinlusta, nur lusta wird recht sein, weil dies lusta vorkommt im Hel. in der Zusammensetzung weroldlusta 3552, daher auch so zu nehmen das einfache lusta 6902.

2. Dies sirinlusta selbst in dieser Zusammensetzung nicht im Hel., dagegen jedoch sirindad 2277, sirinquala 9836, sirinquidi 10662, sirinspraca 2675, sirinsundia 7314, sirinwerc 55, sirinword 10227, in allen diesen Wörtern ist sirin nicht das Substantiv sirina, sondern das Adj. sirin. Sieh Anm. zum Hel. B. 55.

sirion, feriari, otiari, celebrare, ruhen, feiern, in thena helagun sunnundag endi thia helagun missa ne sirioda 28, das Wort verdient die Bemerkungen:

1. sirion ist das der deutschen Sprache anbequemte lat. feriari, was selbst abstammt von feriae Ruhe, Friede, Feier, abweichend durch das ableitende i vom alth. siron und sirron, von einem Subst sira und sirra Graff 3, 666, worin rr allerdings auf ein sirion hinweiset.

2. Das ableitende i in sirion hat hier in dem fremden Worte seine Gewalt über die ihm gesetzten Schranken ausgeübt, hat sogar das lange e in feriae in i verwandelt, da es sonst in eigner Sprache dies nur am kurzen e zu thuen pflegt.

flokan, maledicere, exsecrari, fluchen, in: an flokanna 47, auch im Hel. nur einmal und dazu nur in der Zusammensetzung farfluokan (verfluchen), woher farfluocana 8836. flokan ist höchst merkwürdig in Form und Bedeutung:

1. Ueber den Vocal o in flokan sind wir gewiß durch das goth. flekan, woher faíflokun für ἐκόπτοντο, plangebant beklagen Luc. 8, 52, wie auch durch das alth. fluoh, fluah für imprecatio, maledictio Graff 3, 758. Danach ist im Hel. fluokan für flokan richtig und uo steht nicht für goth. au. Mithin gehört flokan nicht zu hlopan, sondern zu hropan oder hruopan und steht mit diesen in der III. Conjugation, wogegen das goth. flekan zu VI. gehört nach Grimm Gramm. I. 841 und 888.

2. In o oder uo zeigt flokan den Vocal des Prät. der VII., führt demnach auf ein flak, welches nach der Lautverschiebung buchstäblich ist das griech. πλαγ- enthalten im Verbum

πλήσσω schlage, woher auch πληγή Schlag, Unglück und das lat. pläga und plāga, welches plug sich zum Verbum bildete in plango, wie frag- zu frango, tag- zu tango. Schon in πλήσσω und πληγή, wie auch im lat. pläga ist der Begriff Unglück, Uebel erhalten, im deutschen flokan ist dieser Begriff auf das Sprechen übertragen, so daß es bedeutet Uebel sagen, Uebel wünschen, so dann gleich wird dem lat. maledicere.

forhta, f. timor, metus, reverentia, Furcht, Ehrfurcht, Verehrung, ds. in: mid sulicaru forhtu 29, im Hel. in C. nur die gesangreiche Form scrahta und in den Casus mit o die assimilirte Form ferohtou, wie D. 10321, 783, welche bei M. überall in die prosaische forhta umgewandelt ist; in der Bedeutung des forahta von der Gottesfurcht ist forahta nicht im Hel., doch gewiß nur zufällig, da in diesem Sinne gebraucht wird das Verbum forahtian V. 3814.

frah, alacer, hilaris, laetus, munter, froh, fröhlich, vergnügt, freudig, in unfrah w. f. im Hel. 2mal frah V. 9449, 11786, außerdem noch frahmuod 2019, 11962, daneben besteht fro in fromuod 4122, und frao in fraomuod 2322. Wie zu erklären dieser sonderbare Wechsel frah, frao und fro? Welches ist Stamm und Grundbedeutung des Wortes?

friund, m. amator, amicus, Liebhaber, Freund, ap. friund in mina friund ne eroda 22, merke dazu:

1. Dieselbe Form und deren gleiche Declination auch im Hel. wie ns. friund 299, np. friund 5444, dazu ds. friunde 2981, dp. friundon 1598 und friondon 4582, worin ond wegen des folgenden on, also nicht berechtigt zu einem ns. friond, von friund, gp. friundo und friunda M. 2897.

2. Allerwegen muß bei dem Worte friund festgehalten werden, woran man beim hochd. Freund gewöhnlich nicht zu denken pflegt, daß es als participiales Substantiv bedeutet der Liebende, daß also der Ausdruck: ich bin dein Freund, du bist mein Freund gleich ist dem im Satze ausgedrückten Gedanken: ich liebe dich, und du liebst mich. So erkennen wir denn auch die Größe der Sünde, die der Beichtende bekennt, indem er sagt: ik mina friund ne eroda endi ne minnioda, weil er damit sagt, daß er diejenigen, welche ihn ehrten und liebten, nicht wieder liebte und ehrte.

3. Die so schöne Bedeutung des deutschen so liebreichen friund ist begründet in dessen Abstammung, denn goth. ist frijon oder frion φιλεῖν Matth. 6, 5, ἀγαπᾶν 5, 43, im Hel. friehan 2897 und lebt noch heute in friggen, im hochd. freien.

fullian, implere, complere, explere, füllen, erfüllen, vollenden, wovon gifullian w. f., oft im Hel. wie fullian willeon 9524, cristes warun word gifullid 4321, ganz noch das goth. fulljan, woher fulljands Matth. 27, 48, fulljai Rom. 15, 13, 2. Thess. 1, 11.

G.

gaf, dabam, dedi, gab, Prät. von geban w. f.

gang, m. itio, gressus, Gang, gp. gango 40, auch im Hel. gang M. 495, und ds. gange, ganga M. 1107, von gangan w. f.

gangan, petere, tendere, ire, gradi, incedere, adire, streben, zielen, gehen, sich begeben, in: so gangu ik an — mundburd, an ginatha 62, so begebe ich mich in Schutz, in Gnade. Zur Form bemerke:

1. Die Stammformen sind im Hel vollständig erhalten: gangan 855, gangu (ich) Imp. gang 11136, Prät. gieng 8036, giengun 8203, daneben geng 4203, gengun 1315, gegangan (für gigangan) 11586;

2. In der Form gangan beginnt das Verbum, wie latan w. f. mit dem Vocale eines Prät., das gang- sieht ja ganz so aus, wie sang von singan, sprang von springan. Der so gebrauchte Vocal versagte weitere Ablautung, und so gerieth das Verbum, um stark zu bleiben, in die reduplicirende Conjugation, es machte giang oder gieng statt eines goth. gaigang. Vermöge seines Lautstandes ng gehört gangan in die XII. Conjugation, wie alle reduplicirenden Verbe einzelnen Conjugationen zufallen. Es führt also gang sprachrecht auf ein ging.

3. Und dies ging sollte nicht sein im alth. gingo bei Grimm spes, desiderium Gramm. I. 624, nicht in anaging Graff 4, 218 und dem Verbum gingen 4, 217? Freilich nicht, wenn wir bei gehen, gangan nur denken an das Ausspreizen der Beine zum Fortkommen. Aber nach Rom gehen heißt ja auch Romam petere, Romam tendere, nach Rom streben, trachten, eilen, und in diesem Sinne ist schöne Einheit in gangan, gingo, gingen, anaging. Bei Otfrid heißt es im Vaterunser: zucomme uns dein Reich, thara wir zua io gingen ioh eimnizigen thingen 163—29, wo gingen offenbar ist petere, tendere reichen, zielen, streben, trachten, ein Sinn, den wir auch überall in gangan im tiefern Grunde walten sehen. So gewinnt der bei Graff so verlassen, verwaist stehende gingo mit anaging und gingen reiches, schönes Heim, gewinnt der Mannsname Gingo FH. 12—18 herrlichen Sinn: er ist vir pelax, tendens. Zu den zwei Formen eines starken Verbums XII. Conj. gesellt sich der dritte in dem alth. gungida Graff 4, 218, auch wenn es bedeutete cunctatio.

4. Noch tiefer dürfen wir nun gehen bei dem gefundenen gingan, gang, gung. Es gehört zu der Klasse XII. Conj., deren Auslaut durch Einsatz eines n verstärkt ist, wie im lat. frango aus frag. So wurzelt der ging und gang in einem einfachern gig, gag oder gih, gah. Das Verhältniß dieser Formen ist, wie in singan und sag in seggian, wie im goth. juggs (= jung) und Comp. juhiza, wie in huggjan hungern, und huhrus Hunger. Auf ein so einfaches gah, gag führt auch das zu gangan gehörige gahts in framgahts Philipp. 1, 25, unatgahts unzugängig 1. Tim. 6, 16, worin das gah nicht durch

Ausfall des n zu erklären ist, sondern gah oder gag ist Stamm, wie hangan von hahan, sangan von sahan. Wozu diese Zerlegung der Form? In ihr ist gefunden die Wurzel von vier sehr bedeutsamen bisher so verwaiset umhergehenden, ungedeuteten Wörtern, die sind 1. gahi gleich praeceps, repens Graff 4, 129 im Sinne vom lat. petere in praeceps, 2. das Adv. gagan gegen, im Sinne von petens, petax, 3. die giht Gicht paralysis Graff 4, 142, die Gicht ist ein Ziehen, Zucken, Gehen in den Gliedern, 4. das goth. geigan oder geiggan, woher gageigan für κερδαίνειν, lucrari Marc. 8, 36, 1. Cor. 9, 20. Die Form von geigan einigt sich mit gah oder gag, wenn wir ei nehmen für e, wie teikan steht für tekan Col. 2, 21 und veisun für vesun Neh. 5, 15 u. a. Und merkwürdig genug, die Form geigg weiset sogar auf gagg (Gang). Danach ist geigan gleich gegan und aus dem Plur. Prät. von gag gebildet. In der Bedeutung ist geigan noch petere holen, greisen, nehmen.

gast, m. hospes, advena, peregrinus, conviva, Gast, Ankömmling, Frembling, ap. gasti, in: gasti ne so antfeng so ik scolda 34. Auch im Hel. ist gast 14mal erhalten, 10mal in der Zusammensetzung gastseli 1356, 1420 u. a., 4mal einfach in den Formen np. gesti 4119, gp. gestio 4088, dp. gestion 4040 und 5491, wo damit bezeichnet sind die Gäste auf der Hochzeit zu Kana und bei dem Geburtsfeste des Herodes. Zu merken ist noch besonders:

1. gast gehört zu der Art von Substantiven, welche das i zur Bildung ihrer Casus benutzen, welches i dann durch seine Rückwirkung das kurze a des Stammes in e verwandelt. Doch erhält sich daneben auch a, so daß np. gesti und gasti beide sprachrecht sind;

2. Es bedarf nur geringen Bedenkens, um zu sehen, daß hier unter den gasti, über deren sündhaften Empfang sich der Beichtende anklagt, nicht die zu einem Schmaus, zum Festmahl geladenen Gäste verstanden werden, nicht die Gäste, wie die im Hel. auf der Hochzeit zu Kana u. a., sondern die gasti in der Bedeutung gemeint sind, in welcher das Wort gasts im goth. erhalten ist, wo es steht für ξένος, hospes, wie Matth. 25, 38 und 43 und 44, Matth. 27, 7, Eph. 2, 12 und 2, 19, 1. Tim. 5, 10, Rom. 12, 13, 1. Tim. 3, 2, Tit. 1, 8, wo wir gast mit Frembling übersetzen, leider weil wir kein besseres Wort dafür besitzen. In dieser biblischen Bedeutung ist nun das gasti im hohen Grade merkwürdig, merkwürdig weil es uns einen tiefen Blick gewährt in die Sitten der alten Sachsen und in die Sittenlehre des unsern Vorfahren noch jüngsthin verkündeten Christenthums.

geban, dare, donare, geben, schenken, im Prät. gaf 33, 44, die Stammformen des Verbums sind vollständig: geban, gibu, gaf, gabun, gigeban, welche alle erhalten sind im Hel., wie geban 3122, gibu 448, gaf 5705, gabun 2449, gigeban 11711.

gern, stimulatus, instinctus, instigatus, cupidus, avidus, studiosus, gern, gereizt, begierig, wovon das Adv. gerno, w. f., merke dazu:

1. Dies leider im neuhochd. ausgestorbene Adjectiv begegnet im Heliand 9 mal und zwar in dreifacher Fügung,
   a. mit dem Genitiv, wie muodes gern 1097, inwidies gern 9255, inwiddies gern 10117;
   b. mit dem Gerundium, wie gern te faranne 7971, gern te gifrummianne 7800;
   c. mit Satz durch that, wie gern that hie frummean muosti 183, gern that ik sittean muoti 9119, thes gern that 3841, gern that 11051.

3. gern ist durch n abgeleitet, wie barn und bern, gorn, torn u. a., und führt wie das Adj. ger und das davon stammende Verbum geron auf ein Verbum, dessen Lautgang gleich ist dem von beran, also geran, gir, gar, gor, und dessen sinnliche Bedeutung noch zeigt
   a. das goth. gairu für σκόλοψ, stimulus 2. Cor. 12, 7, dann das gleiche ger Speer, Spieß im Hel. 6173, alth. ger Graff 4, 224;
   b. das urverwandte griech. χαράσσω und χράω (gleich χάρω), welche sich verhalten zu χαρά Freude, Reiz, wie unser gern zu ger. Die χαρά ist Reiz im erfreuenden Gefühle, wogegen χαράσσω und χράω die sinnliche leiblich fühlbare Reizung fortführt. In dieser sinnlichen Bedeutung ist unser geran stimulare, pungere, instingere dies dann übertragen, wie gern.

3. Es entgeht mir nicht, daß die Annahme eines Verbums höchster Vollendung geran, gir, gar, gor nicht stimmt zu dem für das goth. gair und geir gesetzten Verbum der VIII. Conj. Darum bemerke ich:
   a. bei einem giran, ger finden viele Wörter, die doch aus gleichem Stamme sprießen, kein Unterkommen, wie das goth. gaurs traurig, unser gorn, das doch völlig gleicht einem baur geboren, und führt auf geran, wie baur auf beran. Der Schmerz in gaurs ist dargestellt als ein aculeus, stimulus sehr sinnreich;
   b. Die VIII. Conj. ist ein Kind der XI. und so reihet sich auch goth. geiro und gairns sehr wohl zu geran, gar, goth. gairan, gar.
   c. Bei einem giran, goth. geiran ist es unmöglich, die Urverwandtschaft im Griech. zu finden, die doch bei geran, gar so offenbar zu Tage liegt, wie oben gewiesen und weisbar ist in noch zahlreichen andern Wörtern.

gerno, instincte, studiose, libenter, cupide, gern, gereizt, bereitwillig, in gerno te gibotianna 66, so auch gerno im Hel. 53mal, wie gerno gode theonoda 153, gerno frumida 219, gerno bad 461 u. a., gerno ist Adv. von dem Adj. gern.

gibed, n. comprecatio, oratio, Gebet, as. gibed, in: min gibed so ne giheld 48, gs. gibedas in: thi biddiu gibedas 67, auch einmal im Hel. gibed 3143, sehr zu bemerken ist:

1. gi in gibed ist nicht nominal, wie in giwirki, gimerki, gibirgi, denn dann würde das Wort diesen Wörtern entsprechend ein ableitendes i haben und sprachrecht nur lauten wenigstens gibedi und mit Verlautung des e zu i richtiger gibiddi;

2. gibed ist verbal, gebildet wie giset, gimet, hat ein e, wie geba, legar, heda, setzt demnach voraus ein Verbum gibedan, wofür jedoch eintreten würde das schwache gibiddian, wie wir es sehen in gibiddian im Hel. 6678, in dessen Part. Prät. gibedan wir den in gibed gleichen Vocal e noch sehen, der abgeschwächt ist aus i.

3. gibed stammt nicht vom Part. gibedan, so daß es passiven Sinn hätte, sondern vom Präs gibiddian, dessen einfaches d wir noch sehen würden in gibidis, gibidit, und hat daher activen Sinn, bezeichnend das Bitten mit dem verstärkenden gi.

gibotian, emendare, expiare, poenitere, bessern, büßen, bereuen, in: gerno an godas willion te gibotianna 67. Ueber dieses höchst merkwürdige Verbum sieh botian . . .

gideda, confeci, perpetravi, verrichtet, verübt, gethan habe, Prät. von giduan, w. s.

giduan, conficere, efficere, perpetrare, verrichten, verüben, begehen, Prät. gideda, in: the (Sünde) ik gideda 4, so huat so ik gideda 60, so auch giduan im Hel., wie giduan 6151, gideda 1987, gidedun 5602, mit der Sünde als Object: thia (Sünden) hie selbo gideda 10941, in der Wendung so huat so (quodcunque): so huat so gi gidadun 8824. Sieh das einfache duan . . .

giendion, definire, concludere, conficere, beendigen, vollenden, vollführen, vollbringen, in: that ik min lif endi minan gilovon giendion moti 69, im Hel. nur das einfache endion und zwar intransitiv: thius werold endiot 8089, und transitiv: die Menschen iro dag endiot 865, durch gi ist giendion durchaus transitiv, und dies gi bewährt hier überdies den ihm inwohnenden sehr bedeutsamen Sinn, da es mit endion ausdrückt: das Ende erreichen, ganz bis zu Ende vollbringen. So ist wesentlich von einander verschieden lif endi gilovon endion und lif endi gilovon giendion.

gifullian, complere, explere, implere, erfüllen, vollbringen, verrichten, Prät. gifulda, in: mina gitidi endi min gibed ne gifulda 48, im Hel. allaro rehto gihuilic te gifullanne, gifulleanne M. 1948, sonst einfach fullian: fullian willion 9535. Siehe fullian . . .

gihaldan, conservare, observare, tutari, bewahren, verwahren, beobachten, beschützen, behüten, in: ik minas herdomas raka so ne giheld 17, mina

7

gitidi endi min gibed so ne giheld 48, in gleicher Verwendung im Hel. 5768, 5133, 3608, wonach hier der Ausdruck herdomas raka haldan, sagen will, daß es der Untergebenen, der Diener, des Gesindes Pflicht und Schuldigkeit ist, ihres Herrn Gut und Gerechtsame nach dessen Gebot und Verbot zu behüten und zu bewahren, daß dasselbe bleibe unversehrt, sich vermehre und kräftige. Wer die gitidi und das darin zu verrichtende gibed gihaldit, der beobachtet und wahrt Stunde und Andacht, er thut wie wer Jesu lera gihaldit im Hel. 3608. Vor allem ist bei diesem gihaldan die Bedeutung des heutigen hochd. halten tenere fern zu halten. Siehe das einfache haldan.

gihorian, auscultare, audire, obedire, anhören, hören, gehorchen, in: ik gihorda hetlunnussia endi unhrenia sespilon 41, eben so im Hel. gihorian in dieser Form und Bedeutung, wie gihorian 4184, gihorda 871, und so noch 42 mal.

gihoritha, f. auscultatio, auditio, Anhörung, Gehör, in: unrehtaro gihorithano 37, das Wort gehört zu den herrlichsten Gebilden der Sprache:

1. Der gp. gihorithano bewahrt in ano die schönste älteste Form, die welche das a des Nom. Sing. in den Casus festhält; in der Form ono, wie sie zeigt lustono von lusta w. f. hat schon die Rückwirkung des folgenden o stattgefunden.

2. gihoritha selbst ist nicht im Hel., jedoch die gleichen schönen Gebilde, wie diuritha 8499, maritha 8, spahitha 6905, u. a., in diesem itha dieser Wörter steht die Sprache noch ganz auf der goth. Stufe, wie meritha für φήμη, fama Matth. 9, 26 gleich ist unserm maritha.

3. Von großer Wichtigkeit für die Ergründung der Bedeutung aller dieser schönen Wörter ist der Beweis, daß sie durch die Ableitung verbalen Sinn enthalten. Sie stammen insgesamt von Verben auf ian, wie diuritha von diurian, maritha von marian, so gihoritha von gihorian, sie sind participiale Substantive, wie die lat. auf itus und itio. Wo das Verbum nicht erhalten ist, darf es vorausgesetzt werden.

gihorsam, obediens, gehörig, gehorsam, folgsam, in ungihorsam w. f., im Hel. dafür gihorig, wie Jesus war seinen Eltern gihorig 1673, außerdem 135, 162, 4229, 5955, sonst jedoch Wörter mit sam, wie arbitsam 2707, frithusam 2629, langsam 2429, lofsam 4124, lustsam 9422, niudsam 444, wunodsam 2191, wunsam 2781, woraus wir mit Sicherheit erkennen, daß sam an Nomina tritt, und so gihorsam nicht ist vom Verbum gihorian, sondern von einem gihor.

gilovian, credere, confidere, glauben, trauen, in: ik gilofda thes ik gilovian ne scolda 42, 43, sehr zu merken ist:

1. gilovian steht durch sein v oder w ab von dem gleichen Worte gi-

lobian im Hel., worin das b wie im goth. galaubjan so festen Stand hat, im Hel. ist das Wort 30 mal, jedoch überall b, wie in gilobian 11138, gilobiu 4213, u. a., dann weicht auch gilofda ab durch sein f vor d, wofür auch im Hel. bleibt b vor d, wie in gilobda 7919, gilobdun 4571. Ein hofde in M. für hobde 45—12 verschlägt nichts, wie nicht das mw. bederfde LL. II. 50, was ripuarische Eigenheit ist. Wenn in bd eine Veränderung der Laute vorgehen mußte, so würden wir gemäß sonstiger Verlautung erwarten gilofta, wie es auch heute lautet glofte.

2. In der Satzfügung gleicht hier gilovian der von gilobian im Hel., wo es heißt: thes gi gilobian sculun 1t705, thes ni gilobeat mi thesa luidi 10177. Doch gilt diese Fügung mit dem Gen. nur bei dem Pron. thes, ist dagegen die Sache ein Nomen, so folgt der Dat., wie gilobdun is leron 4680, oder an: gilobda an is word 7919, u. a.

3. Höchst wichtig ist zu wissen, welches der nächste und fernste Stamm sei von gilovian oder gilobian. Der fernste ist ein anzunehmendes Verbum goth. liuban, woher das Adj. goth. liub, unser liof lieb im Hel. Dies liub, liof erzeugte ein zusammengesetztes goth. galiubs, carus, pretiosus, und dies galiubs ist nächster Stamm von goth. galaubjan, und von unserm gilobian oder gilovian. Es folgt nun aus dieser Abstammung der höchst merkwürdige Gedanke: **Liebe** amor, caritas **ist dem Deutschen Mutter des Glaubens.**

gilovo, m. fides, Glaube, in ds. gilovon: withar minamo gilovon 7, as. gilovon: minan gilovon giendion 69. auch in ungilovo w. f., dasselbe Wort im Hel., jedoch hat es hier statt v durchgehends b, wie gilobo 4506, gilobon 1884, nur hat M. von lobon loben einmal louodun statt lobodun 831, womit also gilovo betreff des v auf gleicher Stufe steht. Vor allem ist zu merken, daß gilovo nicht stammen kann vom Verbum gilovian, wie doch das goth. galaubeins Glaube ist vom Verbum galaubjan, sondern ist das zum Substantiv erhobene Adjectiv in schwacher Form, wovon goth. die starke Form ist galaubs carus, pretiosus.

ginatha, f. studium, favor, gratia, auxilium, Huld, Gunst, Mitleid, Hülfe, Gnade, as. in: ik gangu — an sina ginatha 64 — ist ein höchst bedeutsames und merkwürdiges Wort:

1. Für ginatha im Hel. nur und nur einmal das einfache natha in: genahet ist die natha Gottes den Menschenkindern 8521. Nominal ist dennoch das gi in ginatha nicht, weil ja dann das Wort wenigstens ginathi lauten müßte. Es fordert dies ginatha ein Adj. ginath, wovon dann ginatha als das f. zum Subst. erhoben ist, oder wenn wir wollen ein Verbum ginethan, was goth. wäre ganithan nach dem wirklich erhaltenen einfachen nithan oder nethan.

2. Durch dies nithan gelangen wir zu der verbalen und zwar sehr sinnigen Bedeutung von ginatha. Paulus sagt: nithais thos, was steht für

συλλαμβάνου αὐταῖς adjuva illas Philipp. 4, 3. Danach wäre ginethan ein durch gi verstärktes nethan, gleichsam ein co-adjuvare oder peradjuvare, und die ginatha wäre eine verstärkte Hülfe, in dem Sinne, welchen das griech. συλλαμβάνεσθαι in der Bibel enthält, wofür der Gothe das einfache Verbum wählte. Sehr bezeichnend ist so das Wort ginatha im Beichtspiegel. Es bleibt im Gedanken vom vorhergehenden mundburd, die ginatha ist gnädige Beihülfe, gnädige Mitwirkung und so wesentlich verschieden von anst, dem andern Worte für Gnade im Hel. 518, 1566, 6939.

giotan, fundere, spargere, gießen, streuen, schütten, daher das mit nithar zusammengesetzte nithargiotan, w. s., merke dazu:

1. Im Hel. nur einmal giotan in dem Satze: Jesus gab seinen Jüngern seinen Leib und sein Blut, indem er sprach: thit ik an erthu scal·geban endi giotan 9280, besto häufiger ist bezeugt das alth. giozan Graff 4, 281, nicht giuzan wie Graff dort angesetzt hat.

2. Dem Gesetze gemäß bewahrt giotan in der IX. Conj. das iu des goth. giutan, wo in der Endung kein a folgt, also ich giutu, du giutis, er giutid, giut du, wo dagegen a folgt, wird iu abgeschwächt in io, eo, ie, also giotan, gioland u. s. w., auch in ia, wie zeigt liagan, w. s.

3. Selten liegt die Urverwandtschaft des Griech. so offen, als bei giutan, giotan, giozan, denn der deutsche Lautgang giut, gaut oder got, gut hat sich entwickelt aus dem griech. χέω:

a. χ ist geworden g, wie diesen Wandel allerwegen fordert das Gesetz der Lautverschiebung;
b. Daß auch χέω wie giutan zur IX. Conj. gehöre, beweisen die Formen χεύσω, ἐχύθην, κέχυκα, χυτός, χεῦμα, χύσις u. a., so daß sich χευ, χυ und giu, gu buchstäblich entsprechen;
c. Im Deutschen ist die Wurzel gu, giu, gau durch ein ablautendes t geschlossen, und dennoch das Verbum im Gange der Ablautung verblieben, so nicht vereinzelt dastehend, sondern im Geleise mit fliotan als gleich fluere, von flehtan, fehtan, meltan u. a. Man könnte meinen, daß das t im griech. χυτός in das deutsche gut, giutan übergegangen wäre, obwohl man dann guth, giuth erwarten sollte.

4. Sehr merkwürdig ist, daß hier auch die lat. Sprache mit der goth. und alts. auf gleicher Stufe steht, wie das auch sonst so oft bemerkt werden kann. Das lat. guttus enghalsiges Gefäß und gutta Tropfen muß wie unser gut von χέω stammen. Demgemäß auch gutturnium gleich guttus ein enghalsiges Gefäß, woraus die Flüssigkeit guttatim gegossen wird, und wenn dies gutturnium von χέω, dann auch unzweifelhaft guttur Kehle, Schlund, weil ja gutturnium stammt von guttur, dies wäre dann sinnig genug von der Aehnlichkeit mit einem guttus bezeichnet.

gisehan, conspicere, videre, contueri, gesehen, ersehen, sehen, ist Stamm zu gisiht, w. s. häufig im Hel., wie gisehan 849, 941,

7300, u. a., gisiho für gisihu 1111, gisihit 5096, gisehat 3479, gisawun 11414, gisawi 1999, u. a.

gisiht, f. visio, conspectus, adspectus Gesicht, Ansicht, Anblick, gp. in unrehtaro gisihtio 37, dazu merke:

1. gisihtio ist ein Plural, den wir mit dem gleichen Worte Gesicht nicht bestimmt und verständlich wiedergeben würden. Doch genügt auch nicht das gewählte Ansehen für das einen so vollen und schönen Sinn gewährende gisihtio, denn es bezeichnet der Ausdruck unrehta gisihti alle Sünden, welche durch die Augen begangen werden, und steht so dem Gedanken entsprechend vor dem unrehtaro gihorithano.

2. Nicht gisihti lautet der Nom. Sing., wie Schmeller angesetzt hat Gloss. 97, wenigstens folgt der nicht aus gisihtio, viel wahrscheinlicher ist gisiht nach Maßgabe des alth. gisiht, anasiht, obesiht, widersiht, fersiht, zuofersiht, foresiht, gagensiht, wuntarsiht Graff 6, 123 flg. Die gisiht gehört zur II. Decl. und bekommt erst in den Casus das i, so daß gisibtio nicht berechtigt zum ns. gisithi.

3. gisithio dagegen bei Lac. nach der Handschrift gisibtio und so auch bei Massm. 137, wofür jedoch schon Schmeller gisihtio Gloss. 97 und nur dies allein kann richtig sein, auch dann nur, wenn in der Hdf. wirklich das mit h so leicht zu verwechselnde b stehen sollte. Denn es bleibt selbst bei dem so nahen goth. sibis und gasibjon ganz unerklärlich, zudem wäre die Bedeutung an der Stelle, wo von den Sünden des Gesichts und Gehörs Rede ist, durchaus widersinnig.

gisprekan, loqui, dicere, sprechen, sagen, reden, Prät. in: sundione, thero the ik — gisprak 4, so auch im Hel. gisprak 70, 77, 341, 471 u. a., gisprakun 877, 1246 u. a. gispraki 7725, gisprekan 367, gispricu 8700, gisprokan 747, woraus wir ersehen, daß sprekan zur XII. Conj. und hier zur höchsten Stufe gehört. Sieh sprekan.

gisuonan, conciliare, consociare, concordare, versöhnen, befreunden, vereinigen, in: thiu ne gisuonda, the ik gisuonan scolda 36, so auch einmal in gleichem Sinne im Hel. gisuonian: er scalt thu thi simla gesuonean wid thena sacwaldand· gimuodi gimalon 2933, als Umschreibung der Stelle in der Bibel: διαλλάγηθι τῷ ἀδελφῷ σου, reconciliari fratri tuo, wo der Goth. gasibjon setzte Matth. 5, 24. Zu bemerken ist:

1. gisuonan zeigt ein an, wie die starken Verba, ist ein solches jedoch nicht, wie schon gisuonda zeigt, vielmehr ist dies an eine Nebenform von ian und on, wie dieselbe auch im Hel. nicht selten erscheint, als giloban 5433 neben gilobon 8278 und dem gewöhnlichen gilobian 11138 u. a. Diese Form an ist wenigstens nicht überall durch Ausfall des i zu erklären, oft entspricht sie dem goth. schwachen an, wie in haban, vgl. hebbian.

2. Sehr klar ist in diesem gisuonan

die Bedeutung der Präp. gi, da sie darin so sichtlich bezeichnet die Vereinigung von zweien die getrennt sind, beide als Object vom Verbum, darin genau entsprechend dem con in dem dafür gesetzten conciliare, concordare, consociare.

gistridi, n. contentio, altercatio, rixositas, Gestreite, Zwietracht, Streitsucht, Zanksucht, as. in: abolganhed endi gistridi an mi hadda 45, dazu bemerke:

1. In gistridi ist gi nominal, d. h. es fügt den strid zu strid und ist so ein Collectivum, wie girobi, giwirki, giwadi, gibirgi, begründet also die Uebersetzung Streitsucht.

2. gistridi ist auch alth. gistriti (nicht gistrita) woher gistritin für seditiones Graff 6, 749, im Hel. nur das einfache strid 4681 u. a., das Verbum stridian 9950, das Adj. stridig 9708, und stridhugi Streitsinn 10438, was dem gistridi entspricht.

githahta, cogitabam, cogitavi, gedachte, gedacht habe, Prät. von githenkian, w. s.

githanko, m. cogitatio, Gedanke, gp. in: githankono 38, und ds. in: githankon 52, githanko nicht im Hel., dafür gewöhnlich githaht 235, np. githahti 1148, gp. githahteo 9188. Siehe githenkian ...

githenkian, cogitare, gedenken, denken, in: sundiono, thero the ik githahta 3, desgleichen im Hel. githenkean 1291, 1446, 5055, über die Conjugation und Abstammung bei dem einfachen thenkian.

githingi, m. deprecator, supplicator, interpres, Fürsprecher, Fürbitter, ns. in: that thu mi te goda githingi wesan willias 68, über dies schöne, aber nicht leichte Wort merke:

1. Schmeller übersetzt githingi durch intercessio Gloss. 114, dies githingi gleich achtend dem githingi in der Legende vom Pantheon: that wi thur thero heligono gethingi becuman te themo ewigon liva Lac. Arch. I. 12. An beiden Stellen ist das Geschlecht in der Form des Wortes nicht zu erkennen, das i gestattet m. f. n. Der Sache gemäß spricht jedoch das githingi im Beichtsp. mehr für das m. und zwar für den persönlichen Begriff. Man könnte freilich den Ausdruck: sei mein githingi, fassen, wie wir sagen: du bist mein Trost, meine Freude, mein Hort und dergleichen. Allein eine solche Poesie, an sich für die Einfalt des Ausdrucks in diesem Beichtspiegel nicht ungeziemend, macht doch die Fügung steif und gezwungen, wenn wir te goda damit verbinden, zumal damit der Ausdruck nicht heißen kann: sei mir Fürsprecher bei Gott, sondern te goda bedeutet zu Gott, wie es im Hel. heißt te them godes barne 3175, biddian te mi 4303, 6049, und im alth. bei dem gleichstämmigen Verbum zi imo thingen 140—80. Dazu schickt sich nur eine dem Worte githingi zu gebende zu Gott stehende Persönlichkeit, als der hier gemeinte Beichtvater ist

2. Und der githingi als männliche

Person neben dem githingi als Sache
läßt sich auch sprachlich rechtfertigen.
Zählen wir unser githingi zu den
alth. Adjectiven giringi, gibari, gi-
sprahhi, gisuari, gizengi, agſ.
geceveme bei Grimm Gramm. II.
748, wozu denn auch gehört im Hel.
gifragi 5614, gibari 421, gifuori
3071, hitengi 2876, so einigt sich
unser githingi zu dem prestar ganz
vortrefflich und zwar nicht allein als
Adjectiv, sondern auch als männliches
Substantiv gefaßt. Denn in der Ad-
jectivform auf i sind alle drei Geschlechter enthalten und alle drei sind als
solche fähig wie Substantive in den
Satz einzutreten. So ist denn auch
daneben recht thero heligona githingi.

3. Sehr bedeutsam ist für diese Auffassung von githingi, daß auch an
gleicher Stelle in der agſ. Beichte das
persönliche Nomen gebraucht ist, merkwürdig genug in sonst gleicher Wendung: nu ik the bidde eadmodlice,
drihtines sacerd, that thu drih-
tine beo min thingere Massm.
144, wo der thingere gleich einem
thingari den Priester persönlich meint.

gitid, ſ. hora canonica, tempus
diurnum, Gezeit, Tagzeit, ap.
in: mina gitidi ne giheld 47,
gp. in: minero gitidio sarla-
tancro 12. Hierzu bemerke:

1. Die gitid nicht im Hel., sondern
nur das einfache tid, dagegen oft im
alth. bei Otfrid, und zwar ds. in:
andero giziti 290—16, np. thio
hohun giziti 290—1, dp. in then
hohun gizitin 290—14, mit welchem Plur. hier die ostoron gemeint
sind, die auch heißen ostrigun giziti
135—59. Aus diesen Casus folgt
nicht nothwendig us. giziti, wie ihn
Graff neben gizit angesetzt hat, eben
so kein gitidi aus gitidi oder gitidio. Das Wort gehört mit anst,
gisiht zur II. Decl., bekommt so
das i gewöhnlich erst in den abgeleiteten Casus.

2. Das gi in gitid hat sehr bedeutsamen Sinn, es gleicht nämlich
dem gi in gihuilic im Hel. 112 und
oft, d. h. je=welcher, jeglicher, dem ic
in iehuethar FH. 4—7 gewöhnlich
icwethar, iawethar 20—10, d. h.
je=einer von beiden, jeder. Darin
bezeichnet gi gleich ie und ia die re-
gelmäßige Wiederkehr oder Wiederholung
in einer bestimmten Reihe. Noch tref-
fender gleicht das gidago im Hel.
7472, wozu daselbst die Anm. Danach ist also eine gitid eine je-Zeit,
eine Zeit, welche stets regelmäßig wiederkehrt, und die gitidi sind hier ja
die bekannten horae canonicae oder
Tagzeiten, worüber zu vergleichen
die gründlich=gelehrte Abhandlung von
Bw. Caedm. I. VII.

giuhu, confiteor, bekenne, gestehe,
so dies giuhu 1, 18, 23, neben
iuhu 5, 10, 15, 25, 34, 36,
53, 56, eine höchst auffällige Form
zumal in Betracht des alth. an
gleicher Stelle gebrauchten ich gihe
Massm. 127, ih gihu 128, bi-
giho 134, ih gihun 130. Dazu
merke:

1. Schmeller bemerkt: gi für j; daher in den folgenden Stellen iuhu.
Die ältere Infinitivform von gehan
war vielleicht giohan S. 4. Dagegen
fragt Maßmann: giuhu? 137, denkt
also wohl an die Präp. gi und ein

uhu. Neben beide Versuche, die seltsame Form zu erklären stelle ich:

2. In giuhu oder iuhu ist iu allerdings der Vocal der IX. Conj. und zwar für die 1., 2., 3. Person des Präs., wie auch für den Imp., so daß wir nach giuhu, iuhu auch erwarten könnten giuhis, giuhid, giuh oder iuhis, iuhid, iuh nach biudu Hel. 3038, biudit 6533, kiusit 3615, fliutid 1515, tiuhit 1256 und tiuh 6403, wornach wir mit Schmeller um so mehr zur Annahme eines Inf. giohan oder iohan uns berechtigt glauben könnten. Allein statt des aus dem alten iu in dieser Conj. abgeschwächten io findet sich auch schon im Hel. das weiter hieraus abgeschwächte ie, wie kiesan 443, farliesan 8108 u. a. So gelangen wir von giuhu, iuhu doch zur Form giehan, iehan, der ursprünglichen, woraus sich gehan w. s. entwickelt hat. Denken wir uns nun ie in iehan nicht als je oder ge, sondern als Diphthong ie, wie dies ie hier denn auch ursprünglich gewesen sein muß, so begreift sich, daß dies ie von der Sprache leicht behandelt werden konnte, wie das ie in kiesan, liesan u. a. Die Gewalt der Rückwirkung des folgenden u ergriff hier sogar das e der X. Conj. und das Verbum jehan oder iehan sprang so wenigstens in der Form iuhu aus der X. Conj. in die IX. Bei dieser Erklärung folgt nun aber auch keinesweges, daß ein iohan oder goth. iuhan vorhanden gewesen sei.

3. Zur Bestätigung dafür, daß in giuhu das u durch Rückwirkung des folgenden u entstanden sei, dient, daß u auch sonst eine gleiche Gewalt ausgeübt hat, wie im Hel. steht fuldu für foldu 8146.

4. In giuhu ist g nur Zeichen, daß das i wie j oder weiches g gesprochen werden soll. Diese Art der Bezeichnung hat in der Sprache jener Zeit vielfältige Gleichheiten, und ihre Erkenntniß gewährt nicht selten in der Wortdeutung sehr erwünschte Aufklärung. Im Hel. steht geschrieben bei M. giu 311, 1129, 1137 u. a., für iu, giudeo für iudeo 8914, giungaro für iungaro 9937, in C. gio für io 250, 541, 617 u. a., gie für ie oder ia 3313, 3316, 7241, hieher gehört auch der Inf. auf ogian oder ogean statt oian, wie in M. thologian 3066 für tholoian u. a., gia für ia 3679, giamar für iamar 9510, wendigie für wendie (zu denken wendi-ie) 4296, so entstand der Ortsname Giuresta WH. 228 aus Juresta, das so auffällige kogii FH. 3—9 neben koii 10—2 und 16—2 s. Anm. zum Hel. 311. Dabei ist nun sehr merkwürdig, daß für das Zeichen gi das g ohne i für j eintritt, woher im Hel. für giehan schon gehan w. s., ger statt iar bei M. 895 u. a., so ward gerau aus iesan Graff 1, 611.

giwerran, divertere, diducere, perturbare, dissociare, trennen, scheiden, entfremden, verfeinden, entzweien, in: that ik thia giwar the ik giwerran ne scolda 35, dazu bemerke:

1. Im Hel. nicht giwerran, sondern nur das einfache werran, w. s., wohl aber das von giwerran stammende Substantiv giwerr 2mal von der Beschuldigung wider Jesus, daß er

unter den Juden anrichte giwerr 9688, des Volkes Gesinnung verdürbe durch giwerr 10474. Daraus und dem einfachen werran ergibt sich, daß giwerran nicht ist bloß calumniari, arguere, wie es Schmeller übersetzt Gloss. 129. Die Mißverständnisse bei Lacomblet S. 7, daß sich giwerran auf das Vorhergehende bezöge und das war in giwar wäre war, scheinen veranlaßt durch die Schreibung war statt warr oder giwar statt giwarr. Das dort beigebrachte alth. daz ih thie man war, thie ih werran ni scolda hat nur das Wort man hineingesetzt und statt giwar und giwerran das einfache war und giwerran aufgenommen.

2. Auch in giwerran ist gi bedeutsam und zwar durch seinen ursprünglichen Sinn, was man nicht sogleich erkennt, da ja giwerran entzweien bedeutet. Diese Entzweiung liegt schon im Verbum werran w. f., und durch gi wird hier die Vereinigung der Handlung mit dem Objecte bezeichnet, wogegen das einfache werran den Act der Thätigkeit ausdrückt, ohne die Erreichung des Zieles an sich zu enthalten.

giwihid, consecratus, benedictus, sanctificatus, geweihet, gesegnet, geheiligt, in giwihid mos endi drank 16, ist Part. von wihian w. f., so dies Part. auch im Hel. 3 mal 520, 3204, 8786, dies giwihid ist nicht zu beziehen auf das h. Sakrament, wie bei Lacomblet S. 6 geschehen, worüber bei mos, drank und nithargiotan.

giwit, n. conscientia, cognitio, notitia, prudentia, sapientia, Bewußtsein, Gewissenschaft, Verstand, Weisheit, daher giwitscipi, w. f. merke:

1. Das giwit oft im Hel., wo es zugelegt ist den Evangelisten 46, der Maria 517, Jesu 1699 u. a., in derselben Bedeutung auch die Form giwitti 474, 1565 u. a., welches giwitti uns durch tt am deutlichsten die Kürze des it bezeugt und so am sichersten auch zum Stamme leitet, wonach ist

2. das giwit oder giwitti vom Verbum giwitan bedeutend cernere, decernere, discernere, häufig im Hel., wie 6913, 708, 845 u. a., was dann in die Bedeutung scire wissen übergeht, so daß giwit ist wörtlich conscientia und Gewissen in seiner Wortbedeutung.

giwitscipi, n. conscientia, testimonium, Wissenschaft, Zeugniß, ds. in: ik sundioda an luggiomo giwitscipia 47, besonders ist dabei zu merken:

1. Dies giwitscipi ist auch im Hel. das Wort für Zeugniß, wovon nas. 10132, 10447, gs. giwitscipies 10197, ds. giwitscipie 3896, ja sogar derselbe Ausdruck luggi giwitscipi 6537, im Gegensatze zu war giwitscipi 10375. Dem giwitscipi gleicht alth. giwizscaf Graff 1, 1104.

2. Höchst merkwürdig ist der Dativ auf ia, weil er in dieser Form höchstes Alterthum bekundet, bewahrend so unversehrt das goth. ja, wie kunja Luc. 16, 8 von kuni, dies alte ungeschwächte ia ist im Hel. gänzlich verschwunden, es steht dafür ie oder ea.

god, m. deus, Gott, gs. in der ältesten, schönsten Form godas 60, 66. 69 und eben so vollendet ds. goda 1, 65, doch daneben schon das schwächere godes 2, 13, auch im Hel. die vollendeten Formen godas 33, 84, 189, 450, 2641, goda in M. 239, 859, sonst aber die schwächere Form godes, gode, außerdem sei hier noch bemerkt:

1. Auch der Plur. von god ist erhalten in der Zusammensetzung afgod, wovon afgoda: thar worthon alla afgoda inna begangana El. 11—4. Ist das nicht ein Erbstück vom goth. guda Gal. 4, 8, was n. ist, obwohl der Sing. m.?

2. Den Ursprung des deutschen Namen Gottes hat man weit über Deutschlands Zeit und Grenzen hinaus zu finden versucht, wie zu sehen bei Graff 4, 146. Die Wissenschaft fand, daß der Vocal im goth. guth, unserm god, nicht im Einklange war mit dem Adj. god oder guod gut, wenigstens nicht nach den Lautgängen in deutscher Conjugation, daß also beide Wörter nichts mit einander gemein hätten. Daher denn das Bestreben den guth weit, weit herzuholen, dem Adj. dagegen vergönnte man deutschen Ursprung. Kein Mensch dachte an die Möglichkeit, daß es außer den zwölf angenommenen Conjugationen noch eine dreizehnte gäbe, in welcher sich guth Gott und god gut friedlich einigten, also die voralters schon geglaubte und so nahe und so liebe Verwandtschaft des Wortes god und guod am Ende dennoch ihre Richtigkeit und Wahrheit habe. Jacob Grimm, der Gründer und Meister der zwölf deutschen Conjugationen, hat dazu eine dreizehnte gefunden. Ihr Lautgang ist u, a, o, wohin er unter andern stellt das goth. trudan, trad, trodun Gesch. 2, 847. In der entdeckten Quelle, dem neuen Funde, wie Grimm die Entdeckung selbst nennt, werden nun eine Menge von Wörtern, welche bisher verwaiset und heimatlos umherirrten, Licht und Leben gewinnen. In ihr einigt sich deutsch lautrecht gud oder god Gott und god oder guod gut, dazu gibts ja ein gad. Also ist ein gud, gad, guod, wie trud, trad, trod. Deutschen Boden, deutschen Sinn hat der deutsche Name guth, god in dem Gedanken: Gott ist gut und Gut ist Gott, das höchste Gut, wie wir ja andächtig sagen, so im Einklange mit dem Gothen, der ja auch Gott nannte das guth. Die Frage bleibt offen: was bedeutet **gut** ursprünglich?

II.

hadda, habui, habebam, hatte, Prät. von hebbian w. f., entstanden aus habda, welches im Hel. die alleinige Form ist, wie B. 40, 58 u. s. w., doch findet sich auch dd in bihadd, bei M. behabd 113—8, B. 7381, so erscheint hadda fremd, vielleicht in Folge altfr. Einflusses Richth. 801, Anfang des heutigen hadde, ab. auch harre.

haldan, servare, tueri, wahren, hüten, schützen, in der Zusammensetzung gihaldan, w. f., dazu merke:

1. Dies einfache haldan 22 mal im Hel., jedoch an keiner Stelle in der

engen Bedeutung des hochd. halten im Sinne von tenere, sondern im Sinnreime von waron 637, von lestian 640, u. a., worin haldan die Bedeutung seines Stammes noch fortführt.

2. haldan ist gebaut, wie scaldan, spaldan, waldan, geht wie diese nach I. Conj., redupliciret, wie wir auch sehen im Hel. an hieldin 259 neben held 766, heldun 2828, welches hield gleicht dem alth. hialt bei Otfrid 236—62 und 355—41, aus welchem ia unser ie hier abgeschwächt ist. Diese unterbrochene Reduplication entstand aus der vollen goth., wo haldan hatte haihald Grimm Gramm. 1, 840.

3. Dem auslautenden ld und dem davor stehenden a gemäß gehört haldan zur XII. Conj., steht in der Reihe von geldan, gald. Da das Verbum nun die Form hald, welche gleicht dem Prät., zum Präsens verbrauchte, konnte es keinen neuen Ablaut erzeugen, es mußte redupliciren.

4. Vermöge des ld gehört haldan zu derjenigen Klasse von Verben, welche den Stamm durch die Ableitungen d, t, s u. a. erweitern und zwar von außen ansetzend, dennoch stark bleiben. Das d in haldan ist ableitend, der Stamm also hal, welcher ist von helan tegere und es ist demnach haldan gleichsam tegitare oder tectare.

hamo, m. tegumentum, amictus, indumentum, vestis, cutis, tutamentum, Decke, Hülle, Anzug, Kleid, Gewand, Haut, Schutz, Schirm, Hut, Wehr, in der Zusammensetzung likhamo, w. s. Zu diesem merkwürdigen Worte bemerke:

1. Der Kürze des a in hamo sind wir versichert durch das goth. Verbum hamon in den Zusammensetzungen anahamon für ἐπενδύεσθαι supervestiri, afhamon für ἐκδύεσθαι, exspoliari 2. Cor. 5, 4 u. a. So steht unser ham in der Reihe von himil goth. himins (Himmel), und wir können schon aus diesem him, ham schließen auf ein starkes Verbum der XI. Conj. in dem goth. Lautgange him, ham, hem, hum nach niman nehmen.

2. Unser hamo bekundet durch o abiectivisches Wesen, so daß wir ein starkes ham, goth. hams vermuthen dürfen, wie dies auch für das goth. Verbum hamon angenommen werden muß und auch angenommen ist, was denn auch ausdrücklich bezeugt wird durch das altn. hamr (= hams) für cutis Grimm Gramm. 1, 654. Eben so sicher wird unser starke ham bezeugt durch die sinnreichen Ortsnamen Hamarithi (falsch gelesen Hamavithi) WH. 239, das heutige Hemerde bei Iserlon. Scapaham, woher in Scapahamma (das mm wegen Kürze des a) 238 bedeutend Schaf-Hut, Schaf-Hürde, Lippaham Pertz Mon. I. 41, d. i. Lippe-Wehr, Lippe-Ufer, Hamm die Stadt ist dasselbe Wort, wie Hochd. Hamm bedeutet Ufer, dann bezeugen unser ham die schönen Mannsnamen Hamiko WH. 278, Hamuko RC. 241, als Kosewörter.

3. Mit diesem so für Hut, Wehr, Schutz, Schirm verwendeten Worte haben wir uns nun den Weg gebahnt zur Deutung des Volksnamens, der da hieß Chamavi Tac. Germ. 34, Ann. 13, 55, die Chamavi

oder Hamavi sind Wehrmänner oder Schutzmänner, denn

a. Die Lateiner pflegen in der Bezeichnung des deutschen h zwischen h, c und ch zu schwanken, sie schreiben Hellusii Tac. Germ. 46, daneben caesi in silva Caesia Ann. 1, 50 und Chariovalda Ann. 2, 11, obwohl caesi ist deutsch haisi oder hesi dunkel, Chari — ist hari Heer, miles. Also ist Chamavi deutsch Hamavi;

b. Das av ist gleich dem av in Batavi, in Harawa WU. nr. 79, J. 897 später auch Hariwa nr. 135 dem va in Felva nr. 51, wofür auch Feluva, dies av ist weiter kein andres als das aw im alth. farawa Farbe Graff 3, 703, dann auch kein andres av als das av in den Adj., worin av für au genommen in o ging, wie im Hel. aro, balo, filo, garo, hero, naro neben aru, balu, filu, garu, heru, naru u. a. Alle diese Wörter, Subst. und Adj. gleichen in av, o, u einem goth. us, die nach der III. starken Decl. gehend im Gen. aus haben, in welchem au, aus das u zu v wurde, wenn eine Ableitung daran trat. Somit führt unser Chamav-i auf ein hamu, hamo, goth. hamus, wie die Batavi auf ein Bathu, Batho, goth. Bathus (th recht, weil die Lateiner für th nahmen t). Dies hamu ist noch unverfehrt erhalten in Hamuland WU. nr. 65, J. 855, genau so in u gestaltet, wie im Hel baluwiso, herusel u. a., frithuwih 1022, frithuharn 7669, im goth. fotubandi u. a., worin u nicht eigentlicher Bindevocal, sondern Vocal des Nominativs ist.

c. Nun ist aber hamus. sei es Subst. oder Adj. ein verbales Wort, mit ham, hamo stammend von gleichem Verbum, wie das goth. valus Walze, Ruthe, und vandus Wiede, Ruthe, dies von vindan, im Begriffe von decken, halten, wehren, schützen, und wie nun von garu mittels des Gen. garau-s wird ein neues Nomen garawa für toga, garavi Graff 4, 241, so wird aus hamu der Personenname hamavi oder Chamav-i d. h. die Schützenden, Wehrenden, Schutzmänner, Wehrmänner. Und das ist fürwahr ein sinniger, ehrenvoller Name für ein Volk.

hebbian, habere, tenere, haben, halten, in hebbiu: the ik nu binemnid hebbiu 57, und hadda: gistridi an mi hadda 46, hebbiu auch im Hel. 1863, 2206 u. a.; dies hebbian ist ein rechtes Merkwort für Gleichheit und Verschiedenheit von der goth. Sprache, denn

1. goth. lautet das dem hebbian gleiche schwache Verbum haban, im Hel. treten diese Verba auf an über in die auf ian, aus goth. haban mußte zunächst werden habian, wie aus thulan, thahan wird tholian, thagian, durch Rückwirkung des i ward habbian erhalten im Hel. 6813, und daraus hebbian, da das i das a in e verwandelte.

2. Diese vom goth. haban so sehr

abstehende Form hebbian bleibt jedoch nur, wo auf das i noch ein Vocal folgt, wo nicht, kehrt das a wieder oder besser gesagt, bleibt das a stehen, also steht habis (du hast) 2127, 2202, u. a. habit (er hat) 50, 253 u. a. habi (habe du) 521, 5426 u. a., wohin dann auch habda gehört, dagegen hebbiu, hebbiat, hebbie u. s. w. Durch diese Einsicht in die Form ist der Grund gelegt zu dem Verständniß der so sehr wechselnden Formen im mw. und nw.

hed, s. conditio, status, ratio, modus, ordo, Beschaffenheit, Stand, Weise, Art, Rang, gleich in Form dem hochd heit, wie dies nur in der Zusammensetzung als abolganhed. w. s. Vorzügliche Beachtung verdient dies hed:

1. Dies mit d geschriebene Wort hed ist im Grunde kein anderes als das mit th geschriebene heth, w. s. Dadurch daß das Wort zur Zusammensetzung verwandt wurde, senkte es sich eine Stufe tiefer, es ward das jüngere schwächere hed aus dem alten heth. So ist es oft ergangen, daß das th im Auslaute sich senkte zu d, wenn der Stamm zu verschiedenen Zwecken verwendet wurde, wie z. B stets liud, liudi Leute erscheint, und doch das Verbum lautet im Hel. liothan 5010.

2. Ueber den Vocal e in hed belehrt uns schon das gleiche alth. heit und hait Graff IV. 807, noch entschiedener das goth. haidus, woher allaim haidum für παντί τρόπῳ, omni modo, eigentlich omnibus modis, Philipp. 1, 18, thamma haidau für ὃν τρόπον, quemadmodum 2 Tim. 3, 8. Von diesem haidus ist unser hed durch Abfall das us, wie hand ward aus goth. handus.

3. Mit diesem hed als aus haidus reichen wir denn auch an die ursprüngliche Abstammung und Bedeutung unseres so wichtigen Wortes. Von diesem hed muß nämlich stammen das so helle, glänzende Adj hedar heiter, einmal im Hel. von der Sonne: hedra sunna 11425, und 2 mal das Adv. hedro von dem hellen Scheine des Sternes, dem die Weisen aus Morgenland folgten 1197, 1269, auch im alth. steht das gleiche heitar ebenfalls bei sunna, stern, luft, licht, tag, naht, scim Graff IV. 812. Diese Bedeutung kann sich nur gründen auf dem Stamm hed, sie muß darin enthalten sein. Also Schein, Licht, Glanz ist die sinnliche Bedeutung des deutschen Wortes haidus, heit, hait, hed, heth. Wenn der Gothe das hehre so glänzende Wort für τρόπος, modus verwendet, so ist er darin nicht kühner, als der Grieche, der da bildete διφάσιος, τριφάσιος, welches φάσιος ja doch ist von φάσις Erscheinung. Das in hed verschwundene Licht glänzt noch sichtlich genug in dem heth w. s.

hel, salvus, sanus, totus, integer, heil, ganz, unversehrt, unverletzt, davon helag, w. s., über Bedeutung und Abstammung von hel ist wegen helag zu merken:

1. Im Heliand begegnet hel 11 mal, indem gesagt ist

a. vom Vorhang im Tempel zu Jerusalem: that lacan hel hangoda bis es beim Tode Jesu zerriß 11330, so im Sinne, worin das Wort noch heute in ganz Westfalen üblich ist, zumal merkwürdig von der Bekleidung in der Verbindung hel und ren als das hel endi hreni im Hel. 4220 in schöner Alliteration.

b. Von Krankheiten des Leibes und der Seele, welche Jesus heilte 4215, 4560, 6017 u. a., besonders Krankheiten, welche in der Sünde ihren Grund hatten, wie des Gichthaften 4668.

Wir sehen also, daß hel ist eine Sache, die keinen Schaden hat, hel der Leib des Menschen, der gesund, hel die Seele des Menschen, der unverdorben ist von der Sünde. Höchst sinnreich ist darum das von hel durch ag abgeleitete helag, w. f.

2. Unser hel ist goth. hails, für ἰσχύων valens Matth. 9, 12, ὑγιής sanus Marc. 5, 34, σῶος sanus Joh. 11, 12, alth. hail, heil Graff 4, 861, unzweifelhaft steht demnach hail, heil, hel im Lautgange der VIII. Conj. Aber es fehlt das entsprechende heil, hil, es fehlt in den deutschen Sprachen das Verbum, aus dem hel entsprungen sein müßte. Also ist das Verbum verloren oder hel den verwaiseten Wörtern zuzufügen? Beides glaub ich nicht, weil die Urconjugation, die XI., der Formen aller übrigen Mutter ist, weil aus ihr sich einzelne Wörter mit den Formen der übrigen entwickeln können und entwickelt haben, ohne daß sich ein vollständiges Verbum gebildet habe. Nach diesem Grundsatze stammt hail, hel vom Verbum helan, hil, hal, hol, goth. hilan, hal, hul, bedeutend tegere, tueri, und hail, hel ist tegere, tueri im höhern Sinne, im Sinne von schützen, erhalten, bewahren und ist so im Adjectiv servatus, salvus, sanus, so gleichend dem lat. totus als Nebenform von tutus.

helag, integer, beatus, sacer, sanctus, selig, heilig, adjectivisch as. m.: thenahelagon sunnundag 27, dp. m.: allon sinon helagon wihethon 2, as. f. thia helagun missa 27, gs. f. theru helagun lecciun 55, als Substantiv dp. m.: allon sinan helagun 65. Der ursprüngliche Sinn von helag ergibt sich aus hel, w. f.

helsian, amplecti, halsen, umarmen, nur in der davon gebildeten Form helsiannias 41, von helsianni, w. f., nicht im Hel., sondern nur dessen Stamm hals in halsmeni 3444, doch alth. halsen Graff IV. 928; gebildet ist helsian von hals, wie das griech. τραχηλίζειν von τράχηλος Hals, doch hat dies böse Bedeutung: am Halse packen, würgen, bei der Ableitung hat das i den Vocal a in hals umgeschaffen in e, wie aus ali wird eli w. f.

helsianni, n. amplexus, Umarmung, nur in dem gs. helsiannias, in: ik iuhu-unrehtas helsiannias 41. Merke dazu:

1. helsianni von helsian, wie cussianni von cussian, liaganni von liagan, suerianni von suerian w. alle f.

2. Durch die Beigabe des Adj. unreht erweiset sich das Wort vollständig als Subst. von einem Adjectiv, wie wir das deutlich erkennen in dem sinres brennennes Otfr. 428—66. Um so

mehr ist es zuläſſig, daß wir von helsiaunias einen ns. helsianni anſetzen. Vergl. anni ...

her, lucidus, splendidus, clarus, serenus, illustris, augustus, licht, hell, erlaucht, hehr, herrlich, in der Zuſammenſetzung herdom, w. ſ. Merke:

1. her gehört zu den Glanzwörtern deutſcher Sprache, darum auch Perſönlichkeiten beigelegt, welche von Herrlichkeit umſtrahlt ſind, im Hel. iſt her Gott: her hebancuning 1380, 1956, u. a., dann auch her der Kaiſer: thena heran kesar san Rumuburg 11745.

2. Dieſes Licht, dieſen Glanz, dieſe Herrlichkeit hat her von ſeinem Stamme bewahrt, der goth. hais oder haiz gelautet haben muß, nach Grimm, der ſagt: man darf aus hais oder haiza für λαμπάς, fax (Joh. 18, 3.) ein hais für clarus ſchließen Abhandl. der Königl. Acad. der Wiſſenſch. 1856, S. 11 und 54. So hat der hehre Forſcher das hehre Wort mit erfreulichem Schein erleuchtet und damit auch ſchönes Licht verbreitet über viele bisher dunkle Wörter, welche zunächſt ſtehen im Lautgange der VIII. Conj. heis, hais, his oder his, hes, his, oder hir, her, hir, wohin gewiß auch gehört hed, heth und het, welches het auch Grimm zu hais, her zieht an angef. Stelle 54, ſo ſicher, wie flod und fliotan, wis und witan von einem und demſelben Stamme ſind.

herdom, m. serenitas, claritudo, majestas, principatus, dominatus Hehrthum, Hehrheit, Herrlichkeit, Hoheit, Herrſchaft, Obrigkeit, gs. herdomas 17, und ds. herdoma 9. Dazu merke:

1. Der herdom auch im Hel. in der Form herduom: Jeſus wollte nicht haben enigan herduom, werold cuninges namon 5777, wo herduom bezeichnet den Namen, die Würde, die Macht und Herrlichkeit eines Fürſten, Königs, Kaiſers. Im Beichtſp. bezeichnet herdom die Perſon, welche die Würde und Macht eines Herrn über die Unterthanen beſitzt, ganz ſo gebraucht, wie auch das lat. serenitas, majestas, excellentia und wir unſer Herrlichkeit, Hoheit, Herrſchaft zu verwenden pflegen.

2. herdom iſt zuſammengeſetzt aus her und dom w. ſ., erwachſen aus dem Satzverhältniſſe: der dom iſt her, auf zweiter Stufe der hera dom, und auf dritter herdom, ſo geworden wie unſer Schöngeiſt, Freigeiſt. Vor allem iſt feſt zu halten, daß in unſerm herdom das dom nicht die Bedeutung einer Endung hat, wie das gleiche neuhochd. thum dazu herabgeſunken iſt, ſondern darin der dom noch als wirkliches Subſt. und her als Adj. dazu gefaßt werden muß. Der herdom iſt die hehre Macht, die hehre Würde, wie Großmacht iſt große Macht, jedoch im Sinne einer eigentlichen Zuſammenſetzung.

3. Zu warnen iſt, daß wir das im Hel. neben herduom beſtehende heriduom 2199, 2550 nicht völlig gleich achten dieſem herdom. Denn darin iſt heri das von her abgeleitete Subſt. heri und heriduom bezeichnet serenitatis imperium. Daneben bezeichnet heri in andern Zuſammenſetzungen auch miles, militia, exercitus, ſtehend für hari goth. harjis. Bei der Gleich-

heit der Buchstaben ist die Scheidung dieser so mit heri zusammengesetzten Wörter oft sehr schwierig, oft auch gar nicht zu finden.

heth, m. dignitas, ordo, habitus, gradus, persona, Würde, Rang, Stand, Person, in der Zusammensetzung wi-heth, m. s. Dieser hehre, die allerhöchsten Begriffe bezeichnende heth bietet reichen Stoff zu Betrachtungen, zumal er in der heutigen Sprache völlig erloschen ist:

1. Schmeller gibt diesem heth wie der hed weibliches Geschlecht für die Stelle thuru is helagan heth 127—9, V. 8320. Allein helagan ist nicht as. f. schwacher Decl, sondern as. m. starker Decl. Das Wort heth in dieser selbständigen Form ist also entschieden männlich, so entschieden als hed w. s. weiblich ist. Der heth beharrt bei dem Geschlechte seines Stammes, dem goth. haidus, woher thamma haidau 2 Tim. 3, 8, stimmt so zu dem alth. ther ander heit gotes, des heites Graff 4, 807 und 808, und so stimmt denn auch der heth in diesem männlichen Geschlecht, was vorzüglich zu beachten ist, zu der hohen Würde einer Persönlichkeit, welche damit bezeichnet ist, weit sinniger als das lat. persona.

2. Es darf nicht unbemerkt bleiben, daß unser heth mit seiner ebenbürtigen hed nach der II. starken Decl. geht, also hat gs. hethas oder hethes, ds. hetha oder hethe, im np. und ap. hethi, gp. hethio oder hetho dp. hethion oder hethon, wie liud hat liudo und liudio, liudio und liudon. Nach dieser Decl. wäre also unrichtig der ds. hethi welchen ich in dem Geleitsworte zum Heliand V. 19 annahm. Mich hat verleitet das alth. heiti Graff 4, 808.

3. Unser männliche heth hat eine hoch-hehre Bedeutung, wie einleuchtet durch den helagan heth im Hel. 8320, wo der Sänger mit dem heth bezeichnet die dignitas, das munus, officium, die Würde, das heilige Amt des höchsten Priesters. Noch erhabener ist der Begriff, den heth in der Form hed bezeichnet im alth. wo mit dhrio heide gotes, dhrim heidem die drei Personen in Gott gemeint sind bei Isid. de nat. dom. Graff I. XLV, XLVII. Unser heth ist bei den Heiligen der ordo wie er steht in Ordo militum Christi Wilmans U. W. nr. 487. So erkennen wir denn auch die Wahrheit und Schönheit der Bezeichnung in dem wi-heth, w. s.

4. Woher hat nun unser heth diese hohe, hehre, glänzende Bedeutung? etwa von dem goth haidus? Das nicht nach den Stellen, worin der haidus erhalten ist, weil es da nur für τρόπος oder modus steht Philp. 1, 18 und 2 Thess. 2, 3 und 2 Tim 3, 8. In noch höherm Alterthum muß der Ursprung dieses glänzenden heth gesucht werden, muß da gesucht werden, wo für das hed in hedar heiter das Licht, der Glanz seinen Quell hat. Sieh oben hed...

heti, m. odium, Haß, gs. hetias 11, ist ein recht merkwürdiges Wort, besonders in Betracht der goth. Form:

1. Die Form des Gen. hetias ist wie in godas, herdomas, also die älteste, schönste, würde im Hel. nur heties oder doch nur heteas lauten,

es kommt darin nur vor as. heti 2936, dann noch in gerheti 9793, werodheti 7794.

2. Das ableitende i hat in heti das e erwirkt, denn wurzelhaft ist darin a, wie wir sehen an dem Verbum haton im Hel. 2898 neben hatan M. 2898 und hettian, nebst dem Adj. hatul 6540, wozu dann auch stimmt das goth. hatis.

3 Sehr bemerkenswerth ist, wie sich heti gestellt hat zum goth. hatis, worin s ableitet und in den Casus haftet, wie wir sehen an hatiza Luc. 3, 7, hatizis Eph. 2, 3. Der Sachse hat dies Wort behandelt, wie jedes andre m. Substantiv, dessen nominatives s er aufgibt. So bildet heti ein treffendes Ebenbild zu sigi Sieg, goth. sigis, zu rimi Ruhe, erhalten in dem sinnreichen Ortsnamen Rimi (das heutige Rehme), goth. rimis, ja auch zu dem Comp. bet besser, als aus bets, betis, bald als aus haldis entstanden.

hetlunnussia, f. instigatio, Aufhetzelei, Aufwieglung, as. in: ik gihorda hetlunnussia endi unhrenia sespilon 42, ein seltsames bisher in den deutschen Sprachen nicht gefundenes Wort ist dies hetlunnussia, und dessen Erklärung meines Erachtens noch nicht vollständig gelungen ist:

1. Schmeller suchte das Dunkel zu entfernen, indem er darin einen Fehler vermuthete, und so hetlunnussia ohne Bemerkung änderte in hethinnussia übersetzend ritus paganicus, pagania Gloss. 56. In der That die Verbesserung besticht leicht auch den unbefangenen, weil die Aenderung so leicht und gering und in Handschriften so gewöhnlich ist, daß durch Verlesung aus l und einem folgenden i oder u, n, u. s. w. ein h und umgekehrt aus einem h ein li oder lu wird, wie auch durch gleiches Versehen im Hel. steht das sprachwidrige bisillin statt bisilhn 168—27 B 11305. Dazu ist auch gegen die Form hethinnussia nichts einzuwenden, da ussia angesetzt ist an das Adj. hethan, wie issi an eban in esnissi im Hel. 9073 oder assus im goth ibnassus 2. Cor. 8, 14. Endlich kann man auch den so in ein hethinnussia gelegten Sinn wohl gar sehr trefflich finden. So kams denn auch, daß ich lange Zeit glaubte, Schmeller habe recht gesehen und recht geändert, bis ich erfuhr, daß Grimm hetlunnussia unangefochten gelassen und das Wort in dieser Form zu erklären gesucht habe. Und gewiß that daran der große Mann groß Recht, weil die Wissenschaft thut Einspruch wider Erklärungen durch muthmaßliche Verderbnisse.

2. Grimm erklärte: Der Herausgeber (Lacomblet) denkt hiebei an helan celare und deutet Hehniß, Heimlichkeit, doch hiegegen sträubt sich das wurzelhafte t. Man muß wohl zu hetl das ags. und altf. Adj. hatol, hatul odiosus dirus Hel. 110—8 nehmen und ein damit weiter gebildetes Subst. hetlunna dira voraussetzen, zu welchem endlich noch die Ableitung hinzutrat. hetlunnussia (altf. hezilunnussia?) wäre dann etwa eine zauberhafte imprecatio, ein Neidlied, welche das Christenthum anzuhören verbot, daher auch die Seltenheit des Ausdrucks, der mit der Sache ausgerottet wurde Göttinger Gel. Anz. 1832, S. 395. Das ist ein für das unver-

sehr gebliebene Wort gefundener geistreicher Gedanke, würdig des Mannes, der ihn fand Und dennoch unterliegt diese Zerlegung und Deutung des seltsamen hetlunnussia noch manchem Zweifel, wohin gehört:

a. Bei der Annahme einer hetlunna findet sich für un nur Grund, wenn wir unna nehmen für unnia, wobei denn unna stände zu unnia, wie wunna zu wunnia. Daran könnte ja doch ein ussia nicht antreten. Ueberdieß verlangt diese Bildung mit ass, ess, iss, uss ein Verbum zum Stamme, wie sehr augenscheinlich ist am goth. assus, und das Grimm selbst sagt mit gutem Grund, Gramm. II. 263 flg

b. Das Adj. hatol, hatul kann unmöglich in hetl. enthalten sein, weil dann der Grund fehlt für den Wandel des a in e, eine Rückwirkung des i aus ussia bis in die vierte Silbe het wäre ja doch auch unerhört, und weil die Endung ul in diesem u so fest steht, daß aus hatul kein hatl oder hetl werden kann, zumal in diesem u oder o das o des Verbums haton als dem Stamm von hatol, hatul enthalten sein muß.

3. Diesen unüberwindlichen Schwierigkeiten in der Zerlegung der Form können wir auf zweifachem Wege ausweichen und dadurch auch zu einer sinnigen Bedeutung gelangen:

a. Soll ein hetl werden bei Ansetzung weiterer Ableitung, so kann das ursprüngliche Wort, wie gesagt, nicht lauten hatul, hatol, ferner auch nicht hatal, hatil, es muß und kann vielmehr nach einem unumstößlichen Sprachgesetz nur lauten hetal. Und ein hetal wäre keineswegs sprachwidrig. Es könnte ja sein von het heiß ardens, arens, acer, nicht minder auch vom Verbum hetan heißen, um so mehr, da het und hetan von gleichem Stamme sind. Ein von het gebildetes Adjectiv hetal könnte ein Verbum geben hetalon oder hetlon, wie wehsalon und wehslon Graf 1, 718. Dies Verbum als von het heiß bedeutete hitzeln oder heizeln und so wäre die hetlunnussia ein Hitzelniß oder Heizelniß im Sinne vom alth. anahetzari gleich incentor Graff 4, 1073, d. h. incentor turbarum, belli, rebellionis, einem anazari d. i. incentor, inspirator Graff 1, 339, die hetlunnussia wäre ein Anfeuerung, ein Anhetzelei, eine Aufhetzerei, eine Aufwiegelung wider das Christenthum. Die hetlunnussia in diesem Sinne gewiß noch häufig in jener Zeit wäre ein schweres Verbrechen und mit Recht aufgenommen in den Beichtspiegel.

b. Der zweite Weg aus dieser Finsterniß ans Licht wäre, daß wir hetlun für den Stamm ansehen und dies für eine Zusammensetzung aus het und lun nehmen, das het als heiß, und lun für Laune d. h. Sinn, Wille, Eigensinn, Eigenwille, über welches lun sieh lionan... Eine solche Zusammensetzung hat sprachliche Gewähr in hetmuod oder heitmuot, heitmuodi für furor, ira Ps. 68—25, und 73—1, alth. heizmuot Graff 2,696, gleich gebildet einem heizherzi ebenfalls für furor Graff 4, 1047. Wie nun alth. von muot ein Verbum muoton, von otmot ein otmotian kommt Graff 2, 699 u. 691, so wäre lunon von lun sprachrecht, wie auch von hetlun ein hetlunon, und daran gesetzt ein ussia, wie ussa im alth. ratussa Graff 2, 467 gäbe die hetlunnussia, und mit Verdopplung des nn wegen des folgenden i wie in kihaltannissa neben kahaltnussi Graff 4, 908 und ganz genau zutreffend in einussa und einnussi Graff 1, 331, und rechtfertig wäre die hetlunnussia. Das vorausgesetzte Verbum hetlunon müßte transitiven Sinn haben, und so wäre die hetlunnussia gleichsam Heißmuthigung d. h. Aufreizung zum Heißmuth, zum Zornmuth, zur Wuth. Wir sehen, auch bei dieser Zerlegung träfe der Sinn des Wortes zusammen mit Aufhetzung, Aufwiegelung, Empörung. Um so mehr sind wir dann auch berechtigt, eines von diesen, so sündhafte Sache bezeichnenden, Wörtern als Uebersetzung für die hetlunnussia gut zu heißen.

hluttar, purus, clarus, sincerus, lauter, rein, klar, baar, offenherzig, aufrichtig, davon das Adv. hluttarliko w. f., hluttar ist wegen seiner Abstammung höchst merkwürdig:

1. hluttar ist durch ar abgeleitet, wie bittar bitter, dunkar dunkel, fagar fein, heclar heiter, und andre alle im Hel. Stamm ist also zunächst hlutt, worin tt steht wie in bittar.

2. Weiter gleicht hluttar in der Verdopplung des t dem luggi w. f. Wie nun luggi stammt von liogan, so darf man auch vermuthen daß hluttar stamme von hliotan. So ist es denn auch wirklich. Außer dieser Gleichheit der Form spricht auch dafür, daß dies hlut gar nicht im Wege der Lautverschiebung aus hlud entstanden sein kann, weil dann unser hlud und hluttar zum alth. eben so lautenden hluttar Graff 4, 1105 und hlut 1097 im Widerstreit wäre. Auf das alth. hluttar hat die Gewalt der Verschiebung nicht eingewirkt, sie ist daran abgeprallt, gleichwie an bittar, indem daraus nicht bizzar geworden ist, obwohl bitan wurde bizan beißen. Niemand wird doch bizan und bittar mit Graff 3, 88 und 228 zu Gunsten der Lautverschiebung aus einander reißen. Die so häufig entstehenden Formen bittr scheinen das t vor dem Wandel in z geschützet zu haben, was denn auch gilt aus gleichem Grunde für hluttar. Beide behaupten t, wie die Wörter, welche mit tr anlauten, als tragi, w. f.

3. Aber die Bedeutungen von hluttar und hliotan liegen ja unvereinbar weit von einander? Ich bestreite das. Denn den drei Wörtern hlud, hliotan und hluttar liegt zum Grunde ein Wurzelverbum hliu-, hlau, hlu- welches bedeutet hören, weil es buchstäblich ist das gr. κλύειν, am reinsten noch erhalten im goth. hliuma für ἀκοή, auditus, auris. Davon ist hlud durch d abgeleitet, wie κλυτός hörbar laut von κλύω, weiter auch hliotan, welches hlud und hliotan sich ver-

hält, wie flod Flut und fliotan, als von einem Urverbum fliu, flau, flu. So ist Urbedeutung von hliotan (loosen) hören, horchen d. h. auf geheimnißvolle Stimme, Worte, Zeichen, hliotan ist ὅσσεσθαι. So ist hliotan hoch über die Sinnlichkeit hinaus gerückt, dagegen ist in dem davon geleiteten hluttar als gehört, hörbar, also laut, hell, klar, der sinnliche Begriff noch deutlich genug zu ersehen. So ist denn von hliu - κλύειν, hlud, hliotan nicht allein die Form, sondern auch die Bedeutung im besten Einklange, und so die Abstammung sprachlich wie möglich und nöthig begründet.

hluttarliko, clare, pure, sincere, lauterlich, offenherzig, ehrlich, aufrichtig, in: thes giuhu ik hluttarliko 23, nu duon ik is allas hluttarlikio (?) minan bigithon 64, für hluttarliko, im Hel. hluttro bei gilobian 1913, doch wird sonst das Adv. von Adjectiven auch durch lico gebildet, wie baralico 2845 u. a.

hor, n. fornicatio, adulterium, stuprum, Hurerei, Ehebruch, Unzucht, nur in der Zusammensetzung horwillio w. s.; über dies häßliche Wort:

1. goth. gilt das m. hors für πόρνος, μοιχός fornicator, adulter, woher hors Eph. 5, 5, horos Luc. 18, 11, horam 1 Cor. 5, 9 und 10, 1 Tim. 1, 10, dazu unserm hor entsprechend alth. huar, n. für fornicatio Massm. 121, Graff 4, 1010 und huora für meretrix, scortum Graff 4, 1011. Daraus ist erkennbar, daß die Wörter hors, huora, huor behandelt sind, wie ein Adj. dessen m. ist hors, f. huora und n. hor.

2. Die Wörter stehen mit horo coenum, limus, lutum, spurcitia Koth, Schlamm, Schmutz Graff 4, 1000 in der VII. Conj. und sie müssen als in dem hor ganz gleichlautend gleichen Stammes sein. Der hors ist ein spurcus ein unflätiger, schmutziger, unreiner, unkeuscher, die huora eine spurca, das hor ein spurcum, wie das horo (= haraw) eine spurcitia, woher auch der Ortsname Horohusen (in) Trad. Corb. 19. Zum Grunde muß liegen ein Verbum heran, har, hor, hur bedeutend cernere scheiden, griech. κείρω, καρ-, κερ-, κορ-, dessen Prät. har des Ablauts o oder uo ja sogar eines Verbums nach der VII. Conj. fähig war. Das Verbum ist ein reicher Quell für die reinsten, hehrsten, und für die schmutzigsten und garstigsten Begriffe, wie das von eben diesem κείρω stammende lat. creatio hohen, dagegen excrementum sehr niedrigen Begriff bezeichnet.

horian, audire, hören, davon das zusammengesetzte gihorian, und hiervon das Subst. gihoritha und das Adj. gihorsam w. s., sehr häufig ist horian im Hel. wie in den Formen horian 5312, horda 10843, hordun 827, u. a., zu merken ist bei horian:

1. Das r in horian ist nicht ursprünglich, sondern aus s verlautet, wie zeigt das goth. hausjan, wozu horian steht, wie lerian zu leisjan.

2. Das au in hausjan und so auch o in horian führen der Lautfolge gemäß auf ein hius, hus, hiur, hur, und sollte dies hiur nicht enthalten sein

in hiuri, woher im Hel. unhiuri, wo der Teufel heißt unhiuri fiond 2147, 10883, hochd. jetzt ungeheuer? Wenn das, dann nicht auch hus Haus? Wer weiß die ursprüngliche sinnliche Bedeutung, welche dem haus in hausjan zum Grunde liegen muß?

horwillio, m. stupri cupiditas, fornicationis libido, Hurwille, Hurluſt, Unzucht, davon gp. horwilliono 13. Merke dazu:

1. Dieſelbe ſchmutzige Sünde auch in den alth. Beichten bezeichnet durch huoreswillo Massm. 127, dann durch huores gelust 125 und huorlust 132, worin huor, huores gleich iſt hor, w. ſ.

2. Der willio w. ſ. iſt nicht ſo engen Begriffes als das heutige hochd. Wille, ſondern umfaßt auch Wunſch, Wonne, Luſt, Begierde, wie wir ja auch ſehen an dem für horwillio geſetzten alth. huorlust und huores gelust.

hreni, purus, mundus, castus, pudicus, rein, lauter, ſauber, keuſch, züchtig, in unhreni w. ſ., im Hel. auch einfach vom Leibe 4220, von der Seele 1754, auch in der Zuſammenſetzung hrencurni für Weizen 4778, 5130, auch hrencorni 5077, 5159, wobei ich, um einem Irrthum zu ſteuern, bemerke, daß es kein einfaches curni oder corni gibt, das Wort lautet ſo nur in der Zuſammenſetzung, die geſtaltet iſt wie ſinnahti und ſinlibi.

huat, quod, was, welches, in der Verbindung so huat so womit bezeichnet wird das lat. quodcunque und quidquid, eine deutſche genau entſprechende Weiſe gebricht, eben genügt alles was, oder was immer, was je, auch im Hel. oft ſo huat ſo 871, 1661 u. a. Als Pronomen iſt huat ſehr wichtig für die Sprachvergleichung:

1. huat iſt n. von hue oder huie wer, gebildet wie der Artikel that und thit wie auch it, deren t durch Abfall des a entſtanden iſt aus dem goth. ta, wenigſtens in thata das, und ita es, für huat blieb goth. das einfache hva was, entſprechend dem hvas wer.

2. huat iſt mit dem Latein in gleicher Lage, da es buchſtäblich iſt das lat. quod, wie it iſt id, der Urſprung dieſes lat. d und deutſchen t iſt gewiß zu ſuchen im griech. δ, wie in ὅδε, ἥδε, τόδε, ſo daß das goth. thata Laut für Laut iſt das griech. τόδε, da nach dem Geſetze der Lautverſchiebung t wird th und d wird t, auch o wird gewöhnlich a.

huilik, qualis, qui, welcher, ds. ſ. in huilikaru: an huilikaru tidi 62, ſo auch huilik im Hel. für qualis ſehr oft, als 87, 748, 1102, iſt zuſammengeſetzt aus hui oder hue wer, und lik w. ſ.

huldi, f. favor, gratia, venia, Huld, Gunſt, Gnade, dp. huldion, in: an godas huldion 69, die huldi auch 21 mal im Hel. von der Huld Gottes und Jeſus, nur einmal von der Huld eines Menſchen 6442, immer im Sing., nur im Gen. Plur. huldeo 10024. Die huldi iſt ein ſehr merkwürdig Wort:

1. Die huldi iſt durch i abgeleitet

und gehört zu dem Adj. hold w. f., eldi zu ald, guodi zu guod, heri zu her, hohi zu hoh, sterki zu stark u. a., gleicht so einem goth. hulthei, gs. hultheins, woraus dann ersichtlich, daß huldi mit ihres Gleichen aus der schwachen Decl. in die zweite starke übergetreten ist.

2. Im Grunde stammt die huldi nicht von hold, sondern von einem Verbum huldian erhalten im alth. huklian und gihuldian Graff 4, 917, denn nur so läßt sich erklären das lange, für ii stehende i in huldi. Die huldi oder huldei, huldii hat das eine i vom Stamme huldi-an überkommen.

3. Wie die huldi (= huldii) das i mitnahm von huldi-an, so bewahrte sie auch daher das u, blieb darin gleichlautend mit dem goth. Adj. hulths für propitius Luc. 18, 13. Grund dieses ursprünglichen dem huldi, huldian wie hulths gebürenden u ist das folgende i, welches dies u vor dem Uebergange in o bewahrete. So steht denn huklian und huldi zu hold aus gleichem Grunde, wie hurnid gehörnt zu horn, alth. hurskian zu horsk, guldin zu gold, ruggin zu roggo, stulina zu gistolan, u. a. s. unten u.

4. Unser schöne huldi ist auch erhalten in der durch sie holden Bukhuldi Wilkens Geschichte der Stadt Münster S. 68 und 70. Dies war das castrum, die curtis der Hof, das Erbe, Gut des Grafen Liudberht, dessen Bruder Ruodberht (vir oratione clarus) in der Nähe der Buchuldi kämpfte gegen die Franken im J. 779, gefangen, und dann getauft wurde, darauf das vom Feinde genommene Erbe wieder erhielt. Die Buchuldi war des Grafen Huld, Hulbin im Buchenwald (buok, bok, buk) sie war ihm hold, lieb, theuer, war die Heinlust, Waldlust des adligen Herrn. Leider hat Wilkens und nach ihm andre diese Buchuldi, gelegen im Walde zwischen Nottel und Billerbeck, der jetzige Schulte Bocholt, irrthümlich genommen für Buokholt (Bocholt). Noch mehr jedoch ist zu bedauern, daß in Reg. nr. 340 aus dem schönen Namen Ruodbert ein ärgerlicher Rotbard (d. i. Rothbart Barbarossa!) geworden ist, darum sind diese beiden aus Sprachunkunde entstandenen Irrthümer so sehr zu beklagen, weil ohne Zweifel Buchuldi das Stammgut der gräflichen Familie ist, aus welcher Liudbert (juvenis clarus) der vierte Bischof von Münster (849 — 872), der erste Münsterländer, wie auch Ruodbert der fünfzehnte Bischof (1042 — 1063) entsprossen ist. Auch die Namen, wie diese Bukhuldi, Liudbert, Ruodbert, sind in jenem Alterthume hochzuschätzende Zierden einer Familie.

I.

Der i Laut ist an Ton eng und straff, hart und scharf, schneidend und grell weit mehr als alle übrigen Vocale, dazu ist er ein sehr geschäftiger Laut in allen drei Fächern der Wortgestaltung, darin nicht nachstehend dem a und u, diese jedoch und die übrigen bei weitem überbietend in der Gewalt der Rückwirkung. Aus dieser seiner Thätigkeit im Dienste der Sprache darf ich hier nur das hauptsächlichste vorlegen:

1. Im Dienste des i zur Bezeich-

nung und Scheidung der Begriffe ist besonders zu merken:
a. Das i der Substantive I. Decl., wie endi, elilendi, gistridi, githingi,
b. das i der II. Decl., wie in huldi, tragi, zumal im Dat. wie hedi von hed, vor allem im ganzen Pl., wie gasti, tidi, thursti,
c. das i in der II. Decl. der Adjective, wie hreni, wohin auch gehört das Part. in der Form, wie sie zeigt wakondi und witandi,
d. das i im Verbum, wie des Conjunctivs, als in dadi, moti, scoldi, wari, besonders in I. schwacher Conjug., wie in binemnian, thenkian, willian, werkian.

Ein großer Theil dieser durch i gebildeten Formen ist begründet in der Wortbildung, welche weitere Ausführung verdiente, als hier räthlich ist.

2. Nichts ist von größerer Bedeutung bei i, als dessen gewaltige und umfangsreiche Rückwirkung auf die vorhergehenden Vocale. Hier ist es i, welches der Sprache ein Gepräge aufgedrückt hat, wodurch sie sich von der gothischen am meisten und weitesten, nicht selten fast bis zur völligen Unkenntlichkeit, entfernt und scheidet. Diese in der Geschichte unserer Sprache so äußerst merkwürdige Erscheinung besteht darin, daß i vor sich kein kurz a, e, o duldet, sondern e statt a, i statt e und u statt o fordert oder bewahrt und hält. Darum finden wir endi Ende, und goth. andi, biddian und beda Bitte, huldi und doch hold hold, wie das bei den Vocalen a, e, o, u und den einzelnen Wörtern, in welchen jene Verlautung statt hat, angegeben ist. Ueberdies ist hier noch besonders zu merken:

a. Wo e statt a eingetreten ist, hat wirklich ein Wandel des a in e statt gefunden. In der II. Decl. wird fard Fahrt, zu dls. ferdi, von gast np. gesti, in der VII. Conj. slehit er schlägt von slahan, wo doch kein ursprüngliches e statt a annehmbar ist; dagegen ist,

b. wo sich i statt e findet, dieses i der ursprüngliche älteste Laut, wie biddian von beda stammt, jedoch im goth. ist beda, desgleichen bewahrt: in der X. und XI. Conj. lis, sprik, wis u. a. den anfänglichen Laut i, und das e in lesan, sprekan, wesan ist gerufen durch das folgende a,

c. für gleich ursprünglich muß gelten das u, welches dem i vorhergeht, denn wenn man auch sagen darf, huldian und huldi stammt von hold, so ist doch auch hier o Abschwächung von u, wie zeigt das goth. hulths Luc. 18, 13, dessen u also als in huldian, huldi fortgesetzt anzunehmen ist.

Auf manche Eigenthümlichkeiten bei dieser wunderbaren Wirkung des i ist hie und da aufmerksam gemacht. Einer vollständigen Darlegung, wie lehrreich und anziehend sie ist, muß ich mich hier begeben.

-ian in den mit i abgeleiteten Verben, wie werkian.

-id in dem Part. Prät., wie giwihid, binemnid.

-ida erſte und dritte Perſon im Prät., wie terida.

-ig eine Ableitungs-Endung der Adj., wie in mahtig, alomahtig, in allen deutſchen Sprachen ſehr zahlreich, im Hel. unter andern blodig, sundig, salig, willig, wilig Die Meinungen über deren Entſtehung haben ſich bis jetzt nicht vereinigt, gehen vielmehr noch immer ſo weit aus einander, daß der eine dieſelbe für eine ſelbſtändige Entwicklung aus dem Stamme anſieht, der andere ein vollſtändiges Wort erkennen will, ſogar das Verbum egan. Zur Schlichtung des Widerſtreites bemerke ich:

1. Wenn wir auch bei egan leicht mit dem Begriffe fertig wären, wie dann mit der Form? Iſt ja in egan das e gleich ai. Indeß hier das i zugegeben, ſo könnten wir doch von dieſem i nicht zu a kommen und das müßten wir doch, oder wir ſind genöthigt für ag in manag und zahlreichen andern ein zweites Verbum zu ſuchen, für og (was ſich überall aus Aſſimilation nicht erklären läßt) ein drittes und für ug ein viertes. Alle dieſe Formen einigen ſich dagegen leicht und ſinnig, wenn wir das g als ſelbſtändige Entwicklung betrachten und zwar den Vocal zum Theil im Stamme ſuchen.

2. Setzen wir zum Stamme dieſer Ableitung mit g ein Verbum, ſo wird ſich ag aus ſtarken Verben entwickeln, dafür ſprechen dann auch manag, odag, grimmag, drorag u. a. Die einmal fertige Endung ward auch fähig, an andere Stämme zu treten.

3. Setzen wir weiter ein Verbum oder doch ein Nomen mit der Ableitung i, ſo bietet ig, goth. eigs gar keine Schwierigkeit. So iſt sundig, willig im Einklange mit sundia und sundion, willian und willio, ja auch mahtig mit maht, weil dieſem ein mahti zum Grunde liegt, ein goth. laiseigs (lehrig) hat gewiß nur ſein ei, weil es ein laisjan gibt. Auch hier konnte die einmal fertige Endung an anders beſchaffene Stämme treten.

4. In einem goth. handugs iſt augenſcheinlich das u von handus, wie es ja für valugs, wenn man dies aus valugjan Eph. 4, 14 ſchließen darf, ein valus Luc. 9, 3 gibt.

5. Die Entſtehung dieſes ableitenden g hat ſeine völlige Gleiche in der Verbalbildung mit g, wie ſie erſcheint im Hel in wendigie 4296, wakogian u. a., welche Art von Verben ſich ſo zahlreich und ſelbſtändig entfaltet hat im agſ., worüber Grimm Gramm. 1, 903 und 907.

ik, ego, ich, ſo hier 50 mal, wie in: ik giuhu 1, ik githahta 3, ik bigonsta 4 u. ſ. w., wie winzig dies ik iſt, ſo iſt es doch ein rechtes Merkewort:

1. ik hier 50 mal mit k geſchrieben, daſſelbe ik 264 mal im Hel. und auch in C. mit k geſchrieben, nur 1 mal ic V. 567, was darum gewiß ein Verſehen iſt. Dieſe Uebereinſtimmung ſo beachtenswerth, als die Verſchiedenheit, daß in M. geſchrieben ſteht ic 92 mal von Anfang an bis S. 65 — 2 V. 4258, dazu bis dahin nur 5 mal ik, von da an jedoch gleichmäßig mit C. nur ik.

2. ik iſt griech. ἐγώ, lat. ego,

goth. ik, alth. ih, neuhochd. ich, zeigt also das Gesetz der Lautverschiebung in allen drei Stufen, und es steht Grieche und Römer durch ihr g auf gleicher Stufe und zwar der untersten, durch k auf zweiter und gleicher Gothe und Sachse, der Hochdeutsche durch h und ch auf dritter und letzter. Nicht minder ist beachtenswerth der Vocal, denn auch der ist verschoben dem Gesetze gemäß: griech. e wird goth. und alth. i, dies kehrt jedoch alts. und alth. in bestimmten Fällen zum griech. e zurück, wie in geban, lesan, wesan u. s.

-il, Ableitung für Adjective wie in uvil, w. s., so auch im Hel. ubil, mikil, luttil, il bildet auch Subst., wie biril, himil, und besteht neben al, ul, alle drei auch abgeschwächt in el und ol. Diese lieblichen Ableitungen al, il, ul, el, ol sind herrliche Zierde der Sprache und verdienen darum überall die sorgsamste Beachtung.

im, iis, ihnen, für das m. im pl. in: siakoro ne wisoda endi im ira nodthursti ne gaf 31, sonst auch für das f. und n. des pl., und zugleich für den ds. im m. und n., im f. dagegen gilt ira oder iro. Vergl. ira und is.

-in, Ableitung für Adjective, wie cristin und firin, für Substantive, wie drohtin, überall muß dabei beachtet werden, ob sie einem goth. in entspreche und so kurz sei, oder einem goth. ein, also lang sei, weil sie in beiden Formen verschiedenen Stamm hat und zu verschiedenen Zwecken verwendet worden ist. Wie nöthig die Findung eines solchen in oder ein, so schwierig ist dieselbe nicht selten.

ira, eorum, ihrer, ihre, in: im ira nodthursti ne gaf 31, so auch für gp. m. im Hel. einmal: wardos — ira serah 11601, sonst gewöhnlich für gs. f., also für ejus, wie V. 638, 5532, 7686, 7712, 7788, 9910, für gp. f. 8421, doch ist dafür weit gewöhnlicher iro, besonders merke dazu noch:

1. Man muß sich hüten, dies ira oder iro für gleich zu halten mit dem hochd. ihr, ihre, ihres, ihrem, ihren. Dies ist eine neuere Bildung, freilich zum großen Vortheil der Sprache zumal, da es stark declinirt: ihres, ihrem, in alter Sprache bleibt ira, iro substantivisch für ejus, eorum, earum.

2. ira oder iro auch iru so ohne Unterscheidung der Geschlechter und Zahl bewährt einen sehr mißlichen Abfall von ihrem vollendeten Ursprunge, der goth. Sprache, worin sehr schön unterschieden wird izos, izai, ize und izo.

is, ejus, des, dessen, gs. m. und n., für m. in: is blod 29, für n. in: is allas 62, 64, so auch im Hel. is willcon 154, is wit 155, is gigengi 175, is huldi 198, so auch is alles 3371, 10967, vom Nom. it all 483 u. a.

-ist, Endung für den Superlativ, wie in dem Adv. erist und dem Adj. nahist in nahiston 21. Siehe er und nah. Gern bemerke ich hier zu dieser deutschen Bildung des Superlativs:

1. Im Grunde ist diese Ablösung des ist vom Stamme unrichtig. Gewiß gehört das is in diesem ist zum Stamme, es gab erst ein eris und nahis und davon bildete sich durch das ableitende t der Superlativ erist und nahist. Bestand ja wirklich das unserm eris gleiche goth. airis für prius Luc. 10, 13, woher airiza in airizam Matth. 5, 21. Erst das t gibt dem eris die in erist enthaltene Kraft des Superlativs. Bei dieser Auflösung der Form des superlativen st folgt: Der Superlativ ist eine Weiterbildung des Comparativs.

2. Das t in diesem s-t ist nicht ursprünglich, muß wenigstens gedacht werden aus d oder th, das s fordert ein t, wie das s das t in hast, das h ein t in lioht aus dem goth. liuhath oder liuhad. Daß dies die richtige Auflösung des st sei, beweisen unzweideutig die Zahlwörter ahtodo, siordo, nigundo, tehando und daneben sisto, ellisto und sehsto. Denn dies t und d ist gleich, und die Bildung der Ordnungszahlen ist keine andere, als die des Superlativs. Der Superlativ ist ohne Zweifel ordinativ, das folgt aus jener Gleichheit. Der Superlativ ist eine Stufe vom Comparativ. Das eris ist über dem, oder vor dem, was er ist, und das erist ist über oder vor dem eris.

it, id, es, ns. und as., in: an huilicaru tidi so it wari 58, so ik it witandi dadi 62.

iu, ein Lautverbund durch tonische Fülle und Kraft eine Zierde der Sprache, durch seinen regen Dienst in der Formbildung von hoher Wichtigkeit. Seine Geschichte von den ältesten Zeiten bis heute bietet reichen Stoff für die Wortforschung. Nach seiner Entstehung scheidet sich sein Bestand und Werth. Es ist nämlich entweder u Grundlage und dazu gesellt sich i, oder i ist Grundlage und u gesellt dazu.

1. Das geschlossene engverknüpfte iu, der sogenannte Diphthong, ist wichtiger Helfer in der IX. Conj., indem dadurch das Präsens unterschieden wird. Hier ist das u Grundlage und i tritt davor zu genanntem Zweck, wie a ins Prät. vor u, noch sichtlich im goth., um dies vom Präs. zu scheiden. So ist die Verlautung i, a, die Vocale der XI. Conj. zu dem u getreten und erzeugt so mittels des u und i, a die IX. Conj. Alle Wörter und Formen der Sprache, welche in ihrem Stamme iu haben, fallen dieser IX. Conj. zu, sie gehen in deren Lautgange, und ihr iu ist danach zu beurtheilen, gleichviel, ob den Wörtern ein Verbum zum Grunde liege, oder nicht, wie die Casus der III. goth. starken Decl. durch ihr iu, au, u spielen im Lautgange dieser Conj., obwohl hier an kein Verbum zu denken ist. Für die Geschichte dieses geschlossenen iu genügt hier:

1. Im goth. haftet iu im Präs. der IX. Conj. in allen Formen, im Prt. dagegen nur, wenn kein a in der Endung folgt, vor diesem a verlautet das volle iu zu io, ie, eo, gar zu ia. Das iu des goth. kiusan haftet nur in: ich kiusu, du kiusis, er kiusit. kius tiese du, dagegen wird kiusan selbst zu kiosan, kiesan, keosan, kiasan, und so auch kiosand, kio-

sal u. s. w. Besonders wird hier das iu gehalten durch das folgende u und i, auch sogar erweckt, wie in iuhu oder giuhu w. s.

2. Wie diesem iu das folgende i und u seinen Bestand in der Conjugation sichert, so auch in der II. starken Decl. deren Grundvocal in der Endung i ist. Dieser Vocal ist so wirksam, daß jenes iu haftet auch in den Casus, welche kein i haben, wie liud Leut, Pl. liudi Leute. Dies Gesetz ist wichtig und mich freut es gefunden zu haben, weil uns dadurch ein Mittel geboten ist, die sonst unbestimmte Decl. mancher Wörter zu erschließen. Nach liud, liudi wird z. B. auch niudi haben niud, also nach der II. Decl. gehen, nicht so jedoch hiod oder biud im Hel. 6036. Auch das gleiche goth. biud wird, wenn wir so zurückschließen dürfen, nicht nach II. sondern nach I. Decl. gehen.

3. Gleich merkwürdige Wirkung hat das i auf den Bestand des iu in der Wortbildung. Das Adj. lautet diop, diap M. Hel. 5867, dagegen bewahrt diupi das goth. iu, wie diuri, diurian, diuritha wegen des folgenden i, von lioht wird sprachrecht liuhtian 5205, 6248, und giliuhtian 7329.

4. Dieses wurzelhafte iu hat seine Gleichheit oder wie wir richtiger sagen, seinen Ursprung im Griech. ευ, und zwar auf zweifachem Wege,

    a. das griech. ε wird im goth. i, sowohl in Lehnwörtern wie milik von μελι, als auch in solchen Wörtern, welche ursprünglich beiden Sprachen gemein sein mußten, wie mith, μετά. Nach demselben Gesetze wird ευ im goth. iu, und zwar benutzt zur Unterscheidung der Conjugationsformen, wie desgleichen im Griechischen. Einem griech. εὕδω, κεύθω, νεύω, πεύθω, σπεύδω, φεύγω entspricht ein deutsches biudan, biugan u. a., dies in einer Weise, daß wie wir hier im Deutschen eine IX. Conj. setzen, das auch könnten und sollten im Griechischen.

    b. Im Griechischen müssen wir setzen: aus φυγεῖν wird das Präs. φεύγειν, indem sich ε zur Verstärkung vor υ einfand, gleicher Weise ward νεύω von einem νυ- in νυστάζω, δεύω von δυ-, σεύω von συ-, στενύω von στυ-, u. s. w. Dieses Gesetz hat die deutsche Sprache weiter geführt, daß sie gr. Wurzeln, welche nur mit υ vorhanden sind, zur Conjugation mit iu ausbildete. Sie machte mit ableitigem s aus λύω ihr liusan, aus θύω ein diuan oder divan u. s. w.

11. Das lose iu, das nicht zu einem Diphthong verschmolzene, entsteht, indem zu dem im Worte gegebenen i ein u hinzutritt. Ueber dessen Bestand, Bedeutung und Veränderung merke hier:

1. es erscheint dies iu in der Decl. der Wörter, welche ein i im Stamme haben, wie in thiu 4, minniu 30, lecciun 55.

2. iu bei Verbis der I. schwachen Conj. in der 1. Person Präs., wie in hebbiu 57, biddiu 67.

3. iu in der Zusammensetzung, wo das vorhergehende Wort mit i schließt und das folgende mit u anfängt, wie in biulan gleich bi-utan im Hel. nur in M. 4646 u. a., jedoch ist das iu

darin schon so dicht geworden, daß sich im Lautgange der IX. Conj., eigenthümlich genug, biutan in botan verwandelte 6524, 8737, 11189.

iu in ik iu giuhu 18, ein seltsames iu, da es der Form nach bedeuten kann schon und euch (vobis und vos) und keine von diesen Bedeutungen hier passend ist. Daher muß man wohl mit Lacomblet darin einen Schreibfehler vermuthen. Der Schreiber scheint haben schreiben wollen iu-hu, und als er das in iu angefangen hatte, doch die Form giuhu vorgezogen zu haben, ohne nun das iu zu tilgen.

iuhu, confiteor, gestehe, bekenne, diese Form 8 mal iuhu ik 5, ik iuhu 10, iuhu ik 15, iuhu ik 25, iuhu ik 34, ik iuhu 36, ik iuhu 53, ik iuhu 56, dagegen nur 3 mal giuhu w. f.

iungero, m. junior, discipulus, alumnus, Jünger, Schüler, Pflegling, ap. in: that ik mina iungeron endi mina fillulos so ne lerda so ik scolda 26, ein in Form sowohl als Bedeutung sehr zu beachtendes Wort ist iungero:

1. Im Hel. steht das Wort 94 mal, und zwar in C. nie diese Form iungero, sondern die verschränkte iungro wie iungro 3951, 8953, iungron 1154 u. s. w. dagegen in M. immer iungaro wie 8953 oder mit assimilirtem o auch iungoro 3951 u. a., wovon ich das a nicht verstehe, wenn man nicht annimmt, die comparative Bedeutung habe sich so verdunkelt, daß er gleich ir umschlug in die Ableitung mit ar, wie derselbe Grund zu walten scheint in iungro, was darin gleicht dem aldro im Hel. 1138 und aldron 1677 für Eltern.

2. iungero oder iungro ist Comparativ von iung, das e in ero zeigt schon die Abschwächung aus dem ursprünglichen iro, wie dies noch steht im Hel. in eldiron 5403, lengiron 6303, u. a. In diesem ir, iro ist noch deutlich erkennbar das goth. is, iza wie in airis prius Luc. 10, 13, airiza prior Matt. 5, 21.

3. Höchst merkwürdig ist die schwache Form von iungero oder iungro gegenüber der Declination des heutigen hochd. Jünger, Jüngers u. s. w., welche stark ist. Grund dieser Erscheinung ist: Im Heliand gilt, wie im goth., das Gesetz: der Comparativ hat durchweg schwache Form, wo Geschlecht und Casus ausgedrückt werden sollen, die starke Form des Comparativs erscheint nur als Adverbium, wohin im goth. zu zählen ist airis, andis, framis, hauhis, mais, u. a., im Hel. elcor, sithor, suithor, nahor, hohor, rumor u. a. Seitdem ich dies im goth. geltende Gesetz auch im Hel. erhalten fand, ist mir manche Fügung, sonst dunkel, nun klar.

4. Die Verwendung des iungero ist eine höchst sinnige. Sie entstand aus dem Verhältniß zwischen Brüdern und Schwestern und Eltern, wurzelt im Leben der Familie. Von den Kindern ist das eine älter, das andre jünger, sie alle jünger als Vater und Mutter, Vater und Mutter älter als die Kinder. In diesem Verhältnisse heißen Vater und Mutter eldiron Eltern b. i. ältere, und die Kinder iungron Jünger. Von diesem inni-

gen, kindlichen, elterlichen, väterlichen Verhältniß wird nun iungro sehr sinnig übergetragen auf ein ähnliches Verhältniß, wie es ist oder doch sein soll unter Vorgesetzten und Untergebnen, unter Herrn und Knechten, unter Meister und Gesellen, unter Lehrer und Lehrling u. s. w. Nach dieser väterlichen und kindlichen Liebe sind im Hel. benannt die iungron Jesu, heißt Matthäus iungro eines Königs 2378, sind iungron die Knechte des Haußherrn 5109, wollten die drei Weise iungron sein des Jesuskindes 1090, hatte Johannes wie Jesus iungron 5391, heißen die Nonnen unter der Abtissin im Stifte Freckenhorst iungeron von s. iungera FH. 18—3, 32—11 u. a. Wie diese gedacht seien, zeigt der einmal für iungron gesetzte Ausdruck discipulis 10—10. Hierdurch besonders wird nun klar das Bekenntniß: that ik mina iungron so ne lerda im Beichtsp.

K. C.

kirika, s. ecclesia, templum, Kirche, ds. in: that ik an kirikun unrehtas thata 54, nicht im Hel., wo dafür gebraucht wird alah, wih und godeshus, dagegen die Form kerika im ds.: te kerikon mit einem über o geschriebenen v EL., doch wieder in der Form kirik oder kyrik in dem Flurnamen, wie er steht in: excepto kyriclande WH. 218, auch kirca in dem Ortsnamen: in Halogokircan RC. 87—16, J. 1015.

Diese Beispiele mögen als Beitrag dienen zur Erforschung wie des Alters und der Verbreitung, so auch der Abstammung dieses hebren Wortes kirika, zu der Prüfung und Entscheidung, ob das Wort wirklich von dem griechischen κυριακή diese deutsche Lautstellung empfangen habe. Gern glaubt man an diese Abkunft, weil sie schönen Sinn gewährt. Möglich wäre dennoch, daß die Wurzel der kirika deutsch und so alt wäre als die deutsche Sprache und daß hier, wie das auch sonst geschehen ist, eine Anlehnung an das griechische κυριακή stattgefunden hätte. Der deutsche Sinn könnte ja dabei eben so edel sein, als der des griech. κύριος Herr.

cristin, christianus, kristen, kristlich, in der Zusammensetzung christinhed w. s, im Hel. auch als getrenntes Adjectiv 2mal bei sole: wi cristin folc 4848 und cristinon folke 6144, dabei bemerke:

1. Dies cristin hat das in nicht etwa empfangen durch Verderbniß des ianus im lat. so gebildeten christianus, sondern es ist dies in eine selbständig deutsche Ableitung und es gleicht cristin genau dem hethin heidnisch.

2. Statt cristin konnte auch kommen cristan, wie denn alth. die alleinige Form ist christan und christani Graff 4. 618, in gleicher Weise, wie neben hethin bestand hethan zu sehen in dem Mannsnamen Hethanrik WH. 270. So steht also doch cristin und cristan, wie im Hel. sagin und sagan M. 1797. Folgt nun nicht auch, daß das in in cristin kurz ist, und das Wort nicht wie bei Schmeller Gloss. 177 zu guldin, linin u. a. zu setzen ist?

3. Das m. von christin, christan wurde wie das lat. christianus als

Substantiv gebraucht. Hochd. wurde dann der Christan mit Abfall des n der Christe und weiter sogar jetzt der Christ, was dann leider mit dem Heiland-Christ zusammen fällt, so daß wir um deutlich zu sein zu der lat. Form Christus greifen müssen. Gleiches Verderbniß erfuhr der Heiden, der ward Heide, was nun gleich ist der Heide tesqua.

cristinhed, f. christiana dignitas, cristianitas, Christen-Würde, Christenheit, als. m: thes withar mineru cristinhedi wari 6, besonders ist bei dieser cristinhed anzumerken:

1. cristin ist hier Adjectiv zu hed und ist damit zu einem Worte zusammengewachsen, wie wenn das cristin folk im Hel. 4848 zu nur einem Worte würde cristinfolk. Es hat in dem Worte cristinhed sowohl das cristin als auch die hed seine volle selbständige Bedeutung. Daraus folgt dann

2. cristinhed steht hier weit ab von dem jetzigen hochd. Christenheit, wo es meint alle Christen zusammen als Gesellschaft der Bekenner des Glaubens an Christus. Der Beichtende will hier vielmehr, indem er sagt mina cristinhed, ausdrücken: meine Würde, mein Stand, mein Glaube, meine Persönlichkeit, die ich habe als Christ. Ursprünglich rührt dieser hier sehr mißliche Unterschied daher, daß in dem hochd. Worte Christenheit das Wort Christen die Hauptbedeutung empfangen hat, wie in Menschheit, Kindheit, dagegen in cristinhed diese hed noch die Hauptsache ist. Dennoch möchte für die Uebersetzung das buchstäbliche Christenheit rathsamer sein, als Christen-Würde.

cussian, osculari, küssen, in dem davon abgeleiteten cussianni, woher gs. cussiannias 4, so auch 2 mal im Hel. vom Kusse des Judas, der gab zum Kennzeichen: ik kussiu ina endi queddiu 9639, und das that er auch: is herron quedda custa ina 9661, merke noch:

1. Das u in cussian ist gerufen oder doch gehalten durch das ableitende i, das Stammwort hat o wie wir sehen an cossu im Hel. 9673. Diese Wirkung des i, diese Liebe zu u bewährt sich auch sonst vielfältig, wie im Hel. curni in hrencurni von corn, hurnid von horn, u. a. Seit ich diese Wirkung des i auch auf ui erkannte, ist mir manches u klar geworden, was mir sonst ein Räthsel war.

2. cussian ist auch alth. cussan aus cussian Graff 4, 523, merkwürdig abweichend goth. kukjan Marc. 14, 44 u. 46. Dies k statt ss führt uns doch wohl auf den Stamm des Wortes.

L.

las, legebam, legi, las, Prät. von lesan, w. s.

latan, sinere, linquere, mittere, lassen, woher farlatan w. s., ein hochwichtig Verbum ist latan in Form, Bedeutung und Abstammung:

1 latan gehört mit slapan, radan und dradan in andradan zu gleicher Conjugation, der Grimm den vierten Platz gibt, während er das goth. tekan

zur VI. Conj. rechnet Gramm. I. 841 u. 888, wozu er nun auch das unserm latan gleiche goth. letan zählen wird. Allein im Hel. kommt das Prät. von latan 60 mal vor, und darunter bei C. nur 5 mal let 1025, 3971, 10782, 8873, 7693, und 55 mal liet, bei M. freilich durchweg let. Demnach muß gemäß C das Prät. durchaus liet lauten, da die 5 mal let nicht in Betracht kommen, ja sogar verdächtig werden. Die Stammformen von latan sind also: latan, liet, lietun, gilatan. Dasselbe Gesetz muß gelten für andradan und radan. Nun kann hier aber je eben wohl von io Abschwächung sein, als in kiesan und so könnte latan mit dem goth. letan lailot doch zur VI. Conj. gehören.

2. Bei der Aufsuchung von heimischer Verwandtschaft für latan denkt man leicht an das Adj. lat spät. Doch kann weder lat von latan, noch latan von lat so unmittelbar stammen, darum nicht, weil a in lat kurz ist, wie wir sehen an dem Umlaute in letst oder lezt Hel. 6830, und lettian 9565, u. a. dagegen in latan das a lang ist, wie bezeugt das goth. letan. Also nicht nach Abstammung von einander gehören lat und latan zusammen. Doch sind sie so neben einander gewiß von gleichem Stamme, ich meine wie z. B. das goth. vraka Marc. 10, 30 und vrekei 2 Cor. 12, 10 beide für Verfolgung, und beide von vrikan, ja diesem vraca und vrekei entspricht unser lat und latan ganz genau, wie wir erkennen, sobald wir zugeben, daß die IV. oder VI. reduplicirende Conj. in der X. oder XI. wurzele. Wir erkennen dann auch zugleich, daß den lat und latan ein Lautgang in der höchsten Vollendung goth. lit, lat, let, lut zum Grunde liegen müsse, ein Lautgang, der ja auch durch zahlreiche Wörter bekundet wird, wie durch das goth. lita Heuchelei Gal. 2, 13, unser lat, und dazu lat und lit weder latos und litos beide für servus, dann auch unser luttik und luttil klein, und andre. Das lut von lit, lat, lut, gab ferner den Ablaut der IX. Conj. in unserm liut Hel. 3565, von einem Verbum liotan, welches wir für lot Hel. 4792 anzunehmen berechtigt sind, wozu dann auch gehört das goth. liuts Tim. 2, 3 u. a. Weiter führt dann auch das goth. leitils, wenn wir es nicht für letils nehmen wollen, auf ein leit, lait, lit.

3. Die Vereinigung aller dieser aus einer Ur-Conjugation entsprungenen, scheinbar in ihren Bedeutungen so weit aus einander gehenden Wörter fällt auch in der That so schwer nicht, als man bei der Zusammenstellung glauben mag. Den Versuch spare ich für andre Gelegenheit, da sich der Nachweis für alle diese Wörter im einzelnen hier zu weit ausdehnen würde, bemerke nur noch, daß das griech. λίς, λιτός, λίζω, λιάζω u. a. alle Berücksichtigung verdienen.

leccia, f. lectio, Lesung, gs. lecciun, in: that ik an kirikun unrethas thata. endi othra merda theru helagun lecciun 55, diese leccia ist in Form und Bedeutung sehr merkwürdig:

1. leccia ist sichtlich genug entstanden aus dem lat lectio, das o entsprach nicht mehr der gewöhnlich gewordenen Wortbildung, das goth. f. o. war in a übergegangen, und so mußte lectio werden leccia. Nun sollte man

auch erwarten, daß ct stehen geblieben oder doch in ht verwandelt wäre. Statt dessen trat cc ein für dieses ct, was merkwürdig ist in Betracht des goth., wo dasselbe Lehnwort lautet laiktjo, und bis auf ai noch unversehrt ist das lat. lectio, wogegen doch cautio geworden ist kavtsjo Mon. Neap. Daraus schließen wir, daß sich schon damals in das lat. tio hinter das t ein s eingeschlichen hatte, und daß somit das cc in unserm leccia nicht laute wie kk, sondern das Wort wie wir es heute noch sprechen, zu sprechen sei lectsia. Noch sehr deutlich zeigt uns diese Aussprache das alth. lectia, leczia, lectza, lecza Graff 2, 163.

2. Also 1000 Jahre ist auch der deutsche, wenigstens halbdeutsche Ausdruck helaga leccia in Westfalen alt für das lat. sacra lectio, welche noch vor etwa 25 Jahren auch als Unterrichts-Gegenstand am hiesigen Gymnasium gehalten wurde und keine andre war als die im Beichtspiegel gemeinte, die in Kirchen gewöhnliche und bekannte.

legar, n. cubitus, cubile, Lage, Liegen, Lager, gp. legaro, in: unrehtaro legaro 40 bei unrehtaro sethlo, unrehtaro stadlo, unrehtaro gango. auch im Hel. 2429, 7951, 8008, 8851, und in dem Adj. legarfast 7942 und dem zusammengesetzten Subst. legarbed 3683, sehr zu merken ist bei diesem legar:

1. Dem Worte muß hier durchaus fern gehalten werden der Begriff des hochd. Lager lectus, wo wir darunter die zum Liegen eingerichtete und bestimmte Stelle verstehen. Es bezeichnet legar hier das Liegen oder mit unrecht die Art des Liegens, wie die beistehenden Wörter sethlo, stadlo, gango deutlich genug bekunden. Auch im Hel. hat legar nirgends den Sinn von Lager, obwohl wir dafür Lager füglich setzen können. Der lectus heißt nicht legar, sondern beddi.

2. Auch in dem e von legar kann man irren, man könnte meinen, dies e wäre gleich dem e in dem Verbum leggian legen, was verlautet ist aus a durch Rückwirkung des folgenden i. Das kann jedoch das e in legar nicht sein. Es muß im Gegentheil eine Abschwächung sein von i, so daß legar in diesem e genau gleicht dem e in gibed w. s., das e, welches noch erhalten ist in dem Part. Prät. gilegan als von liggian, wie beda von biddian und gibed von biddian. Dieser Stand des e in legar wird auch bestätigt durch das goth. unserm legar gleich gebildete ligrs. Matth. 9, 2 u. a.

lera, f. doctrina, disciplina, Lehre, ist Stamm zu lerian, w. s. merke dazu:

1. Das e in lera muß lang, muß gleich sein dem goth. ai in laisjan, was ist unser lerian. Die Länge des e in lera folgt auch aus eben diesem von lera gebildeten lerian, weil ja sonst daraus durch Rückwirkung hätte werden müssen lirian. Ueberdies bezeugt dies dem e zu Grunde liegende ai auch die alth. neben lera gefundene Schreibung laera Graff 2, 255.

2. Es folgt nun auch, daß lera nicht unmittelbar von lesan w. s. abstammen kann, was zu glauben man doch so leicht verleitet werden kann und nicht selten verleitet ist. Im goth.

mußte unser lera lauten laisa, wie wir schließen dürfen aus dem unserm lerian gleichen laisjan. Wirklich ist diese laisa erhalten im alth. waganlaisa, waganleisa, waganlesa Wagengeleise Graff 2, 151, kein andres Wort ist auch lesa für ruga Graff 2, 250, was Graff davon getrennt hat, obgleich die ruga ist eine lira eine Furche, die laisa vom Wagen und für den Wagen ist im Erdboden, die lesa als ruga z. B. im Gesicht, ja auch lais, leis, woher der Acc. laisum für Busen, Schoß des Kleides Graff 2, 279 ist nichts, weil Schoß ist Falte, so gleich einer ruga Runzel. Der sinnliche Begriff von laisa eignet sich ganz vortrefflich zur Bezeichnung von lera Lehre. Die lera ist ein Geleise, ist via, iter, vestigium. Das Wort ist durch das alte ursprüngliche s in der Sinnlichkeit geblieben, mit dem Wandel des s in r aus der Sinnlichkeit für so hohen Begriff, als Lehre bezeichnet, verwendet. Vgl era ... als von ais.

lerian, docere, lehren, Prät. lerda, in: that ik mina iungeron endi fillulos so ne lerda, so ik scolda 26, das gleiche lerian in gleicher Fügung im Hel. wie lerian: lerean thea liudi 1706, leriu: ik iu leriu 2794, lerda: lerda liudi sina 2759, gilerit: habda gilerit thia liudi 3968, auch mit der Sache im Inf.: us bedou leras 4181, und die Sache im Accusativ: lerda sia iro gilobon 4540, lerda thia liudi langsamna rad 5393 und 3698,*) lerian ist auch in Form ein lehrreiches Wort:

1. lerian ist buchstäblich das goth. laisjan Matth. 5, 19, Marc. 1, 21 u. a., doch ist lerian keineswegs aus laisian durch Wandel des s in r entstanden. Dieser Uebergang ist älter, war schon fertig in lera w. s., wovon eben lerian unmittelbar abstammt.

2. Beide, laisjan und lerian sind mittels eines Namens, wie lerian mittels lera, so gewiß auch laisjan mittels eines lais, von dem starken Verbum, wovon goth. erhalten ist gerade diese Form lais für οἶδα, scio Philipp. 4, 12. In diesem Verbum hat der Wandel des r statt gefunden, es ward lera aus lais in der Weise, wie war wurde aus wisan, dror aus driusan, sarlor aus sarliusan u. a.

3. Sehr zu beachten ist, daß das ursprüngliche s des starken Verbums lisan, les, lisun, goth. leisan, lais, lisun sich erhalten hat in dem Verbum lestian leisten, und dem Substantiv list List, lestian bewahrt den Vocal des Sing lais, les, die list dagegen den des Plur. im Prät., wird also im goth. mit unrecht unter laisjan gestellt. So erhielt sich das s der ältesten Form, weil es durch t gebunden war, wie auch sonst oft im Deutschen und Latein nicht

---

*) Gegen diese so sichere, auch mir bekannte, Fügung des lerian mit boppeltem Acc., wie des lat. docere, steht im Geleitswort zum Heliand B. 14: lerda them Sahsan lehrte den Sachsen, zu meinem großen Verdrusse, um so mehr, da ich anfangs statt lerda geschrieben hatte brahta und später in der Eile für dieses jenes eintrug.

minder, als in quaestus, justus ustus, festus und viele andere.

lesan, legere, demere, carpere, lesen, liesen, pflücken, daher Prät. las 49, dazu merke:

1. lesan steht mit ginesan und wesan in der X. Conj. in dem Lautgange lesan, lis, las, lasum, gilesan, wobei noch besonders zu beachten ist:

a. goth. ist in dem Wort noch kein e, sondern lesan ist lisan, aus diesem i wird e, wo die Endung mit a anhebt, also lesan, lesand, lesat u. s. w. gilesan, sonst bleibt i, wie lisu, lis, lisis, lisid, dies alles wie bei allen übrigen dieser X. und XI. C. Sieh oben a ... und e ...

b. Nach wesan, was und warum könnte man erwarten las larum. Im Verbum hat sich dies lar nicht entwickelt, ist jedoch zu merken für das Adj. lari gleich leer, woher laria Hel. 4071, 3454, 11645, für das Subst. lar und lara in den Ortsnamen wie Langlar RC. 97, J. 1126, Hattalari RC. 418, J. 1181, wo es bedeutet Raum, Platz, Wohnort, entsprechend dem alth. gilari Graff 2, 243. Dies r in lar als von lesan gleicht hier dem r in nara Nahrung als von nesan in ginesan.

c. lesan hat eine weit umfänglichere Bedeutung als das gr. λέγειν und lat. legere. Man kann dieselbe so fassen: lesan heißt das Einzelne aus einer Menge ausheben, wählen, nehmen, daß wo es war, Platz werde, um es anders wo

wieder zu einem Ganzen zu vereinigen Also vereinigt sich in lesan scheiden, nehmen und legen. Diese weite Bedeutung bewährt sich an den 7 Stellen im Hel. 1618, 3487, 5131, 5258, 5267, 6801. Diese so weite Bedeutung erkennen wir denn auch für den Quell zahlreicher in ihren Begriffen sehr abweichender Wörter. Nach dem Gesetze, daß aus der X. oder XI. Conj. die VII. entspringt, indem a zum i hinzutritt, wird aus lisan ein goth. leisan, lais, davon wieder lest in lestian und lern w. s., ja auch liosan in farliosan verlieren und los los läßt sich wie in Form, so in Bedeutung aus lisan gewinnen, da die IX. Conj. aus der X. und XI. entspringt, und das einfache liosan nicht, wie man es übersetzt, verlieren bedeuten kann, verlieren heißt liosan erst durch die Präp. far. Wenn dem nicht so wäre, was sollten dann far in farlio-an, und wie könnte daraus werden los?

liagan, mentiri, lügen, in der davon stammenden Form lianni w. s., auch im Hel. nur einmal liogan, in quidi liogan 5550, dazu merke:

1. Höchst auffallend ist das ia in liagan, da es soweit sich entfernt von der im Hel. gewöhnlichen Form in dieser Art Verben, welche ist io und daneben eo, ie nämlich in der Hälfte des Präsens, sonst auch iu, wonach die Formen wären: liogan, leogan, liegan, liugu, liugis, liugit, ling, Prät. log, lugun, Part. gilogan.

2. Wie nun zu erklären liagan? Im Hel. hat M. an der bezeichneten Stelle ebenfalls liagan, statt liogan, wie M. eben so abweichend hat niate statt niote 445, kiasan statt kiesan 443. Nun ist aber altfr. liaga (= liagan) Richth. 898 und bei Otfried liagent 154—36. Also fremd ist liagan in seinem ia, ist alth. und altfr., um so mehr dürfen wir hier alth. und altfr. Einfluß vermuthen, als in diesen Sprachen auch bei den übrigen zu dieser Conjugation gehörenden Verben dies ia gewöhnlich ist. Ich glaube jedoch, daß dies ia ursprünglich Wirkung der Assimilation bei mit a folgender Endung sei, also eigentlich nur sprachrecht sei liagan, liagat, liagand u. a., und recht nur liugu, liugit u. a.

liaganni, n. mendacium, Lügen, Lüge, gs. liagannias, in: ik iuhu liagannias 12. Ueber die Schönheit dieser Form bei —anni...

lik, sonans, stridens, micans, liquidus, lucidus, hell, klar, licht, als Adj enthalten in dem zusammengesetzten Adv. hluttarliko und dem Substantiv lik, in der Zusammensetzung likhamo, w. s. Nur in der Annahme, daß dieses lik ursprünglich vom Tone oder Schall ausgehe, dann auf das Licht, wie gewöhnlich, und weiter von diesem Licht und auch vom Schall auf viele andere ähnliche Erscheinungen übertragen sei, nur darin glaub ich die Quelle gefunden zu haben, in welcher sich eine große Anzahl von Wörtern, die bisher zum Theil so verloren umherirrten, leicht und sinnig vereinigen.

likhamo, m. corpus, caro, Leib, Fleisch, as. likhamon, in: uuas drohtinas likhamon endi is blod-anfeng 29, so auch im Hel. mit k geschrieben 4541, 4701, 6903, 8086, 8196, 11312, 11446, sonst nur und viel öfter lichamo. Wie leicht erkannt der sachliche Sinn des likhamo ist, so leicht ist doch nicht der Wortsinn:

1. Schon das einfache lik bezeichnet im Hel., was das zusammengesetzte likhamo, den lebendigen Leib 307, 396, 9802, den todten 8151, 11476, wie likhamo den lebendigen 4541, 4701, den todten 8086, 8196, 11312 u. a., wozu dann noch der hamo und in welcher Bedeutung?

2. hamo ist tegumentum, amictus, Hülle, worüber bei hamo ..., und es will die Benennung likhamo sagen, was wir meinen mit dem Ausdrucke leibliche Hülle, körperliche Hülle im Gegensatze zu dem darin noch wohnenden oder auch daraus schon geschiedenen Geiste. Doch würde uns der likhamo noch nicht völlig klar sein, wenn wir nicht dabei bemerkten, daß das lik zu dem hamo nicht im objectiven Verhältnisse stehe, daß likhamo nicht bedeute der hamo des likes, nicht gleiche einem alth. lihhemidi für subucula Graff 4, 938, sondern das Wort zu fassen sei in dem prädicativen Verhältnisse: lik, welches ist ein hamo, ganz also in dem Sinne, welchen wir denken, wenn wir sagen z. B. Jesuskind, Christkind, Eichbaum, Kieselstein. Wie Eichbaum entsteht aus dem Satze: die Eiche ist ein Baum, so likhamo aus: das lik ist ein hamo. So ist der lik-

hamo deutlich und klar, und wir erkennen ihn als sinnreiches Wort, als poetische Bezeichnung für das einfache lik.

luggi, mendax, fallax, falsus lügenhaft, trüglich, falsch, ds. n. luggiomo, in: ik sundioda an luggiomo giwitscipia 47, so auch das Wort im Hel. einmal von den falschen Propheten, die heißen luggiun lerand 3472, dann gleichfalls vom falschen Zeugniß, welches heißt luggi giwitscipi 6573, in der Form gehört hier luggiomo zu den merkwürdigsten Wörtern in dieser Beichte:

1. Die Dativform omo könnte auch lauten amo und emo, wie wir sehen an minamo und minemo von min w. s. Das o in om ist hier Erzeugniß des folgenden o. Und diese rückwirkende Kraft des folgenden o ist in Declination, Conjugation und Wortbildung so verbreitet, daß die Sprache in diesem Theile der Wortgestaltung gegen die goth. ein ganz fremdartiges Ansehn bekommen hat, vgl. oben amo... emo... und unten o... omo... omo.

2. Auch ist omo oder amo, emo als ganze Endung darum merkwürdig, weil dieselbe der vollendeten goth. so nahe geblieben, und im Heliand bis auf einzelne Reste zum großen Nachtheil der Sprache in die Form on abgeschwächt ist.

3. Auch i hat in luggiomo seine Gewalt ausgeübt, es hat verhütet, daß u wurde o und erwirkt, daß g geschrieben wurde gg, wodurch luggi als von liogan gleich gestaltet erscheint dem buggian, huggian, merkwürdig besonders in der Gleichheit mit ruggin von roggo Roggen.

lusta, f. cupiditas, cupido, Lust, dp. luston, in: mih mid uvilon luston unsuvroda 53, dann in der Zusammensetzung firinlust, w. s., derselbe Dativ luston auch im Hel 2289, 2681, 2071, so 14mal, zu bemerken ist noch:

1. Die hier angesetzte lusta ist goth. lustus, alth. und agf. lust, altn. lyst Graff 2, 285 findet sich also in den übrigen Sprachen nicht, auch ist im Hel. wenigstens ap. lusti, lusta M. 3321, als vom ns. lust. Allein der gp. lustono in firinlustono muß doch von lusta sein, und auch im Hel. ist die Form lusta unzweifelhaft. Die Doppelform lust und lusta hat um so weniger Bedenken, als auch alth. shlat und shlata bestehen Graff 6, 776 und 778.

2. Abstammen kann lust vom Verbum liosan erhalten in der zusammengesetzten farliosan in der Form nach Maßgabe von kust Wahl als von kiosan kiesen. Auch die Bedeutung widerstrebt nicht, da liosan den bösen Sinn erst hat in farliosan, also von der Präp. far.

M.

mag, valeo, possum, scio, vermag, kann, weiß, gehört zum Inf. mugan w. s.

mahtig, validus, potens, vermögend, mächtig, in der Zusammensetzung alomahtig, w. s., bemerke noch:

1. mahtig ist goth. mahteigs für δυνατός Luc. 14, 31, doch folgt aus diesem goth. eigs nicht, daß ig in unserm mahtig lang sei. Der Gothe bildete sein mahteigs von einer Form, die auf i ausging, von einem mathi, wie dies mahti enthalten ist in dem Verbum mahtjan woher anamahtjan Matth. 11, 12, bewahrte also in mahteigs durch ei den Vocal des Stammes auch dem g das i als Bindevocal gebend. Allerdings ist nun bei unserm mahtig der Stamm mahti wirksam gewesen, weil sonst die Form nicht mahtig, sondern mahtag lauten würde. Indeß läßt sich doch auch denken, daß g an mahti ohne Bindevocal angetreten und so mahtig, das ig kurz, recht sei.

2. Ist mahtig vom Subst. maht? Im goth. ist mahteigs schwerlich von mahts Denn es wäre doch sonderbar, daß zu diesem mahts 2 Adjective gehören sollten, dies mahteigs und daneben mahts Marc 14, 5, u a., selbst dann noch sonderbar, obwohl die mahts Macht von dem Adj. mahts stammt, und so mahteigs auf dem dritten Platze ständе. Weit wahrscheinlicher ist, wie schon angedeutet, daß mahteig verbales Adjectiv sei, also stamme von mahtjan. Die gleiche Abkunft würde dann auch gelten für unser mahtig.

man, m. vir, homo, Mann, Mensch, ds. manna 66, und neben dieser vollendeten Form auch die schwächere manne 2, ap. man, in arma man 24, auch in der Zusammensetzung manslaht, w. s. zur Geschichte dieses zu den wichtigsten Wörtern gehörenden man sei hier bemerkt:

1. Was bedeutet hie godаs man? Gewiß, was wir auch jetzt noch sagen, Mann Gottes, wobei wir jedoch gleichfalls so schnell nicht denken, was es bedeute. Aus dem Hel. lernen wir, wer den Namen godes man verdiene. Es heißt hier vom Matthäus: Mattheus was im ambahteo· edilero manno 2381—82, bann warth im uses drohtines man· cos im thie cuninges man (thegn M.) krist te herron 2392—94. Wir sehen hier, Matthäus war, ehe Jesus ihn rief ihm zu folgen, eines andern Herrn ambahteo Diener, eines Königs man, bann erkor er sich Jesum zum Herrn, und er wurde dieses Heiligen Herrn man. Unzweifelhaft klar bedeutet hier man Diener. In gleichem Sinne heißt Johannes der Täufer godas man 5554, und ebenfalls im gleichen Sinne sagt Maria, als ihr der Engel die Botschaft brachte: thiwa biun ik godes· d. h. Magd oder Dienerin bin ich Gottes 566. In gleichem Sinne entstanden die bedeutsamen Namen, für eine Frau Godesthiu Gottes-Dienerin, für einen Mann Godesscalc Gottesknecht. Also heißt in dem Beichtspiegel der Beichtiger man, nicht in dem allgemeinen Sinne des Wortes, sondern in dem besondern, daß er vermöge seines Amtes ausschließlich zum Dienste Gottes berufen ist.

2. Wohl kein zweites Wort der deutschen Sprache hat eine so eigenthümliche Declination als man, indem dies die Casus theils von der Form man theils von mann bildet und theils starke theils schwache Declination anwendet, das alles thut ohne bemerkbaren Un-

terschied der Bedeutung, und zwar, was man am wenigsten erwarten sollte im goth. das alles am meisten:

a. der ns. mit einem n, man, so oft im Hel., aber nicht mehr im goth., wo statt man schon manna. Daß er jedoch im goth. in dieser Form ursprünglich vorhanden war, geht unzweifelhaft hervor aus gaman, woher gaman für κοινωνός, socius 2. Cor. 8, 23, ds. gamana Phil. 17, gamanam für μετόχοις, sociis Luc. 5, 7, gaman für κοινωνία, communicatio 2. Cor. 13, 13. Dann zeugen für dies man die Zusammensetzungen manamaurthrja für ἀνθρωποκτόνος, homicida Joh. 8, 44, unmanriggvs für ἀνήμερος, immitis 2. Cor. 3,3, manauli für σχῆμα, habitus Philipp. 2, 8 und manseths oft, weshalb denn auch das man in manleika für man zu nehmen, und somit auch in unserm manslatha, m. s., im Hel. mancraft 1582, mancunni 1049.

b. gs. goth. noch mans aus manis genau wie guths für guthis von guth, im Hel. schon mannes 541, 654, 674 u. a.

c. ds goth. mann, gewiß aus manin, nicht aus manna, doch im Beichtsp. schon manna und manne, aber merkwürdig im Hel. noch wie goth. mann geschrieben man 3382, 3518, u. a., wo ich manne aus M. vorgezogen habe.

d. nap. goth. noch mans, gewiß aus manos, genau wie veitvods, daher mit Abfall des s unser np. man, und im Hel. man 1349 u. a.

3. Daß man von dem Urverbum minan stamme, was griech. ist μένω, lat. meno, woher memini, kann keinem Zweifel unterliegen, wie es auch wohl keinem Zweifel unterliegt, daß man ursprünglich eine allgemeine Bedeutung gehabt habe. Dieser halte ich nahe die in dem ursprünglichen man man, wie es auch noch im Hel. vorkommt. Sie schimmert meines Erachtens noch im goth. gaman, wo dies steht für communitas, im Gange der Bedeutung bis zu man Mann, Mensch, gleichend einem lat. servitium für Diener, Knecht, einem deutschen Weib für Frauenmensch, einem liud, u. a.

manslahta, s. homicidium, Mensch-Tödtung, Todtschlag, gp. manslahtono 14, auch im Hel. manslahta vom Barrabas, der hatte manslahta gifrumid 10794, im Worte gesagt, was im Satze heißt man slahan Hel. 6534. Dazu bemerke:

1. Neben slahta besteht alth. auch slaht (Graff 6, 776 und 778, woher das heutige Schlacht, beide vom Verbum slahan w. s. im Sinne von schlachten, erschlagen, todt schlagen.

2. Das man in manslahta noch in ältester Form und Bedeutung, wo es noch kein mann gab, so daß man dabei also nicht denken darf an den Plur. manno, sondern man ist darin das man im goth. manamaurthrja, überdies hat darin das man die Bedeutung des heutigen impersonalen man, was collectiven Sinn hat, gewiß auch ursprünglich n. ist, wie Weib, und so jegliches menschliche Wesen bezeichnet, jung, klein, groß, alt, männ-

lich, weiblich, so gleichend dem griech. ζῶον, lat. animal, wenn wir von diesen Wörtern die Thiere ausschließen.

men, n. mendum, probrum, piaculum, facinus, scelus, Mein, Frevel, Bosheit, in der Zusammensetzung meneth, w. f., einfach im Hel. 17mal, wie 167, 1481, 1799, 2261, u. a. über dies schreckliche Wort merke:

1. In seinem Ursprunge ist das so bös gewordene men gar nicht so bös, eben wenig, als das daraus zusammengesetzte gimen gemein, ist in seiner Quelle eben so unschuldig, als das eben daher stammende menian meinen, manon mahnen und gimentha Gemeinde. Es ist dem deutschen men ergangen, wie dem lat. mendum und mendax, beide von men- in memini, dem probrum von probus, piaculum von piare, pius, dem facinus. Alle diese Wörter haben böse Bedeutung bekommen, obwohl sie von guten, ja frommen Wörtern herstammen, eben also men, das sogar mit minnia Minne, Liebe aus gleicher Wurzel entspringt. Denn

2 men stammt durch Ablaut von dem Verbum, wovon das Prät. zum Präsens geworden, was ist goth. man ich meine, glaube Luc. 17, 9, u. a. im Hel. farman (ich verachte) 9388, 10567, 10724, zu dessen Inf. man ansetzt munan, das jedoch entstanden sein muß aus einem Urverbum goth. minan, man, menun, munans, woher goth. gaminthi und gamunths Gedächtniß u. a. Dieses Verbum ist auch fähig eines goth. Ablauts mein, main, min, was sogar zum neuen Verbum werden konnte, wie denn die ganze VIII. Conj. aus der IX. entstanden sein muß. Demnach hat unser so furchtbares Wort men seinen Ursprung in der Erinnerung, dem Gedächtnisse, dem Gewissen, ist eine Sünde, welche der Grieche meint, wenn er einen Uebelthäter ἀλάστωρ nennt von ἄλαστος von α und λήϑω, men heißt die Sünde, weil sie unaufhörlich mahnt, erinnert an die Schuld. So ist die deutsche Bezeichnung men wundervoll tiefsinnig und — schrecklich.

meneth, m. perjurium, Meineid, as. meneth, in: ik — meneth suor an wiethon 44, so auch im Hel. menethos (geschrieben menn statt men) 3005; wegen des Wortes siehe men . . . und eth . . .

mer, magis, plus, in: mer terida, than ik scoldi 18, mer sprak endi mer suigoda, than ik scoldi 50, mih mer unsuvroda than ik scoldi 53. Dazu bemerke:

1. mer ist hier überall Adv. auch in mer terida, weil es sonst nicht mer, sondern mera sein müßte, da der Comparativ, wie im goth., schwach declinirt wird. Es ist mer terida gesagt, wie im Latein multum considere und diesem multum entsprechend plus diligere.

2. mer ist ein rechtes Merkewort für den Uebergang des goth. ai in e und des s in r, da goth. dies mer ist mais Matth. 6, 26, u. a. Auch darum ist mer dem goth. gegenüber noch merkwürdig, weil es den adverbialen Comparativ-Laut s in dem r bewahret, wogegen derselbe bei bat und

bet beffer, leng länger, hald mehr, les schwächer abfiel, abfiel zum Verberbniß der Sprache.

merrian, impedire, morari, hindere, ärgere, Prät. merda, in: ik othra merda theru helagun lecciun 55, wie im Hel. merrian 653, 10370, 11518, gleichfalls mit dem Gen.: gimerrid waro iro thes muod githahti 11835, zu dem auch amerrian 7451 und farmerrian 6926, merrian ist ein recht merkwürdig Wort:

1. merrian ist alth. marrian und merrian Prät. marta Graff 2, 829, woraus wir sehen, daß hier das i den Vocal a in e verwandelt habe. Dadurch steht jedoch unser merrian, merda, gimerrid ab von merrian, marta, daß das e in allen Formen bleibt, obwohl die Wirkung aufhört, wie in merda, dagegen in marta stehen bleibt, weil der Grund zur Verwandlung hier nicht waltete.

2. merrian ist goth. marzjan gebraucht von dem Aergerniß der bösen Glieder Matth. 5, 29 und 30, Marc. 9, 43 und 45. Aus diesem marzjan sehen wir, daß in unserm merrian das zweite r aus z oder s entstanden ist, genau wie dies geschehen ist in thurri goth. thaursus dürr, in gidurran goth. gadaursan wagen, wie auch im Griech. schon wird *ἄρρην* aus *ἄρσην*, *θάῤῥος* aus *θάρσος*, *μύῤῥα* aus *μύρσα*, wie lat. wurde torreo aus *τέρσω* u. s. w.

3. Weiter sehen wir in marzjan, merrian, daß diesen Wörtern, da i ableitet, ein Stamm mars zum Grunde liege und darin das s ableite, so daß wir daraus auf den einfachen Bestand mar kommen. Beide Formen mar und mars klingen an viele griech., lat., deutsche Wörter. Ob diese alle aus einer und derselben Wurzel entspringen? Wohl ließe sich selbst aus marzjan eine gute Bedeutung für unsere Marsen gewinnen.

mestar, m. magister, doctor, praeceptor, Meister, Lehrer, ds. mestra, in: thes withar minemo mestra wari 8, auch im Hel. mestar 6512 und mester 60, 6381, an allen drei Stellen von Jesus, als dem Lehrer des göttlichen Wortes, bemerke dazu:

1. Die Form mestar wird für mestra anzusetzen sein, wie das ar auch steht in fadar, brothar, suestar, hluttar, withar, ovar, nithar und dazu im Hel. mestar 6512. In den Casus schwindet dies a in ar eben sowohl als e in er, wie wir sehen im Hel. an wintro 287 von wintar 393.

2. Im Hel. ist Jesus mestar Lehrer genannt, weil er lehrte das Wort Gottes, wer und was ist gemeint bei dem mestar in diesem Beichtspiegel? Gewiß zunächst die Glaubensboten, die Geistlichen, welche den neubekehrten Sachsen das Evangelium verkündeten.

mi, mihi, mir, ds. von ik, in: gistridi an mi hadda 45, that thu mi te goda githingi wesan willias 67, so auch im Hel. mi 241, 243, 289, 293, 313, u. a., sehr zu merken ist dabei:

1. mi ist goth. mis Matth. 3, 11, woraus mit Verlautung des s zu r ward alth. mir Graff 2, 593, noch heute mir. Wir sehen, unser mi folgt

dem Gesetze, daß das goth. nominative s abfällt, wie goth. fisks wird fisk, welches dann dem goth. Acc. fisk gleich wird.

2. Woher das s im goth. mis? gleicht es dem h im lat. mihi?

mid, cum, mit, Präp. mit dem Dativ, woher: mid sorhtu 29, mid minniu 30, mid wordon 51, mid werkon 51, mid githankon 52, mid luston 52, mid gilovon 59, mid ungilovon 59, so auch im Hel. mid: mid wordun endi mid wercun 9, mid handon 14, u. s. w. Daneben auch einige Mal midi 220, 285, 1348, 1492, u. a. recht anziehend ist, hier zu sehen:

1. mid ist goth. mith Matth. 5, 25, alth. mit Graff 2, 659, woraus wir erkennen, daß sich im Deutschen selbst, also nach dem Uebergange aus der vordeutschen Zeit der ganze Kreislauf in der Lautschiebung vollendet, da hier th, d, t wird.

2. Mit diesem hochd. t in mit hat sich die Sprache wieder auf die griech. Stufe gestellt, es ist damit geworden das griech. μετά mit. Merkwürdig blieb der Vocal i, der ward aus dem ε in μετά, im Deutschen ständig, da das s sonst gewöhnlich wiederkehrt, doch findet sich im Hel. auch met 369, 4579, 4903, so 12mal, was ist Laut für Laut das griech. μετά. Diese Rückkehr zum Urlaut im Griech. findet sich im Gange der Lautverschiebung im alts. und alth. unzählige Mal, wie gewöhnlich in dem e der X. und XI. Conj. als in lesan, rekan u. a.

mih, me, mich, as. von ik, in: mih selvon unsuvroda 51, dieses mih ist nicht weniger auffällig, als das ia in liagan w. s., denn auch alth. gilt diese Form mih Graff 2, 593, wogegen im Hel. mik 6170, 9565, 9675 u. a. neben mi, welches mik noch ist das goth. mik Matth. 8, 2.

min, mina, min, meus, mea, meum, mein, meine, mein, 22mal, nämlich min für as. u. in: min gibed 48, min lif 68, mina für ap. m. und f. in: mina brothar 20, suestar 21, nahiston 21, friund 22, iungeron 25, fillulos 26, githidi 47, minamo für ds. m. in: minamo gilovon 7, minan für as. m. in: minan fader 19, degmon 33, bigihton 64, gilovon 69, minas für gs. m. in: minas herdomas 17, minemo für ds. m. und n. in: minemo bigihton 8, mestra 8, herdoma 9, rehta 10, minero für gp. f. in: minero sundiono 3, gitidio 12, mineru für ds. f. in: mineru cristinhedi 6, dazu bemerke:

1. min ist auch alth. min, goth. dagegen meins Graff 2, 593, woraus wir erkennen, daß i in unserm min lang ist, heute gilt noch mi. min, aber ab. mein, so gesprochen, daß ein schwaches e in ei vortönt.

2. Sehr merkwürdig sind die Dative minamo und minemo als die vollendetsten Formen der starken Decl. dieses Pronemens, nur selten noch im Hel., wie minemo iungron 11225, sonst schon in minon abgeschwächt. Sieh amo ... und emo ...

12

minnia, f. caritas, amor, Minne, Liebe, ds. minniu, in: mid sulikaru minniu 30, daſſelbe minnia im Hel. 19 mal, wie B. 657, 874, 1671, 2994, 3088, 3926 u. a., über dies Herzenswort, lieblich in Lauten, in Sinne lieblich, wie Vergißmeinnicht, merke:

1. Die minnia hat ein nn bekommen durch Rückwirkung des folgenden i, wie ein nn und ss die hellunnussia, wie im Hel. ein ll die hellia Hölle, was goth. iſt halja, und ſo viele andere Wörter durch ein folgendes i doppelten Conſonanten bekommen haben. Alſo ſteht minnia für minia.

2. So zeigt minia in der Form min den Stamm des Verbums, welches dem man w. f. zum Grunde liegt, woher auch das min im goth. gaminthi für μνεία, memoria 1. Theſſ. 3, 6, woher auch muns für μνημοσυνον, memoria, Andenken Marc. 14, 9. Danach iſt Grundbedeutung unſeres minnia Gedächtniß, Andenken, Erinnerung, Andacht (im allgemeinen Sinne des Wortes), die minnia iſt die Erfüllung des ſo ſinnigen Mahnwortes «Vergißmeinnicht.» Und welche Bezeichnung für Liebe könnte wahrer, ſchöner, lieblicher ſein, als ſie der Deutſche gefaßt hat in ſeiner minnia?

minnion, amare, diligere, minnen, lieben, Prät. minnioda, in: ik minan fader endi moder ne minnioda 20, mina friund ne minnioda 22, arma man ne minnioda 25, biscopos endi prestros ne minnioda 56, ſo auch im Hel. minnioda 7936, und minnion 632, 2905, 2893 u. a.

1. minnion iſt abgeleitet von minnia, wie endion von endi, sundion ſündigen von sundia, wie im goth. sunjon 2. Cor. 12, 19 von sunja, u. a.

2. Die Bedeutung ganz im Sinne von minnia, wer minniot, der trägt in ſich die Erinnerung, das Andenken des geliebten Gegenſtandes.

missa, f. missa, Meſſe, as. missa in: thia helagun missa ne firioda endi ne eroda so ik scolda 27, missa nicht im Hel., dagegen mehrmal in FH. wo mit missa, wie mit Lichtmeß zugleich der Tag, an welchem die Meſſe gehalten wird, bezeichnet iſt. Ich bemerke hier zu dieſem hehren Worte:

1. Die missa iſt alth. missa und daneben mit e messa wie das heutige Meſſe, eben ſo altn. messa und agſ. gar maessa Graff 2, 867. Dies e und ae in dem Worte deutet auf einen andern Stamm, als welchen man bis jetzt dafür gewöhnlich angeſehen hat. Denn

2. die missa ſoll ſtammen vom lat. mittere, ſo herkommen von dem ite missa est, welches jetzt zu Ende der Meſſe geſagt wird, anfänglich jedoch hinter dem Credo den Katechumenen zugerufen wurde, zur Mahnung, daß ſie ſich entfernten, weil ſie bei dem nun beginnenden h. Meßopfer nicht gegenwärtig ſein durften. Ohne der Sache hier widerſprechen zu können und zu wollen — ich weiß mir die Richtigkeit des Ausdrucks nicht zu deuten.

a. ite missa est heißt nach der gewöhnlichen Auslegung: gehet, die Entlassung ist, und das kann bedeuten: die Entlassung ist für euch, die ihr euch zu entfernen habt, geht nur, ihr habt die Erlaubniß. Soll von dieser unbedeutenden Sache das ganze Meßopfer benannt sein? dann wäre ja doch das so heilige Handlung bezeichnende Wort für die Sache so gut wie nichts sagend. Denn es hieße dann Messe Entlassung, Entfernung der Menschen, die nicht würdig sind, an so heiliger Handlung Theil zu nehmen.

b. ita missa est könnte dann auch heißen: gehet, die Messe ist nun, d. h. sie fängt an, so daß das nach dem Credo folgende eigentliche Meßopfer mit der missa gemeint wäre. Wie ist es aber dann möglich, daß der angenommene Wortsinn von missa dazu passe? passe zu diesem Theile, worin gar keine Entlassung stattfindet?

So ist denn der aus der gewöhnlichen Deutung des Wortes missa folgende Sinn in den beiden möglichen Beziehungen sprachlich nicht zu begreifen, und wir sind berechtigt, uns umzusehen nach einem Stamme, der bessern Sinn gewähren könnte. Den glaube ich gefunden zu haben.

3. Die missa ist nicht von missus, missa, missum, mittere, sie heißt vielmehr in tieferm, erhabnerm Sinne, der heiligen Sache würdigen Sinne, sie heißt, dem Worte messa oder missa gemäß, um es gleich kurz zu sagen, communio, coena.

a. Die missa, messa, maessa hat gleichen Stamm mit dem goth. mats, alth. maz, ags. maete, altf. meti Graff 2, 904, was ist daps, esca, mensa. Es bleibt die messa, darum nicht minder lat. Ursprungs, da das lat. mensa Speise ist von metere, wie griech. δαὶς Speise, Mahl, dies von δαίω theile.

b. Die messa steht neben mensa, wie fressus neben frendere, passus neben pandere u. a. Die messa ist eine dritte Form, steht neben metere mensus, wie messui, von melior, neben eben dem metere und mensus. So ist messa, gleich mensa, coena, wie ja der Ausdruck coena domini in der kirchlichen Sprache gänge und bekannt ist, als Wort für die Sache sprachlich begründet in seiner Form, und in seiner Bedeutung würdig des hochheiligen göttlichen Mahles. Wenn im alth. missa übersetzt ist mit sauta Graff 6, 239, so kann das sehr wohl in Folge der Deutung der missa von mittere geschehen.

mis, dis, miß, in der Zusammensetzung mistumst, w. s., im Hel. auch in mislic dissonus 3780 u. a., verdient zum Verständnisse der mistumst nähere Betrachtung:

1. Dies mis im Hel. nur in dem Adjectiv mislic bei thing 6931, 10754, bei sebo 5026, bei man 3750, 7465 und dem Adv. mislico 4888, 7020, doch genügt dies mislic um den Sinn von mis zu gewahren. Es bezeichnet mis ein Mitten, ein Zwischen, ein medium, ein μέσον,

ein μετά. Unter den Menschen, die da heißen mislica man, war ein mis, eine Mitte, eine Lücke, wie in ihrem sebo war eine intermissio, eine Scheide, eine Wand, die ihr Herz trennte, wie unter den Arbeitern, welche mislico in den Weinberg kamen, eine Zwischenzeit. So erkennen wir in mis die Nähe des Adjectivs middi in middi dag im Hel. 10784, und somit auch der Präp. midi und mid, wovon middi nur die Form des Adjectivs ist.

2. mis ist von middi, midi, mid nur so in Form verschieden, wie das griech. μέσος von μετά und dieses wieder vom lat. medius. Allen ist gemeinschaftlich der Begriff mitten, zwischen, und darin liegt der Begriff der Trennung, welche unter bestimmten Verhältnissen Mangel, Unrechtes, Verkehrtes erzeugt. Dies letztere ist nun der Sinn, den mis zum Unterschiede von middi, midi, mid bei abstracter Verwendung in sich aufnimmt, so nehmend den Weg des griech. δυς und lat. dis. In δύο blieb der reine Begriff der Theilung, wie in middi, das δυς dagegen (ist ja die Form des Sing. von δύο) bekam den Sinn unseres mis: ein δύσθυμος ist zwiemuthig, mißmuthig. Eben so hat lat. dis bösen Sinn, während di und de (alle drei stammen mit bis und bi von duo) die räumliche Bedeutung festhielt. So ist denn deutlich die erste Hälfte von dem mistumst w. f.

mistumst, f. dissensio, discordia, simultas, Zwietracht, Zwist, as. mistumst, m. ik abolganhed endi gistridi an mi hadda mistumst endi avunst 46, nicht im Hel. Dagegen im alth. messezumst dissensio, mit dem entsprechenden Verbum missazumston dissonare Graff 5, 667. Demnach gibt sich hier der Beichtende schuldig, daß er war ein Störenfried, der Mißhelligkeit stiftete unter sich und andern und überdies unter andern selbst. Doch bedarf mistumst noch der Bemerkungen:

1. tumst ist genau so gebildet, wie das hochd. Zunft, Kunft, Vernunft, nur daß in diesen Wörtern nf statt mf geschrieben wird. Sonst sind sie von kuman, neman wie tumst von teman w. f. Das f darin entstand in der Aussprache, indem sich das ableitende t unmittelbar an m anlegte, in gleicher Weise, wie dadurch im Latein p entstanden gedacht werden muß, wenn man schreibt emptus, demptus, comptus. Im goth. wird bei gleicher Ableitung das f nicht geschrieben, wie wir sehen an andanumpts Luc. 9, 51.

2. Mit tumst ist mis vereinigt, wie im Hel. mid mit sirih in midsiri 6048 (für midsirhi, nicht für midsiri-h), ich meine, daß kein Verbum mistemman angenommen werden darf, sondern daß das fertige tumst mit dem mis zusammengesetzt worden ist. Die mistumst ist eine böse tumst, eine verkehrte tumst, eine Zwie-tumst, eine Zwietracht.

moder, f. mater, Mutter, as. moder, in: ik minan fader endi moder ne eroda 19, so auch im Hel. moder, modar M. 733, doch gewöhnlicher muoder, modar M. 763, u. a., zweimal sogar modor 526, 1635, dessen or wol durch Assimilation des vorhergehenden o entstanden ist, also in umgekehrter Folge, als die gewöhnliche ist.

mos, n. cibus, esca, offa, Speise, Mus, Bissen, as. mos, in: witidlion mos sehoda endi drank 15, ik giwihid mos endi drank nithargot 16, im Hel. nur in M. mos, in C. dagegen muos, sonst in gleicher Bedeutung wie B. 2105, 2117, 5728, 9129 u. a. An allen diesen Stellen sehen wir deutlich, daß muos oder mos nicht ist Eßwaare im rohen Zustande, wie Getreide, sondern alles das bedeutet, was so zubereitet ist, daß man es genießen kann, wozu vorzüglich gehört, daß das zu Essende in ebenmäßige Stücke zerlegt sei. Diese Zerlegung ist sogar der Grundbegriff, welchen das muos in sich trägt:

1. Das o oder uo in mos oder muos weiset auf ein wurzelhaftes a, also das Wort auf ein mas, welches mas sich wirklich erhalten hat in masa cicatrix Graff 2, 861, worin die Narbe als ein Schnitt dargestellt sein muß. Das s darin steht an der Stelle eines t oder d, so daß mas, muos in Betracht des s gleich ist einem mad in amad Graff 2, 653, gleich ist dem mat oder meti Speise im Hel. Alle drei Formen wurzeln in dem Verbum ma-an Graff 2, 653, woher das heutige mähen, welches Wurzelverbum sich schließen durch i, h, w, d, t, s und mit diesen Lauten zu neuen Wörtern, ja zu starken Verben entwickeln kann. Danach enthält mos oder muos uranfänglich den Begriff des Schneidens, Theilens, Zerlegens, ganz in dem Sinne, welcher dem griech. δαίς, von δαίω ich theile, und dem lat. mensa, von metior messe, zum Grunde liegt, ist die mundrecht eingerichtete Eßwaare.

2. mas, muos, mos hat in seinem Stande zu mad, mat so vielfältige Gleichheiten, daß an der versuchten Herleitung kaum ein Zweifel übrig bleibt. Man vergleiche nur alth. blaian, ags. blavan blähen, woher blasan blasen, die blasa Blase, blatara Blatter Graff 3, 234 — 36, wo blasa genau steht wie masa, weiter alth. flawian (= flau-ian) Graff 3, 740, wozu gehört im Hel. fluod Flut, und fliotan fließen.

3. Vor allem ist hier noch vor dem großen Irrthume zu warnen, wozu die Anmerkung bei Lacomblet S. 6. verleiten könnte, dem Irrthume, als sei hier in der Stelle, ik giwihid mos endi drank nithargot 16 unter mos der Leib Jesu Christi verstanden. Die Einsegnung des Brodes, Weines und andrer Eßwaaren durch den Priester ist in der katholischen Kirche so allgemein und bekannt, daß es keines weitern Wortes bedarf, wie es auch bekannt ist, daß die Verzettung dieser geweiheten Gegenstände für sündhaft gehalten und gewiß mit wahrer Frömmigkeit dafür gehalten wird. Ueberdies sei noch bemerkt, daß der Leib Jesu Christi im Sacrament nirgends mos, sondern allerwegen brod heißt, und daß in der Kirchensprache gilt dafür ein eignes Wort: die culogia Vita Ansk. bei Pertz Mon. II. 719, wo Pertz zu eulogiis datis richtig bemerkt: pauperibus eulo-

gias h. e. panes vel cibos benedictione consecratos distribuebat. Der h. Anscar starb 865, Febr. 3. Pertz l. l. 723.

motan, posse, debere, licere, müssen, können, mögen, dürfen, in: that ik min lif endi minan gilovon an godas huldion giendion moti 69, derselbe Conjunctiv im Hel. muoti, moti M. 1874, 2995, 5048 u. a. höchst wichtig ist motan in Bedeutung nicht minder, als in Form:

1. motan ist buchstäblich das hochd. müssen. Doch hat sich dies müssen von motan in seiner Bedeutung so weit entfernt, daß wir ihre Gleichheit kaum zu erkennen vermögen, und motan selbst ist gleich weit von der ursprünglichen Bedeutung des Wortes entfernt. Denn diese ist die sinnliche, räumliche: maß sein, gemäß, ebenmäßig, bequem sein, das rechte, passende Maß haben, passen in, an, zu etwas, wie paßt der Leib in das Kleid, der Deckel auf den Topf, das Bild in den Rahmen, der Stiel in das Artauge, u. s. w. Diese sinnliche Bedeutung, nicht mehr im Heliand, wohl aber noch im goth. gamotan stehend für χωρεῖν: In Kapharnaum waren vor dem Hause, worin sich Jesus befand, so viele Menschen versammelt, daß der Raum vor der Thür sie nicht fassen konnte, was ausgedrückt ist durch: ni gamostedun Marc. 2, 2, d. h. sie (die Menschen) paßten nicht, gingen nicht alle in den Raum, der Umfang, die Vielheit der Menschen war zu groß, der Raum war zu klein, die Menge paßte nicht hinein, wie ein großer Leib in ein zu enges Kleid nicht paßt. Dieselbe Vorstellung waltet noch in gamot Joh. 8, 37, gamoteima 2. Cor. 7, 2, obschon hier gamotan schon abstract gebraucht ist. Leicht erkennen wir, daß diese äußerlichen Verhältnisse des Maßes sehr geeignet sind zur Bezeichnung von geistigen, sittlichen Verhältnissen: Wie ein Kleid um den Mann, der Mann in das Kleid paßt oder nicht paßt, eben so wird der Geist des Menschen, seine sittlichen Eigenschaften in, zu, bei etwas passen oder nicht passen, was wir dann, weil müssen diesen weiten Begriff nicht mehr hat, je nach Sinn der Worte, auszudrücken pflegen mit können, mögen, dürfen. Ueberall läßt jedoch sich motan noch fassen im lat. congruere, commodum esse, aptum esse.

2. Diese sinnliche Bedeutung Maß hat motan von seinem Stamm. Denn es zeigt in diesem o oder uo den Vocal des Prät. der VII. Conj., führt also auf ein mat, welches in der Form wieder Prät. ist von metan, goth. mitan messen, und hat somit von daher den Begriff des Maßes. Ob ehedem ein wirkliches starkes Verbum matan bestanden habe, läßt sich nicht erweisen, ist auch gleichgültig, genug ist, motan ist durch Ablaut von mat dies als Nomen gefaßt, sei es Adj. oder Substantiv, es ward motan oder muotan von mat, wie for oder fuor von faran. Dazu stimmt denn auch die Bedeutung. Denn das mat Maß, maß ist eine Eigenschaft an einem Dinge, welche durch das davon stammende mot oder muot verbalen Sinn bekommt, bedeutet maß sein erst räumlich, körperlich, dann geistig, sittlich.

3. Indem motan von dem metan

meſſen ſich die Form des Prät. mal zum Ablaut erkor, ſich ſo ſtellte in den Lautgang der VII. Conj., hat es in ſeiner Verlautung mot oder muot die Endſchaft erreicht. Es verbrauchte den Vocal des Prät. zum Präſens, wurde alſo unfähig, aus ſich ſelbſt ein Prät. durch Ablaut zu erzeugen. Es mußte, wenn es Verbum bleiben wollte, für das Prät. ſchwache Form wählen, mußte bilden motida, motda, woraus ſich mosta entwickelt hat als wirklich vorkommende Form, wie im Hel. muosta, mosta M. 724, muostun, mostun M. 171, muosti, mosti M. 185. muostin, mostin 297, u. a. Mit dem goth. ogan fürchten ſteht motan auf gleicher Stufe, das iſt, auf der niedrigſten, höhern Stand bewahrte ſich mugan w. ſ.

mugan, valere, posse, mögen, können, davon mag, in: the ik binemnian ni mag 58, wie im Hel. mag 281, 456, 539 u. a., gleich motan iſt mugan höchſt merkwürdig wie in Form, ſo in Bedeutung:

1. Im goth. haftet der Vocal a in allen Formen: dagegen ſind bei unſerm mugan folgende Eigenheiten:

a. Das a bleibt im Sing. des Präſ. im Hel. ik mag 807, hic mag 456, welches a dann auch übergeht ins Prät. mahta 1317, mahtis 5898, mahtun 5448, u. ſ. w.

b. Der Plur. dagegen wandelt a in u, für magun wird mugun 803, 1048, 1123, u. a., welchem u dann folgt der Conjunctiv mugi 314, 455, u. a. mugin 2810, 3473 u. a. Sonderbar iſt dies mugun, da es ein u hat, als wenn das Verbum ginge nach der IX. oder XII. Conj., wie zu erklären? Ich glaube, daß dies u erwirkt iſt durch das u in der Endung un. Daß ſolche Rückwirkungen hier ſtatt haben konnten, beweiſet augenſcheinlich das alth. megi, megis neben magi und mugi Graff 2. 607, wo das e durch i verwandelt iſt.

c. Neben dem Prät. mahta beſteht auch muohta 1144, mohta 327, mohtun 1625, mohti 377, u. a. Wir ſehen, der Vocal a in mag iſt betrachtet, als ſtände das Verbum in der VII. Conj., wonach dann folgte ein muog, mog oder muohta, mohta.

2. Für urverwandt hält Grimm das griech. μίγνυμι und für den Grundbegriff von mag ich habe gezeugt Geſch. II. 904. Aber μίγνυμι ſteht ja nicht in der Conjugation, worin mag ſteht. Dann fehlt auch das Geſetz der Lautverſchiebung bis auf mikil, was buchſtäblich iſt μεγαλ-ος. Nimmt man dagegen das g in mag für h, wie in egan, ſo ſtimmt zur Lautſchiebung das griech. μῆχος, μακρός, ferner μῆχος, μηχάνη, μάχομαι, weiter auch lat. magnus, mactus, wie auch im deutſchen mak- in mako, makon machen. So ſtimmen, wie nöthig zur Wahrheit der Ableitung, μαχ, μηχ, und mag, mug, mohta in ihrer Conjugation und in den Bedeutungen ſelbſtredend.

mund, f. firmitas, munitio, munimentum, tuitio, tutela, Feſtigkeit, Schutz, Schirm, Hut, Hülfe, in mundburd w. ſ., auch im Hel. nur in mundburd und

mundboro, dagegen auch einfach agſ. mund für manus und tutela Bw. Gloſſ. 216, alth. munt Graff 2, 813. Merke beſonders:
1. Die mund geht, wie burd, nach der II. ſtarken Decl. hat alſo in den betreffenden Caſus mundi wie bei Otfr. ds. munti 426—29, welches i auch ſprachrecht iſt in dem latiniſirten mundiburdium RC. 79 und 78. Gemäß dieſer Decl. hätte ſich auch bilden können mundi und mundia, welches mundia beſtand in ſelbmundia Graff 2, 814, ja ſelbſt auch ein ſächliches mundi. So verräth mund adjectiviſches Weſen, wofür denn auch ſpricht der mund für protector Graff 2, 813, woher auch die zahlreichen und ſinnvollen Namen, wie Athalmund WH. 240, Thiadmund 248, Wilmund 242 u. a.
2. Es iſt eine ſchwere Frage, woher dieſes ſchöne und ſinnreiche mund ſtamme, ob wurzelhaft mun und d ableitend, oder ob d wurzelhaft und n eingeſchoben. Jedenfalls ſteht mund im Lautgange eines ſtarken Verbums in der Reihe von mand, woher mandag für alacer Graff 2, 810, im Hel. mendian frohlocken, und mendislo Freude, in der Reihe vom gothiſchen anaminds Vermuthung Tim. 1, 6, 4, gaminthi Gedächtniß 1 Theſſ. 3, 6 und gamunds Marc. 14, 9, was ſogar in munds als weiblich unſerm mund völlig gleicht. Die ſo fern liegenden Bedeutungen laſſen ſich dennoch ohne beſondern Zwang vereinigen, wenn wir nur denken an griech. μένω, μένος, μιμνήσκω, μονή, lat. manere, manus, monere, monumentum, moenia, munire, communis, munimentum. Aus μένω wird das Bleiben, Halten im Geiſt denken, Gedächtniß, das Anregende, Aufmunternde, die Freude, die mendi das Bleiben, Halten das Feſte in Raum und Stoff, das monumentum und munimentum, in Willen und Macht der mund und die mund. Das lat. mundus, a, um, überſetzen wir mit rein, indeß können wir auch denken gediegen, ſolidus, reines Gold iſt gediegen, dichtes, feſtes Gold, weil ſeine kleinſten Theile ohne Zwiſchenlage fremder Stoffe dicht an einander befeſtigt ſind, und ſo wäre der lat. mundus buchſtäblich unſer der mund und die mund. Dieſe Einigung wäre in der That nicht zu kühn.

mundburd, f. tuitionis latio, muniminis latio, opitulatio, Schutzhaltung, Schutzleiſtung, Schutzgewährung, Hülfeleiſtung, as. mundburd, in: an godas mundburd endi an sina ginatha 63. Sieh mund und burd und merke noch:
1. Im Hel. iſt die mundburd 8 mal und ſteht hier von dem Verhältniſſe des Herrn zum Knecht 9388, von der Macht und Gewalt zu einer Handlung von Jeſus 2480, 4138, von dem Schutz und Schirm als Sinnreim zu frithu 5379, 7387, von Hülfe und Beiſtand, als Sinnreim zu helpa 3830, 4464. Daraus iſt die mundburd in ihren beiden Theilen, wie auch im Ganzen ſehr deutlich und beſtimmt, wozu ich noch bemerke, daß Schmeller, wenn er für 59—16, V. 3908 fragt: mundburd (masc.?) überſehen hat, daß der Comparativ im Hel., wie im goth. ſchwache Decl. hat und ſomit

mildiran bei mundburd, f. ganz sprachrecht ist.

2. Sehr schwer ist unsere so sinnvolle mundburd durch eine wörtliche Bezeichnung im Lat. und Hochd. wieder zu geben. Dem burd steht nahe die latio in suffragii latio. Diese Schwierigkeit fühlten auch die Verfertiger lat. Urkunden, und es ist merkwürdig, wie sie sich zu helfen suchen. Sie behalten das deutsche mundburd in der Form mundiburdium RC. 80, setzen auch dafür tuitio atque mundiburdium 79, oder defensio ac tuitio und protectionis munimen 37, lauter Behelfe, wodurch ungefähr die Sache, nicht aber die Worte bezeichnet sind, besonders da nicht, wo das deutsche mundburd ein Rechtsverhältniß ausdrückt.

N.

nah, prope, propinquus, vicinus, nahe, in dem Superlativ nahisto, m. f., im Hel. nah von räumlicher Nähe 5644, mit dem Dativ der Person 7189.

nahisto, m., proximus, Nächste, ap. nahiston, in: mina brothar endi mina suestar endi mina othra nahiston ne eroda 21, von der verwandtschaftlichen Nähe der nahisto auch im Hel. 6546 und 2891, bemerke dazu:

1. nahisto ist Superlativ von nah und so substantivisch gebraucht, wie im Hel. furisto princeps 10951, wie das gleiche alth. furisto Graff 3, 625, woher das heutige Fürst.

2. nahist gebildet wie erist m. f., bewahrt in dem is die älteste Form des Comparativs, das goth. is, wie dies als Adv. gebraucht in starken Formen vorkommt, wie airis eher Luc. 10, 13, framis weiter Marc. 1, 19, hauhis höher Luc. 14, 10 und andern. Zeichen des Superlativs ist das alleinige t, welches an ein nahis angesetzt ist, und so gleicht die Bildung des Superlativs der Bildung der ordinativen Zahlwörter, wie sehsto sechste, fifto fünfte, und weiter auch dem ahtodo achte, tehando und tegatho zehnte. Daraus können wir dann die participiale Form des superlativen st erkennen, und dessen Grundbedeutung schließen. Der ursprüngliche Consonant ist th, d, welcher sich durch s in t verwandelte, wie auch sonst in der Wortbildung gewöhnlich. Der Superlativ, als ordinative Form, sagt, daß etwas über, vor den Comparativ gesetzt sei. Die Zerlegung und Deutung des superlativen st weicht wesentlich ab von der sonst gewöhnlichen, wo man ist, ost als fertige Form nimmt.

naht, f. nox, Nacht, ds. nahta, in: so an dag, so an natha 61, ich bemerke dazu:

1. Im Hel. ist naht 32mal, und zwar in den Casus nas. naht 5813, u. a. gs. nahtes 846, thero nahtes 5817, u. a. ap. naht 8165 u. a gp. nahto 898 u. a. dp. nahton 8396, nirgends findet sich, wie hier, der ds. nahta, dieses nahta so sonderbar, daß es ein treffendes Seitenstück gewährt zu dem goth. nahtam in der Verbindung nahtam jah dagam Marc. 5, 5, und dagam jah nahtam Luc. 18, 7. Diese Sonderbarkeit besteht darin, daß die naht, obwohl weiblich und zur zweiten Declination gehörend,

dennoch in der Form nahtes, nahta, nahtam die Declination der männlichen oder sächlichen Subst. erster Decl. angenommen hat. Welchen Grund mag doch diese so auffällige Abweichung haben? Ich glaube, die Declination des dag in der so oft nöthigen und gebrauchten Verbindung dag endi naht. Das Bedürfniß den so deutlichen Casus und Sinn des dages in dieser Verbindung auch an naht erkennen zu geben, erzeugte das dem dages entsprechende nahtes, dann weiter natha und goth. nahtam.

2. Unser naht, goth. nahts, alth. naht, nacht Graff 2, 1019, ist sichtlich urverwandt mit dem griech. νύξ und lat. nox, deren t erscheint im Gen. νυκτός, noctis, obwohl die Vocale a, o, u sehr weit aus einander liegen. Durch das feste Gerippe, die Consonanten, n - kt ist die Gleichheit zureichend verbürgt. Das t gibt sich, wie in νυκτός und noctis, so auch in naht als ableitend zu erkennen, und es stimmen die Stämme νυχ-, noc-, nah- vollkommen zu einander, ja unser h in nah weiset sogar auf den ältesten dem νυχ- und noc- zum Grund liegenden Laut, welcher ist das griech. χ, wie wir das erkennen in νύχιος, ἐννύχιος und ἐννύχιος, πάννυχος und παννύχιος, wonach das lat. noc- in noctis, gleicht einem vec in vectus, trac- in tractus als von veho und traho. Nehmen wir das χ in νυχ- ableitig, so gelangen wir zu dem Wurzelverbum νεύω, woher auch das, in νυ- dem νυχ- gleiche, νυστάζω (dormito), woher das lat. niveo in conniveo, dessen v mit h oder c wechselt, wie wir sehen an connixi, nicto, so gleichend einem vivo-victus, nivis-nix (= nics). Der Tag ist das offene leuchtende Auge der Welt, mit der Nacht schließt die Welt dies Auge, oder die Nacht selbst ist die geschlossene, die sich schließende, die verfinsterte, verdunkelte. Gleichen großen wundervoll schönen Sinn wird unser naht enthalten müssen, als stammend von dem, dem griech. νυχ- gleichen, Wurzelverbum zu nah, und dem goth. ganah, wozu Grimm die naht gezogen hat, indem er sagt: auf jeden Fall gehört dazu nahts Gesch. 2. 904, 905.

namo, m. nomen, Name, im Hel. 22mal, nämlich ns. namo 418, ds. naman 265 und namen 511, as. namon 444, gp. namono 702, u. a. ist Stamm zu nemnian w. f.

ne, ne, non, nicht, in dieser Form 24mal, nämlich 17, 19, 22, 24, 26, 28, 30, 31, u. a., so auch im Hel. ne 30, 168, 241 und viele andere, doch noch häufiger besonders in C. ni 50, 128, 157, 165 u. a. . . Dies ni ist die ältere Form, gleich dem goth. ni, woraus ne abgeschwächt ist, wie lesan ward aus lisan u. s. w. Es ist auffällig, daß im Beichtsp. das aus ni entstandene ne vorkommt, da er sonst die Formen höchsten Alterthums enthält, wie bi und gi, was auch schon im Hel. besonders in M. zu be und ge mitunter geworden ist.

nemnian, nominare, nuncupare, nennen, in der Zusammensetzung binemnian w. f., im Hel.

auch einfach, wie nemnida 2505 und ginemnid 7248, nemnian ist ein sehr merkwürdiges Wort:

1. nemnian ist goth. namnjan, woher namnida Luc. 6, 13, namnids 1. Cor. 5, 11, woraus wir erkennen, daß in unserm nemnida und ginemnid abweichend vom goth. das durch Rückwirkung des ableitenden i entstandene e in alle Formen übergegangen ist. Im alth. sind die Formen des Prät. zweifach nämlich namta, ginamt und ginemnit Graff 2, 1083. Wir sehen daraus, daß wo die Wirkung des i aufhörte, das a bleibt, wie in namta. Es folgt auch, daß Graff falsch angesetzt hat ein alth. namnjan statt nemnian.

2. nemnian ist abgeleitet von namo, wobei eigenthümlich, daß jan angesetzt ist an die Form des Wortes, welche erst in den Casus erscheint, wie namon und namen, goth. namins, namin, und überdies den das n bindenden Vocal verliert. In dieser Bildung gleicht namnjan, nemnian merkwürdig einem lat. ordinare als von ordo, noch genauer einem carnare in incarnatus als von caro gen. carnis für carinis.

nithar, deorsum, desuper, nider, hinab, herab, in der Zusammensetzung nithargiotan, w. f., auch im Hel. ist nithar oder nither 6036, 6324, 6681, 11165, daneben auch nithare unten 4838 und nithana von unten 3627, höchst merkwürdig ist dies nithar:

1. nithar zeigt ein ar, welches gleich ist dem ar in withar, weiter, auch dem ar in ostar nach Osten, westar nach Westen, suthar nach Süden, enthält demnach den Begriff von hin, und führt auf ein einfaches nith, wie withar neben sich hat ein with, welches nith vorkommt im alth. nida Graff 2, 986, was auch noch vorkommt im Neuhochd. in der Form nid.

2. nith und nithar, nithana, nithane hat unzweifelhaft gleichen Stamm mit dem Subst nith, w. f., so weit entfernt auch dessen abstracter Sinn von dem örtlichen nith sein mag. Das goth. Verbum nithan Philipp. 4, 3, diese reiche und wichtige Wortquelle, gab der Sprache dies zum Adv. verwendete nith oder nithar. Fassen wir das Verbum nithan im Sinne von premere drücken, so ist nith pressus, nämlich depressus, wofür ja das einfache pressus gilt, und dies als Adv. ist presse, depresse, infra. Dazu stimmen alle Stellen, wo im Hel. nithar vorkommt. Denn es bedeutet an allen nithar zu Boden, humi, zur Erde, wie eben so in nithargiotan w. f.

nithar-giotan, defundere, effundere, humi fundere, niedergießen, vergießen, verschütten, verstreuen, verzetten, daher nithargot, in: ik giwihid mos endi drank nithargot 16, dazu bemerke:

1. Nicht ist hier gemeint die Verschüttung des Leibes und Blutes Jesu Christi, wie man meinen könnte nach der Anmerkung bei Lacomblet S. 6. und Maßmann leider wirklich meint, da er uithar (d. i. withar) got statt nithar-got in den Text aufgenommen hat S. 137. Schon das Wort got mußte schützen vor jener Auffassung, da es wohl alth. für Gott, niemals jedoch altf. got steht für god. Es

bedeutet hier mos und drank wirkliche Speise und Trank, als Brod und Wein, sieh mos und wihian.

2. nithar bewährt auch hier den ihm von seinem Stamme nithan premere überkommenen Sinn, indem es nicht bloß bedeutet die Richtung von oben nach unten, sondern auch daß der Gegenstand da unten ankommt, den Boden erreicht, es ist nithargiotan zu Boden, zur Erde gießen, schütten, fallen lassen.

3. In diesem giotan wie auf drank so auch auf mos bezogen erkennen wir so weiten Sinn, als welchen hat das lat. fundere und spargere, beide von trocknen und flüssigen Dingen.

nith, n. pressura, nisus, invidia, odium Druck, Drang, Wucht, Gewalt, Neid, Haß, gs. nithas, in: ik iuhu nithas 10. ein höchst bedeutsames Wort ist dies nith:

1. Das goth. neith für φϑόνος, invidia Matth. 27, 18, Marc. 15, 10 ist sächlich, das alth. nid zeichnet Graff m. 2, 1031, welchem folgt unser nith? Schmeller setzt m. Gloss. 83, wofür jedoch keine einzige Stelle im Hel. spricht. Im Grunde ist nith nicht Subst., sondern Adj., so daß darin alle drei Geschlechter begründet sind, und der Gothe das n., der Franke das m. nehmen, und der Sachse dem Gothen folgen könnte Gleichheiten bilden im Hel. z. B. torn zornig und das torn Zorn, hochd. der Zorn, harm harm und das harm, hochd. der Harm, u. a.

2. nith hat hier sehr böse Bedeutung, ist ein böses nith, auch das goth. neith ist schon böse, wie auch das nith im Hel. böse ist. Indeß ist im Hel. nith, wenn auch böse, dennoch noch sinnlich genug, um daraus die ursprüngliche Bedeutung zu erkennen, welche so unschuldig, ja so wohlwollend ist, wie ein lat. nisus, contentio, studium. Denn Wurzel von neith, nith ist das goth. Verbum nithan, premere, niti, auxiliari. Sieh nithar. Für die sinnliche Bedeutung von nith vergleiche im Hel. 11135, 11069, 9713, dazu die sittliche 56, 104, 3805 u. a.*)

3. Daß das neith, nith wirklich von nithan, nath, nethun stamme, dafür sei hier noch ausdrücklich bemerkt:

a. die ganze VII. Conj. mit den goth. Vocalen i, ei, ai hat sich entwickelt aus der X. Conj., oder wenn wir wollen aus der XI.

b. Beide, die X. und XI. sind fähig, Substantive oder Adjective, wie neith aus sich zu entwickeln, ihr

---

*) Zu diesem nith zähle ich nun auch nithun in: slogun cald isarn· niwa naglos· nithon scarpa etc. 11069, wo ich nithon für nithan genommen habe. Mich bewog die so überaus kühne Stellung des zu slogun gehörenden nithun. Es soll dadurch die mit jedem Schlage angewendete Gewalt, Macht, Wucht bezeichnet werden. So wird der Ausdruck durch die Entfernung des nithon von slogun vor scarpa ein gar gewaltiger. Der dp. nithon ist adverbial wie hrinon, heruthrummeon, sundron, wundron u. a. Möchte sich das der Mann merken, welcher bald nach mir den Hel. übersetzt und zu seiner Unehre verschwiegen hat, mit wessen Federn er sich geschmückt habe.

goth. Plur. im Prät., der eben ist hier Quelle der neuen Schöpfungen: das neith ist begründet in dem nethun von nithan, sei dies neith nun Anfang eines neuen Verbums neithan, naith, oder bestehe es als Form für sich.

nod, f. angustia, angor, necessitas, Noth, Pein, Angst, in nodthurst, w. s., so einfach im Hel. 8 mal 4202, 4538, 5892, 5907, 7124, 9682, 10612, 11134.

nodthurst, f. necessitas, necessaria, Nothburst, Nothbedarf, Lebensbedürfniß, Bedürfniß, ap. nodthursti, in: siakoro ne wisoda endi im ira nodthursti ne gaf 31, im Hel. nur das einfache nod w. s. und thurst, in der Form thurust 5650, dann aber auch nodrof 6541, und alth. ist notthurst für necessitas, necessarium Graff 5, 212, deutlich und leicht ist der sachliche Sinn von nodthurst, aber nicht leicht der Wortsinn. Darum bemerke:

1. Die nod-hat in nodthurst, wie das einfache nod im Hel. thätigen Sinn, den Sinn, welcher in dem davon abgeleiteten Verbum nodian fortgesetzt ist, woher ginodid im Hel. 10974, d. h. geengt, gezwängt, gefesselt, gebunden. Wie das goth. naudibandi für ἄλυσις, catena Marc. 5. 3 und 4, 2 Tim. 1, 16 ist ein Band, eine Binde, welche fesselt, zwängt, so ist nodthurst eine thurst, welche engt, drängt und zwängt

2. In nodthurst besteht also nicht ein objectives Verhältniß, es bedeutet nicht etwa die thurst der Noth, die thurst, welche an der Noth haftet, oder die thurst, welche nach Noth verlangt, sondern es ist eine thurst, welche von der nod gedrängt, beengt wird, die nod ist eine Eigenschaft an der thurst, die nodthurst ist eine drängende, harte, gewaltsame thurst, wie der nodrof ist ein gewaltsamer rof, das alth. notnumst Graff 2, 1077 ist eine zwängliche Wegnahme.

nu, nunc, nun, jetzt, in: the ik nu binemnid hebbiu 57, nu duon ik 64, so auch im Hel. 243, 290, 299, 567, 795 u. a.

O.

Der o Laut ist wie e in unserer Sprache nirgends ursprünglich, überall hat er die Stellen eingenommen, wo früher andre Vocale standen, am zahlreichsten sind die Fälle, wo dem o das u hat weichen müssen. Weit verbreitet und viel verwendet ist o zur Unterscheidung der Formen, weit und viel mehr als im Goth., so daß dasselbe für ein recht treffendes Merkmal der Eigenthümlichkeit gelten kann, wodurch sich die alts. Sprache von der goth. entfernt hat. Ein großer Theil seiner Verbreitung in den Sprachformen ist entstanden aus der Gewalt, welche o auf den vorhergehenden Vocal ausgeübt, diesen sich gleich gemacht oder assimiliert hat. Die Vorlage nur der wichtigsten Thätigkeiten des o genügt hier dem Zwecke:

1. In der I. Decl. der f. auf a ist das goth. o in den Casus dem a gewöhnlich gewichen, doch haben sich noch Beispiele des alten Bestandes genug erhalten, wie im Hel. diuritho M. 4278, u. a. Höchst merkwürdig ist

hier der np. in oſligeso FH. 29—12 und 18 von oſligesa als Reſt des goth. os.

2. Als Zeichen des gp. aller Geſchlechter in ſtarker Decl. gilt o, wie in gango von gang, gisihtio von gisiht, eben ſo in gitidio, legaro, sethlo, stadlo, werko, wordo, u. a.

3. Das o bildet den np. m. in ſchwacher Decl., ſich dann erhaltend in allen Caſus, wie von bigitho, degmo, gilovo, githanko, hamo, iungero u. a. Doch erſcheinen im Hel. noch ſehr häufig die goth. Formen mit an vom alten noch herrührend.

4. Durch o wird das Adv. geſchieden vom Adjectiv, wie in gerno, hlutarlico, rehto, unrehto, wie überaus häufig im Hel., doch findet ſich hier auch nicht ſelten a ſtatt o, wie in liotha für liotho 1323, langa für lango M. 722, diopa für diopo, gerna für gerno u. a.

5. Ganz beſondere Aufmerkſamkeit muß der Thätigkeit des o zugewendet werden, vermöge der es den vorhergehenden Vocal ſich gleich macht, weil wer dieſe Wirkung nicht kennt und beachtet, ehe er ſich deſſen verſieht, zur Mißdeutung der Formen abirren kann:

a. Unzählige Mal iſt durch das o in den Caſus o und on in vorhergehender Silbe ſtatt a oder e das gleiche o hervorgerufen. Dahin iſt zu rechnen siakoro von siak, lustono von lusta, im Hel. nur gp. fratoho 3448 und dp. fratohon 756 u. a., was nicht iſt von fratoh, wie man leicht meinen könnte, ſondern führt auf fratah, von opan findet ſich dp. oponon ſtatt opanon 4745, neben opanon 8101, von abaro neben abaron auch aboron in M. 5994. Doch ſoviel hier genug.

b. Wo das rückwirkende o in allen Formen haftet, wie bei den Subſt. auf o und Verben auf on, hat ſich oft das erwirkte o ſo feſtgeſetzt, daß der urſprüngliche Vocal nirgends mehr erſcheint. Im Hel. findet ſich giſratohod 3345 von fratohon ſo anzuſetzen, obwohl es von fratah ſtammt. Dieſe Formen mit dem feſt gewordenen o finden ſich beſonders häufig bei Otfrid, wie zeichonon 258—8, wuntoron 63—21, lachonon 53—35, osonon 218—23, zimboron 134—37, scowon 272—6, afolon 83, 21, ostoron 187—13 u. ſ. w. Zumal verführeriſch iſt dies verlautete o, wo es in der Wurzel ſteht, wie in holon für halon, woher das heutige holen ſtatt halen, wie es im nw. noch lautet.

c. Beſonders verdient bemerkt zu werden, daß ſich dieſe Rückwirkung des o auch nicht ſelten bei den Perſonen und Ortsnamen findet. Das Oronbeki FH. 6—3 wäre doch ein ſeltſam Ohr-Bach, doch ſinnig ein Aronbeki ein Aar-Bach wie die Arnapa ein Aarwaſſer, das Mottonhem FH. 7—5 iſt ſinnreich ein Mattenhem RC. 569, das Heim auf grüner Matte. Der Wonomanha WH. 239 iſt entſtanden aus Wanom, darin om ſelbſt aus amo, alſo die Urform Wanamanha und ſo iſt der Wanamo-ha der lichthelle, mondhelle Hag oder Hain, chriſtliche Ueberſetzung des

Tausana, weil Wanamo-ha ist Wambeln bei Dortmund. Diese wenigen Beispiele aus großer Menge mögen hier genügen.

6. Ich kann diese kurzen Andeutungen über eine wunderbare Spracherscheinung nicht schließen ohne zu bemerken, daß sich die Anfänge davon schon im Goth. vorfinden. Ich rechne dahin das weibliche ainoho in dauthar Luc. 8, 42 neben dem männlichen ainaha Luc. 7, 12 und 9, 38, weiter auch viduvo Luc. 7, 12 neben viduvo Luc. 2, 37, für ushofun steht ushofon Luc. 17, 13, in Uebereinstimmung von gavondondans Luc. 20, 12 für gavundondans. Danach führt das fraistobnjo Luc. 4, 13 nicht auf einen Nom. frastobni, wie angesetzt ist bei Gabel. Gloss. 207, es bleibt nur recht das uhni, weil ob dem jo affimilirt ist. Sollte auf diesem Wege nicht auch entstanden sein aldomo Luc. 1, 38? Mich freut dieser Fund, selbst wenn er, was ich nicht weiß, schon von Andern gethan worden wäre, einmal weil wir darin einen Grund sehen für die Abweichung und so den Ungrund für die Anfechtung, welche diese Abweichung erfahren hat, zum andern, weil die altf. Eigenthümlichkeit auf den fernsten und tiefsten Quell, auf das Gothische zurückgeführt ist.

oda 3. Pers. des Sing. im Prät. der Verba auf on, wie eroda von cron, sehoda von sehon, sirioda von sirion, minnioda von minnion, suigoda von suigon, sundioda von sundion, unsuvroda von unsuvron, wisoda von wison. Zu merken ist dabei:

1. oda, diese schöne älteste Form, ist auch die im Hel., wie minnioda 7936, suigoda 2577, u. a., so unversehrt auch bewahrend das goth. oda.

2. In oda ist nicht o die Endung des Verbums, sondern dies gehört zum Stamme des Verbums, wie das griech. α und ο in τιμά-ειν und δουλό-ειν zum Stamme gehört als Ableitungsvocal. Es muß oda gedacht werden als zusammengezogen aus o-ida, welches ida noch sichtlich ist in III. schwacher Conjugation z. B. in habaida von haban.

ok, etiam, quoque, auch, dazu, wie in: ok iuho ik 5, endi ok 15, ok iuhu ik 15, endi ok 20, ok iuhu ik 34. Bemerke dazu:

1. ok ist in Form und Bedeutung ganz so wie im Hel. jedoch nur 9 mal in C. mit k geschrieben V. 1955, 3256, 5250, 5622, 6705, 8598, 8602, 11139, 11909, dagegen 78 mal mit c, von 5314 an in M. stets ok. Dieser Bestand des k und c in der Schreibung, so gleichgültig er scheint, kann doch auf bedeutsamen Grunde beruhen.

2. ok ist in Form das goth. auk, entfernt sich jedoch weit davon in der Bedeutung, da das goth. auk ist γάρ, enim, denn, wie in sa ist auk für οὗτος γάρ ἐστι, hic est enim Matth. 11, 10. Dennoch sind ok und auk von Grund aus eins auch in der Bedeutung, welcher Grund ist das Verbum okan, goth. aukan.

3. ok stammt unleugbar vom Verbum okan, goth. aukan augescere, crescere, wachsen, zunehmen, sich mehren, woher anaaukan für προσθεῖναι, adjicere Matth. 6, 27,

biaukan in biauk für προσθες, adauge Luc. 17, 5, welche Verba durch ana und bi transitiv sind von dem intransitiven aukan, wie wir nun sehen an aukandei Sk. IV. b. Dieser Abstammung gemäß bezeichnet also ok eine Mehrung, wie wir sagen: dazu kommt. Und in der That ist auch der Satztheil, den ok hinzufügt, eine Mehrung dessen, was davor gesagt ist. Gleicher Weise läßt sich der durch auk hinzugefügte Grund als eine Vermehrung fassen, wie das der Gothe gethan hat. So hat auk, ok verbalen Sinn, ist absolut in den Satz gefügt, mag man es Subst. oder Adjectiv fassen. Vielleicht wäre nicht zu kühn, wenn man es als reines Verbum betrachtete und für den Imperativ erklärte, komm hinzu, wie in ähnlicher Weise lat. gesagt wird age, adde u. a.

-omo, ds. n in luggiomo von luggi w. s., das erste o in omo ist erwirkt durch das folgende o, es ward omo aus amo, wie es erhalten ist in minamo von min, die gleiche Wirkung traf zu in siakoro für siakaro von siak.

-on, Endung zu den mannichfachsten Zwecken verwendet, ganz gleich dem on im Hel.

1. -on in den Casus der schwachen Substantive auf o, wie in bigihton von bigihto, degmon von degmo, gilovon, githankon, iungeron, likhamon, willion, werkon, wordon.

2. -on dp. in huldion, luston, tidion.

3. -on in den Casus der Pronom.

und Adj., wie allon, alomahtigon, helagon, nahiston, selvon, sinon, uvilon.

4. -on Endung des Infinitivs, wie duon, giendion, auch wakon, woher wakondi.

-ondi, Endung des Part. Präs. der Verba auf on, wie wakon macht wakondi, wie im Hel. druvondi 9860, huarabondi 9929 u. a. und im goth. onds, ondei.

-ono, gp. der Substantive schwacher Decl., wie githankono von githanko, williono von willio, lustono von lusta, manslahtono von manslahta, sundiono von sundia. Der Grund dieses on in ono kann ein mehrfacher sein. Zunächst darf man daran denken, daß on aus an durch das folgende o entstanden sei, wie bei lustono von lusta.

orlof, n. permissio, concessio, licentia, Urlaub, Erlaubniß, as. orlof in: ana orlof gaf. ana orlof antfeng 44. Auch im Hel. ist orlof in: mid is orlobu guodu 8420, nicht im goth., wohl aber das entsprechende Verbum uslaubjan für ἐπιτρέπειν, permittere 1. Tim. 2, 12 und concedere Marc. 5, 13, worin wir die Bedeutung unseres orlof genugsam erkennen.

-os, Endung für np. und ap. der m. Subst. I. Decl., wie in biscopos 55, fillulos 26, prestros 55, diese höchst vollendete Bezeichnung dieser Casus ganz wie im

Hel., als drohtingos 4120, ehuscalcos 771, engilos 5190, ethos 3034 u. a., überkommen vom goth. np. und auf den ap. übergegangen.

othar, alter, alius, ander, wovon ap. m. othra in: othra nahiston 21, othra elilendia 24, dieselbe Form im Hel. wie liudi odra 8249, thia odra 8556 u. a., daneben jedoch auch athar, woher athres 2950, athrana 2871, und andar, woher ander, thar M. 2884 und andran, odran M. 2522.

ovarat, n. super-esus, nimius esus, Ueberaß, Ueberessen, Uebermaß im Essen, daher gs. ovaratas 14, wegen at vergl. oben at.

overdrank, n. super-potus, nimius potus, Uebertrank, Uebertrinken, Uebermaß im Trinken, daher gs. overdrankas 14. Sieh drank.

ovarmodi, n. superbia, elatio, protervitas, Uebermuth, Ueberhebung, Anmaßung, daher gs. ovarmodias 13. Bemerke dazu:

1. Im Hel. nur das Adj. obarmuodi, woher Herodes heißt cuning obarmuodi 1548, auch in der Form obarmuod, woher die Jesum verfolgenden Juden heißen erlos obarmuoda 7980, die ihn verspotten, ebenfalls erlos obarmuoda 10587, für obarmuodi auch obarmuodig, wie Herodes, der seines Bruders Weib geheirathet hatte, heißt obarmuodig mann 5404, die Juden im Rath wider Jesum obarmuodiga mann 8337.

2. Von diesem Adj. obarmuodi ist unser ovarmodi das Neutrum, in der Rede als Substantiv gebraucht, wie im Hel. das Adj. odmuodi, woher odmuodian hugi 3113, im Neutrum odmuodi als Substantiv gebraucht ist 748, 1676, 3271 u. a. Bei diesem Gange der Wortbildung ist begreiflich, wie hier das ovarmuodi bestehen kann, im Hochd. doch der Uebermuth, und im alth. die ubarmuati Graff 2, 688.

P.

prestar, m. presbyter Priester, wovon ap. prestros 55, zu dessen Form und Bedeutung merke:

1. Das nominative ar folgt nicht nothwendig aus prestros, prestros könnte auch führen auf prester, zumal könnte man das meinen wegen er in presbyter, allein grade dies er gibt uns ein Recht für prestar nach Maßgabe von mestar w. s.

2. prestar durch Ausfall des by zunächst vom lat. presbyter und dies vom griech. Comp. πρεσβύτερος, wie man gewöhnlich meint, so mit Abfall des ος, wie Alexander wird aus Ἀλέξανδρος, doch ist das so ausgemacht nicht, es könnte sich neben dem πρεσβύτης sehr wohl ein πρεσβύτηρ gebildet haben und daher presbyter stammen.

3. Die hohe Würde, welche presbyter und prestar bezeichnet, kann allerdings von der Ehre hergenommen sein, welche dem Alter gebührt und gezollt wird, wie denn der γέρων in Athen, der πρέσβυς in Sparta, der senatus, bei uns aldiron Eltern

sel. 7714 von Ehre und Würde ausgehen. Indeß ist das Alter nicht die Wortbedeutung von πρέσβυς, πρεσβύτερος, πρεσβύτης, prestar. Das Wort sagt nicht Zahl der Jahre, die Länge der Zeit, sondern eine Eigenschaft an den Menschen, welche ein hohes Alter erreicht haben. Die πρέσβα bei Homer ist niemals die alte, sondern stets die vornehme, ehrwürdige, hehre s. die Wörterbücher, und das muß denn auch die Bedeutung sein, wovon πρέσβυς, πρεσβύτερος, prestar ausgeht.

4. In der Lautstellung πρεσβ- kann σ nicht wurzelhaft sein, weil ein πρες- zu nichts führt, es muß das σ im höchsten Alterthum der Sprache in die Wurzel hineingetreten sein, wie es eintrat in ἔμισγον von μίγνυμι, woher mit s das lat. miscen und doch mixtus, wie in Πελασγός von πελάζω oder πλάζω, movere, agitare, woher auch πέλαγος, alle von πέλω, wie in λέσχη von λέγω, διδάσκω, δίσκος von δικεῖν, πέσχος gleich πέκος u. a. Für den Einschub eines solchen σ spricht denn auch die äol. dor. Form πρεῖγυς für πρέσβυς. Demnach ist in unserm πρεσβ- das β wurzelhaft. Es muß ein πρεβ-, wenn es auch nicht bestanden hat, doch angenommen werden. Entspräche nun dies β im Gesetze der deutschen Lautverschiebung einem φ und dies einem π, wie in ῥάβδος, ῥαπίς, ῥαφή, ῥάπτω, so würde unser πρεβ- gleichen können einem πρεπ-, wie es in πρέπω decere enthalten ist. So wäre denn auch unser πρεβ- Quelle des lat. probus. Also hätte der Grieche die Benennung des Alters der Menschen hergenommen von der Auszeichnung, dem Vorzug, der Tugend, der Ehre, der Würde. Den Kindern ist die Mutter eine πρέσβα, der Vater ein πρέσβυς, einem Volke sind die höchsten Würdenträger πρέσβεις, dem Christen πρέσβεις die Priester.

R.

raka, s. ratio, causa, res, negotium, Rechnung, Bereich, Sache, daher as raka 17. Zur Aufhellung dieses, der heutigen Sprache so fremd scheinenden Wortes müssen wir um so gründlicher und umsichtiger zu Werke gehen, als Maßmann 137 darin sogar ein Verderbniß aus saka vermuthet, indem er fragt saka? S. 137:

1. Das Wort raka ist so echt deutsch, so echt altsächsisch, als saka, wraka, spraka, braka u. a. Der Wurzelstock des großen Wortbaumes, der seine zahlreichen Aeste und Zweige über alle deutschen Sprachen gesendet hat, ist das Verbum rekan, rik, rak, rakun, girekan oder gar girokan, da rekan ging, wie brekan, sprekan, wrekan, goth. rikan, rak, rekun, rikans Grimm Gramm. 2, 26, nr. 295. Und von dem Prät. rak dieses rekan stammt unser raka so unmittelbar, wie braka von brekan, spraka von sprekan, wraka von wrekan. So ist die Abstammung unseres raka entschieden, wie die Sachbedeutung an der Stelle im Beichtspiegel klar genug. Zur Gewinnung der Urbedeutung bedarf es jedoch ferner noch tieferen Forschens.

2. Ohne Zweifel ist rikan, rekan kein anderes Wort, als das lat. rego. Das k und g steht so im Gesetze der Lautverschiebung, wie ik und ego,

nach Grimm Gesch. 1, 399 und 408. Ueberdies stimmen auch die Vocale in rik, rek, reg ganz genau, wie nöthig, um hier die ursprüngliche Einheit zu bezeugen. Weiter führt rego und rikan auf das griech. ὄϱεγ in ὀϱέγω. In der Bedeutung würde nun eine Einheit gewiß weit ersichtlicher sein, wenn uns vom goth. rikan mehr erhalten wäre, als das einzige rikis, welches steht in dem Gedanken: Wenn dein Feind hungert, so speise ihn, wenn er dürstet, so tränke ihn, denn dieses thuend haurja funins rikis ana haubith is, für das griech. ἄνθϱακας πυϱὸς σωϱεύσεις ἐπὶ τὴν κεφαλὴν αὐτοῦ, lat. carbones ignis congeres super caput ejus Rom. 12, 20. Dasselbe Bild im alten Testament, wo für das griech. σωϱεύσεις lat. gewählt ist congregabis Prov. 25, 22. Die Vorstellung, welche der Lateiner durch sein congerere, congregare in der Uebersetzung kund gibt, ist darum nicht sofort auch die im goth. rikan waltende, so daß dessen Uebersetzung mit congerere die richtige wäre, eben wenig, als unser sammeln, häufen, aufhäufen, mit welchem das Verbum an dieser Stelle gewöhnlich übersetzt wird, die eigentliche oder sinnliche Bedeutung des goth. rikan ausdrücken müßte. Mit Nothwendigkeit folgt nicht einmal, daß rikan völlig gleich sei dem griech. σωϱεύειν. Am weitesten entfernt sich gewiß von rikan das neuerdings im Widerspruche mit der Vulgata dafür gewählte cumulare von Gabelenz.

3. Wie sich zur Darstellung des sinnreichen Bildes die Verba σωϱεύειν, congerere, congregare, sammeln, häufen, im Gedanken schicken mögen, so wenigstens nicht minder gut das goth. rikan in der Bedeutung des ihm gleichen lat. regere und griech. ὀϱέγειν, d. h. wegen, regen, strecken, reichen, richten, woher erigere errichten und porrigere darreichen. Denn wer dem hungrigen und durstigen Feinde Speise und Trank reicht oder darreicht, der reicht damit zugleich feurige Kohlen auf seinen Kopf, wie man eben so verständlich und treu dem bildlichen Gedanken sagen kann. Nehmen wir nun gar die Vorstellung zu Hülfe, wovon der Hebräer bei dem im Bilde gebrauchten Verbum chathah Prov. 25, 22 ausgegangen ist, das bedeutet langen, nehmen, fassen, greifen, so wäre auch in diesem Sinne rikan gleich reichen, ὀϱέγειν d. h. reichen, greifen, langen nach einer Sache, als die Kohlen, die auf den Kopf des Feindes gelangen sollen. Schön ist diese hebräische Darstellung in dem Bilde, indem sie nicht von der Stelle (dem Kopfe) redet, wohin die Kohlen gebracht werden sollen, wie bei σωϱεύειν und congerere der Fall ist, sondern von der Stelle (dem Herde), wo die glühenden Kohlen liegen. Hier auf dem Herde werden die Kohlen gefaßt, erreicht, gelangt für den Kopf, auf den Kopf. Diese Vorstellung und Darstellung gleicht genau der griech. bei λείπω: τὴν πόλιν ἐξέλιπον οἱ ἐνοικοῦντες εἰς χωρίον ὀχυρὸν ἐπὶ τὰ ὄϱη Xenoph. An. I. 2, 24. Die christliche Vorstellung in σωϱεύειν, congerere, congregare ging ab von der hebräischen und that dies ohne den Gedanken im mindesten zu beeinträchtigen.

4. Also rikan, rekan ist nicht σωϱεύειν, congerere, congregare. cumulare, sondern ist regere, ὀϱέ,

γεεν. So ist die reiche Quelle im tiefsten Grunde lauter und lebendig. Und das ist von großem sprachlichen Werthe:
a. Die raka, um derentwillen die mühsame Säuberung unternommen, erwächst nun vor unsern Augen mitten aus der klaren Quelle rikan wie in Form, so auch in Bedeutung. Die raka gleicht einem lat. regimen, regio, rectio, regnum und die raka des herdomas ist ein Reich, Bereich, eine Berechtigung der Herrschaft in ihrem Besitzthum von Sachen und Leuten, die raka von rikan ist so ganz die alth. raha, rahha, racha bedeutend ratio, narratio, causa, res, negotium, woher auch das schöne tatracha Thatsache, That-Erzählung für historia u. a. Graff 2, 372. Zur Entfremdung und zum gänzlichen Aussterben dieses schönen und sinnreichen raka im Hochd. mag beigetragen haben das durch Abfall des w aus wraka entstandene racha Rache, weil es nun in den Lauten damit zusammenfiel.
b. Wichtig, weil aufhellend, ist rikan, rekan im Sinne von regere für eine lange Reihe von Wörtern, die weil man rikan mit congerere übersetzte, stammlos oder dunkel und verloren umherliegen, wohin gehören z. B. goth. rahnjan, rahton, raiht unser reht (stehend für riht), welche in den Wörterbüchern ganz von rikan entfernt stehen, unser racod, als von einem rakon, rakjan, woher unser reckian reichen, darreichen, erzählen, welche alle von einem rikan congerere unmöglich sind.

Der herrliche Ortsname Rahtrafeld WH. 238, worin rahtra von reckian, ist im Sinne vom ags. racjan Graff 2, 368 für sarculare, unseres recon für mundare, purificare Hel. 1861 ein campus sarculatus, mundatus, und so noch viele andre werden durch rikan, rekan, regere hell und klar.

reht, n rectum, justum, jus, fas, Recht, Berechtigung, Gerechtsame, daher ds. rehta in: withar minemo rehta 10.

1. reht ist hier das Neutrum des Adjectivs reht, so als Substantiv gebraucht, wie ovarmodi, w. s., ganz so wie im Hel. 1947, 3921, 4953, 6020, 7604, 7612, 7621, 8385, 10502.

2. Welcher Sünde klagt sich der Beichtende an, indem er sagt: ok iuhu ik so huat so ik thes gideda — thes withar minemo rehta wari? Eigenthum begründet Rechte für den Besitzer. Wer dies sein Recht nicht wahrt, sondern verwahrloset, der ist schuldig sich anzuklagen, daß er that, was wider sein Recht war, aber nicht weniger handelt derjenige seinem Rechte zuwider, welcher eines andern Eigenthum beansprucht, gefärbet, verletzt, vernichtet. Wahrlich ein großer, auf dem tiefsten Grunde der Gerechtigkeit geschöpfter Gedanke, würdig des großen Geistes dessen, der ihn faßte und in den Beichtspiegel aufnahm!

rehto, recte, juste, recht, richtig, gehörig, gebührend, gut, in: minan degmon so rehto ne gaf so ik scolda 33, daſſelbe rehto im Hel. in rehto aduomian 2613, 2617.

S.

-sam, in der Zuſammenſetzung gihorsam w. ſ. Ueber dieß dem hochd. gleiche sam bemerke:

1. Im Heliand iſt sam in dieſer Form theils erſter, theils zweiter Theil in Zuſammenſetzung, als erſter Theil in samwurdi consensus 1189 und samquic semivivus 11604, als zweiter Theil in arbitsam laboriosus 2707, frithusam pacificus 2629, langsam longinquus 2399, ſo auch noch losfam, lustsam, niudsam, wunotsam, wunsam.

2. Dieß sam iſt kein andres Wort, als das zum Adverbium gewordene sama für una, simul, junctim 6975, wofür auch samo 8875, und same in M. Es iſt ſichtlich genug, daß sam in den Formen sama, samo, same als Nomen declinirt iſt, wodurch wir dann berechtigt werden sam für ein Adjectiv zu nehmen, von deſſen Neutr. Sing. sama, samo, same ds. iſt. So iſt sama für samo gleich dem diopa für diopo Hel. 11506, dem gerna für gerno 468. Noch genauer gleicht sama dem wel und wela, jenes in der Zuſammenſetzung wellif 9458, dieß wela außer der Zuſammenſetzung 2019, 3871 u. a. Die Richtigkeit dieſer Deutung wird zur völligen Gewißheit durch das goth. Adj. sama als ſchwache Form von einem sams, welches sams auch gelten muß in den Zuſammenſetzungen samasaivals für einmüthig, sama-frathjis für gleichgeſinnt, samalauths für gleichartig u. a.

3. Grundbedeutung von sam iſt junctus, aptus, ſo daß z. B. lustsama lera Hel. 9422 bedeutet eine Lehre, mit welcher oder welche mit Luſt verbunden iſt, dem Sinne nach eine Lehre, welche Luſt an und in ſich trägt und Luſt gewähret. Dieſe Bedeutung von sam, noch erkennbar im goth. davon abgeleiteten samjan für ἀρέσκειν Col. 3, 22, muß auch gelten für das ſtarke Verbum seman, goth. siman Grimm Gr. II. 55.

sang, cantabam, cantavi, ſang, habe geſungen, Prät. von singan w. ſ. in Form und Bedeutung ganz wie das hochd. ſang.

scap, n. creatura, natura, indoles, Erzeugniß, Schöpfung, Geſchöpf, Weſen, iſt die Form, wovon scepi und scipi w. ſ. durch i abgeleitet iſt. Dieß scap hat ſich in der Verwendung von scepi nicht erhalten im Hel., findet ſich jedoch im mw. in zahlreichen Wörtern als zweiter Theil für scepi und scipi, wie echtscap, geselscap, gramscap, geldscap, leiscap, junferscap, widvescap u. a. Im tiefſten Grunde jedoch iſt dieß scap gleich dem scap im Hel., woher np. scapu für vas, Schaff, Gefäß 4029, in welchem Pl. wir dann auch erkennen, daß a in scap kurz iſt Grimm Gr. I. 636, das wir weiter auch bewährt finden in scipi.

-scipi, m. und n. natura, indoles, Schöpfung, Weſenheit, Weſen, wie das hochd. schaft nur als zweiter Theil in Zusammensetzungen, wie giwitscipi w. s. Diese Form und daneben scepi im Hel. in zwanzig Beispielen zusammengesetzt mit den Substantiven ambaht 2231, beddi 614, bod 677, mit brothar, droht, erl, folc, friund, gisith, gibod, giwit, gumo, heri, iunger, land, liud, mag, nith, thegan, werd. Höchst wichtig ist scipi in Form, Bedeutung und Abstammung:

1. scap wird scepi, indem das ableitende i ein vorhergehendes kurzes a in e verwandelt, wie in ambahtscepi 2231, bedscepi 614, bodscepi 677 u. a. Dieselbe Gewalt des i ergriff auch dieses kurze e und wandelte dasselbe in i, aus scepi wurde scipi und beide scepi und scipi stehen nun gleichzeitig neben einander, wie neben ambahtscepi auch ambahtscipi 8421 u. a. Diese Erscheinung ist um so merkwürdiger, als wir daraus begreifen die neben einander bestehenden Formen von beki Bach und biki beide von bak, wie scepi und scipi von scap. In FH. ist beki in Oronbeki 6—3, und biki in Forkonbikie 17—16, desgleichen Billurbeki WH. 223 und Ekesbiki 226, denselben Grund hat stedi Stätte und stidi als von stath oder stad.

2. scap, scepi, scipi stammt von sceppian schaffen, schöpfen mit dem Begriffe in scapan in der Zusammensetzung armscapan Hel. 4370, 7525, 11481, 11493, bezeichnet also das Geschaffene, Schöpfung, Geschöpf, Wesenheit, Wesen. Unser scap, scepi, scipi gleicht einem

griech. γένος, φάσις, φύσις, φυή, und so ein armscapan einem κακοφυής. Von diesem Grunde aus ist scap, scepi, scipi gleich geworden dem hochd. schaft in Zusammensetzungen.

scolda, debebam, sollte, mußte, schuldig, pflichtig war, Prät. von sculan, w. s. Dies scolda steht in der Fügung so ik scolda 17, 20 u. a.

scoldi, deberem, sollte, hätte sollen, Conj. Prät. von sculan w. s. Dies scoldi dreimal in dem Satze than ik scoldi 18, 50, 53, worin also dieser Conj begründet ist.

sculan, debere, sollen, müssen, schulden, pflichtig sein, daher Prät. scolda 17, 20, 23, 25, 26, 28, 30, 32, 33, 34, 35, 36, 43, 49, 56, und dessen Conj. scoldi 18, 53. Dieselben Formen häufig im Hel, wie scolda 95, 173, 178, dazu Pl. scoldun 26, 63, 197, Conj. scoldi 88, 91, 247, Pl. scoldin 16, 47, 465, dann dazu das Präs. scal 221, 250, 529, scalt 335, 525, 527, Pl. sculun 1793, 1845, 2135, Conj. sculi 8604, Pl. sculin 3326, 6785, 8833. Höchst merkwürdig ist dies Verbum.

1. sculan gehört mit mugan, motan, thurban u. a. zu der Art von Conjugation, worin ein Prät. die Bedeutung des Präsens und in verschiedenen Formen sogar die Endung des Präsens bekommt. Vor allem ist zu merken, daß dies Präsens-Präteritum einer bestimmten Conjugation an-

gehört, wonach seulan in der XI. steht mit der Abweichung jedoch, daß der Plur. und der Conjunctiv den Vocal des Part. Prät. bekommt, so gleichend der XII.

2. Das schwache Prät. scolda lautet goth. sculda, woraus wir erkennen, daß das o nicht etwa das o der VIII., sondern Abschwächung des u sei, also auch sei der Vocal des Plur. Das wirkliche u hat sich erhalten in sculd, Pl. sculdi, in suldian und sculdig gehalten durch das folgende i. Sieh oben i.

3. Dieses seal, sculun muß sich entwickelt haben aus einem vollständigen Verbum in dem Lautgange scil, scal, scel, scul bedeutend secare, cernere, scindere, *findere scheiden, trennen, spalten. Diese sinnliche Bedeutung weiset noch das goth. skilja Fleischer 1. Cor. 10, 25, als welcher ist ein sector, scissor, auch die scalja Ziegel Luc. 5, 19 als Schale, Platte gedacht. Scheidung, Geschiedenheit, Trennung wird Mangel, Fehl, der in sittlicher Verwendung Schuld und Pflicht begründet und diesen abstracten Begriff bezeichnet sculan. Gleichen Gang der Bedeutung hat gegangen das lat. crimen als von cernere.

ser, aeger, dolorosus, tristis, krank, schmerzhaft, leidend, np. m. sera 32, so auch im Hel. ser hugi 2710, 6353 und andre mit hugi, nur einmal serora dad 1493, womit der Kindermord zu Bethlehem gemeint ist, welcher den Müttern so unsäglichen Schmerz bereitete. In gleichem Sinne serag, serian. Zur Erklärung dieses höchst bedeutsamen Wortes:

1. Für ser setzte Grimm zur Quelle goth. sais, wie diese ist ais für er, hais für her, lais für lera, mais für mer u. a, das bewährte sich jedoch nicht, denn es fand sich nicht sais, sondern sair für ὠδίν, dolor 1. Thess. 5, 3, für ὀδύνη, dolor 1. Tim. 6, 10. Ist das zu beklagen? Nicht wegen unsers ser, denn das bekommt ja in sair jene alte tiefe klare Quelle, nur darum ist das zu beklagen, weil nun nach dem so festen goth. Lautstande der in eben so alter Zeit zu Wörtern verwendete Lautgang sis, ses, sas, sus nichts zu schaffen hat mit sair, ser, falls wir hier keine Ausnahme vom Gesetze annehmen wollen. Sieh unten sesan und sespilo.

2. Es fragt sich nun, gehört unser ser mit sair zur X. Conj. oder zur XI, gehört es zu lesan oder zu beran? An sich sind wir gehalten für die älteste Zeit die vollendetste Form zu setzen. Also ginge das Verbum, wozu ser, sair gehört: seran, sir, sar, sor, goth. sairan, sar, serun, sauraus nach bairan und tairan. Nur so wird das Wort Quelle für manche andre Wörter, deren Begriff mit ser stimmt, und auch das ist Beweis für ein Verbum ser, sir, sur, sor.

sespilo, m. lugubre ludicrum, Leidspiel, daher ap. sespilon, in: ik gihorda hetlunnussia endi unhrenia sespilon 42, ein dunkel-schweres Wort, nicht minder als das davor stehende hetlunnussia. Um so mehr zieht es an, in dieser Nacht des Heidenthums den Weg zum Licht zu erspähen:

1. Aus der Stelle gewinnen wir für den Sinn des Wortes nur, daß die dadurch bezeichnete Sache nach christlicher Lehre für sündhaft galt, weil sie unlauter, unsauber, unrein war. Jedoch gewaren wir darin keineswegs entschieden, daß die sespilon an sich sündhaft waren, weil ja deren Sündhaftigkeit erst durch unhrenia bezeichnet sein kann. Wären die sespilon an sich für böse gehalten, so genügte einfach sespilon, wie ja die hetlunnussia an sich böse war. Weiter sagt auch unhrenia nicht geradezu, daß die sespilon eine unkeusche, unzüchtige Sache bezeichneten, da im Hel. hreni ist rein von Sünden überhaupt 1754. Nur so allgemeinen Sinn erschließen wir aus der Stelle und wir sind zum Weitern auf das Wort selbst angewiesen, da dasselbe bis jetzt in keiner andern deutschen Sprache gefunden ist.

2. Lacomblet erklärt: sespilon, gedehnte Form für spilon: Erzählung, Gespräch, S. 8. Allein das vorgesetzte se kann unmöglich eine bedeutungslose Dehnung sein, wie eben wenig spilon schlechthin Erzählung, Gespräch. Denn in allen deutschen Sprachen hat das Wort für diesen Sinn nicht einfach l, sondern nur ll, wie goth. ist spill Sage, spilla Verkünder, spillon erzählen, dem entsprechend althd. spell, ags. spel gleich sermo, fabula Graff 6, 333, und so auch im Hel. in diesem Sinne nur spell 1141, 4929, dasselbe in guodspell, suothspell, wilspell u. a. Dagegen bedeutet spil nur Spiel, alth. spil für ludicrum, crepundia, spectaculum, spilon ist ludere Graff 6, 329 und 331, im Hel. in wapnospil 937 und von spilon Prät. spiloda 5522. Es läßt sich gar kein Grund finden, warum wir dieses von der Sprache so bestimmt geschiedene spil in sespilon für Sage, Rede nehmen sollten. Daß hier steht gihorda sespilon, also mit sespilon eine hörbare Sache gemeint ist, wird doch wohl nicht in Anschlag gebracht werden. Ist ja alth. spilari ein musicus und spilon auch personare Graff 6, 331 also das hörbare Spiel in sespilon nicht ausgeschlossen.

3. Aber wie lautet der ns. von sespilon? Da sespilon hier ap. ist, so kann der ns. nicht sein das n. spil, er wäre also entweder spila, f. oder spilo, m. Für eine spila Spielerin läßt sich nichts beibringen, wohl aber für spilo, denn der gliche einem alth. spiliman bedeutend scurro, mimus, histrio, thymelicus Graff 2, 146, gliche einem spilari für tympanistar, histrio, satyr Graff 6, 331. So steht der alth. spilo Spieler, neben einem spiliman eben so sprachrecht, wie im Hel. der ambahtman 4308 neben ambahtio 6844, und eben dieser spilo eben so rechtfertig neben spilari, wie im alth. der slaho, slago neben slahari, slagari Graff 6, 775 und 782, wostio und wostari 1, 1034. Es bleibt kein Zweifel: in unserm sespilon ist enthalten der spilo Spieler, Spielmann.

4. So ist denn sespilon zur Hälfte erleuchtet, aber dieses Licht verdunkelt noch ein sehr schwarzer Fleck, das davor hangende se. Mit Recht findet Schmeller in diesem se nicht eine todte

Erweiterung des Wortes, indem er mit Grimm Mythol. 628 vergleicht sisesang ist carmen lugubre, dadsisas für sacrilegia super defunctos Gloss. 96. Danach wäre denn unser se in sespilon durch Abfall des s entstanden aus ses oder sesi, sisi. Solche Verderbnisse, daß der Endlaut eines Wortes, wenn dieses zu einem andern mit gleichlautendem anfängt, abfällt oder nicht geschrieben wird, sind in der Wortbildung so gewöhnlich, daß wir unser se für ses zu nehmen gar nicht bedenklich zu sein brauchen. Vergl. unten wi-heth für wih-heth. So sind wir denn sprachlich berechtigt, zu unserm se oder ses hinzuzufügen das sise, sisi, sesi in den Personennamen Sisebutus, Sisigis, Sisenandus Σισάθκος Strabo VII. 1, den alth sisegumo für pelicanne, sisemus für glis, worüber Grimm Gramm. 2. 192 u. 554. Für dieses so dunkele in höchstes Alterthum reichende sisi gewinnen wir einen vortrefflichen Sinn und dadurch auch vortrefflich für unser se oder ses, wenn wir betrachten:

a. unser ses steht zu sis, sisi, wie lesan zu goth. lisan, es bedeutet sisesang lugubre carmen, also ist in sis und so auch in ses der Sinn von lugere wie ebenfalls in dem sis an dadsisas, das gleiche sis, ses im Sinne von lugere gewiß auch enthalten in sisua oder sisva, was erklärt wird durch spanisciu giposi oder bose, iberae naeniae Graff 6, 281, die naeniae sind Klagelieder, Trauerlieder, Klagegestöhne, also lugere der in sis enthaltne Grundbegriff, und ua oder va nur Ableitung wie im goth. ahva, bandvo, ja sisva führt sogar, nach dem goth. taihsva gleich dextra, als von taihsus für dexter, auf ein Adjectiv sisus, so daß die sisva geradezu wäre lugubria und so ist um so weniger Zweifel, daß in ses, sis walte der Sinn von lugere.

b. ses und sis stehen mit lesan, lis in X. Conj. oder XI. nach sprekan, sprik, sind demnach fähig abzulauten in sas, welches sus sich dann gewiß auch findet in den Mannsnamen Saseburn WH. 236 und Sastlef 235, weiter ist sis, sas fähig eines sus, wie es enthalten ist in dem Mannsnamen Suso Trad. Corb. 244, noch weiter ist dies sas und sus nach VI. Conj. fähig eines sos, suos, welche Form zeigt der Stadtname Sosati und Susat, Suosat, woher lat. Sosatium Pertz Mon. II. 574 b. i. das heutige Soest. Nun ist aber Suosati Soest der Ort, wohin in der Wilkina-Sage des Attila Sitz verlegt wird und wo Günter sein Leben ließ Grimm Gesch. I. 524. Das war ja lugendum, lugubre, was auch sagt die Susudata Ptolem. II. 10 da es bedeutet lugubris casus, lugenda mors. Hier ist gewiß auch die reinste Quelle für das agf. susl, auch wenn es die Höllenqual bezeichnet Bw. 351 und Gloss. 268. Es ist die Aeußerung der Höllenqual als stridor, gemitus, luctus. So zeugt also auch ein sus, sos, suos, sas dafür, daß in unserm se oder ses in sespilo Grundbegriff sei lugere.

c. auf den tiefsten Grund der Sprache führt uns die sisemus, worin sis ohne Zweifel die Stimme der Maus bezeichnet ist. Noch deutlicher führt uns zum Ton, diesem großen Urquell der Sprache die alth. susa bedeutet cardo, so benannt, weil er stridit gemit, wie serra, rudens, rota stridit, an welchem Sinne gar kein Zweifel ist, da das Verbum susian bedeutet stridere, gebraucht von funis, lamina, frenum und von apis Graff 6, 282, die apis stridit wie die sisemus. Dem alth. susa entspricht das heute in Westfalen übliche suse in püttsuse, ist der tolleno Krahn am Schöpfbrunnen, in wendsuse der Krahn in der Küche, woran die Töpfe mittels Hahlen hängen, so benannt, weil sie stridit wie alth. susa, der cardo. Dazu kommt das heutige, in Westfalen übliche sisen (mit kurzem i und weichem s): der Topf oder das Wasser im Topf siset, wenn es anfangen will zu kochen, es knittert, knistert, zischet darin. Gewiß ist sisen Naturlaut, wie das gr. σίζειν, aus diesem Naturlaut ward die susa, das susian und auch sis, ses in sespilon, übertragen auf die Ursache und so wird ein stridere zu gemere, queri, lugere, und ein sespil zum Stöhnespiel, Seufzerspiel, Klagespiel, Trauerspiel, Leidspiel, woher denn der sespilo der Mann, welcher ein solches Spiel zu thuen pflegt. Für die Uebersetzung ist indeß bequemer ludierum, Spiel und darum auch gewählt.

5. So ist denn der Wortsinn von dem dunkeln sespilon ergründet so tief als möglich. Die Sache wird sündhaft, weil sie streitet wider die reine Christenlehre, und so ohne Zweifel gehörte zu den Gesängen, Tänzen, Liedern, Spielen, wie wir diese bezeichnet finden bei Maßmann S. 11 u. 12.

sethal, m. sedile, solium, sessio, Siedel, Sessel, Sitz, davon gp. sethlo 39. Zur Form und Bedeutung von sethal ist zu merken:

1. Unser sethal ist goth. sitls, woher np. sitlos für θρόνοι Col. 1, 16, ap. sitlans für κατασκήνωσις, nidus Matth. 8, 20, Luc. 9, 58, für καθέδρα Stuhl Marc. 11, 15, dem gleicht alth. sezal für solium, tribunal Graff 6, 303 daneben sethal, sedal für sedes, sedile 6, 308, im Hel. sedal, wovon nur sedle immer von der zur Rüste, te sedle, gehenden Sonne 5633, 5811 u. a. Wie reimen sich diese Formen in t, th, d? höchst merkwürdig reimen sie sich nach einem großen allgemeinen Sprachgesetze von Grimm genannt Lautverschiebung. Nach diesem wunderbaren Gesetze wird d zu t, t zu th hochd. z., th zu d, wie in sitls, sethal, sezal, sedal geschehen ist. Die Lautverschiebung hat darin ihren Kreislauf vollendet und zwar, wie wir sehen, im Umfange der deutschen Sprache selbst. In der Form sedal kehrt sie nun auch, wie zu erwarten zur Urquelle zurück, zu dem griech. ἵζω und ἕζω. Denn darin ist *ἕδ*-enthalten, wie ἕδος (Sitz) Hom. Od. 11, 263 beweiset, das lat. sido, se-

deo, sedes. Aus diesem d ward dem Gesetze gemäß goth. t in sitls, unser th in sethal und daneben sedal was in sed - ganz wieder ist das griech. ἕδ in ἕδος. Beschränken wir dieses Gesetz nicht auf die verschiedenen Mundarten, wie gewöhnlich geschieht, sondern lassen wir ihm seinen Bestand auch in ein und derselben Sprache, wie es in sitls (wohin ja auch gehört unser sittian, seti und gisel), sethal, sedal so klar zu Tage liegt, dann erscheint es uns nicht mehr seltsam, wenn wir athal finden neben adal, liuthan und doch davon liud, wethan und doch davon wadi, im goth. frathjan und doch davon frodei, blotan und daneben blothan u. s. w.

2. Die Bedeutung von sethal kann nicht sein Sessel, Stuhl, sondern es muß hier der sethal die Art und Weise bezeichnen, wie Jemand sitzt, die actio sedendi, wie es Schmeller übersetzt hat Gloss. 94.

3. Daselbst setzt Schmeller sethel statt sethal, wie sedel statt sedal, und das ist ein el ganz unerhört in jener alten Zeit.

self, ipse, idem, selb, selber, selbst, as. m. in mihi selvon 51, so auch im Hel. und zwar wie jedes andre Adj. theils in starker, theils in schwacher Form, wie drohtin self 1361 godes selbes 409, selbem alowalden 5679, selban crist 2094 u. s. w., dann god selbo 324, selbon drohtine 833 u. s. w. Dazu bemerke:

1. Unser self, selbo ist goth. silba Matth. 27, 57, woraus wir erkennen, daß se in self aus si abgeschwächt und kurz ist.

2. Dieses si führt auf den Stamm, woher das goth. Pron. si (sie), unser sia und siu (sie). Dieses si darf man nehmen, als entsprechend auch der Form nach dem is (er) mit vorgeschlagenem s wie bei sa (der), was gleich ist dem gr. ὁ. Weiter entspricht dann auch das i in ita (es) diesem is und si. So wäre der Stand des Pronomens is, (s) i, i gleich den Adj. II. Decl., wie sut-is, sut-i, sut-i. So könnte si in silba sehr wohl die Form des Pronomens für alle drei Geschlechter enthalten, zumal das nominative s in der Zusammensetzung ausfällt. Für diesen allgemeinen Sinn sprechen noch die ebenfalls von einem si abstammenden Reciproca sis, sik, seins, seina. Demnach bedeutete si in silbo das Pron. er, sie, es. Der zweite Theil lbo oder unser lf ist ohne Zweifel gleich lib, lif von Verbum leiban, laif, libun, libans, mit dem Begriff des Prät. bedeutend geblieben, wofür bleibend, ist self er, sie, es bleibend. Und das ist in der That höchst sinnreiche Bezeichnung des Begriffes, welchen wir mit selb oder der nämliche meinen. Denn derselbe Mann ist der, welcher blieb, der er war, kein andrer.

3. Daß der Unterschied, welchen lif dem er, sie, es verleiht durch ein verbales Wort bezeichnet werden könne, sehen wir zum Beweise der Deutung von self auch an dem von einem Verbum stammenden sam, womit goth. αὐτός und ipse ausgedrückt wird, wie sa sama ahma für τὸ αὐτὸ πνεῦμα und idem spiritus 1 Cor. 12. 11. Das beweist auch das griech. αὐτός von αὖ und dem verbalen τος.

siak, languidus, debilis, aeger, siech, schwach, schlaff, krank, gp. m. siakoro 31, so auch im Hel. in den Formen siok 11505, siek 7948, seok 4650, die Form siak nur in M. für seok 4650 und 4636. Ueber Form und Bedeutung erkennen wir:

1. Dem goth. siuks, wie es steht in Lazarus siuks was Joh. 11, 2 u. a. blieb zunächst siok, ferner liegt siek und seok, am fernsten siak, weil ia für iu nicht mehr altf. ist, sondern altfr, wie in liagannî w. f.

2. Der Gen. Pl. siakoro ist im Hel. seakoro 4443, dennoch kann or nur durch das folgende o entstanden sein aus er oder ar, wie omo w. f. aus amo.

3. siuk, siok, siak zeigt in iu den Vocal der IX. Conj., darin gleichend einem diop tief, liud Leut, und somit stammend von einem Verbum siokan w. f. goth. siukan.

4. Ueber die Bedeutung sieh Anmerk. zum Hel. B. 11505.

sin, suus, sein, woher as. f. in: an sina ginatha 63, dp. m. sinon in: allon sinon wihethon 1, und sinan in: allon sinan helagon 65. Daß i in sin lang sei, erkennen wir aus dem goth. seins.

siokan, aegrotare, languere, kranken, siechen, ist Stamm zu siak, w. f., nach dem goth. siukan in IX. Conj., wovon vorkommt siukan Philp. 2, 26, siuka 2 Cor. 12, 10, siukith 2 Cor. 11, 29, siukan 2 Cor. 11, 29 siukam 2 Cor. 13, 4, siukands Luc. 7, 2, 1 Tim. 6, 4 im Sinne von ἀσθενεῖν, νοσεῖν, languere, infirmari, wodurch wir für unser siok, siak die Bedeutung auf tiefstem Grunde in schönster Form gewahren.

slahan, caedere, ferire, plangere, plaudere, schlagen, hauen, treffen, klopfen, davon die sluhta w. f., slahan bietet der Betrachtung reichen Stoff:

1. Im Hel. sind die Stammformen dieses Verbums der VII. Conj. sämmtlich erhalten, wie slahan 10653, slahit, M. slehit 6993, slah 6535, slung 4357, sluogun 4746, sluogin 10930, gislagan 8921, wobei wir sehen, daß das h im Prät. im Gesetze der Verschiebung wird g, wie lahan macht luog.

2. Im Satze steht slahan vom Schlagen mit den Händen auf die Brust 6993, an die Wangen 10224, mit dem Schwert wie Petrus that 9746, vom Anschlagen ans Kreuz 10653, 11369, Object sind die Nägel, welche durch Jesu Hände und Füße geschlagen wurden 11067, dann auch ein Mensch, der todtgeschlagen wird 6534, wo es heißt man slahan ganz also im Sinne von manslahta, w. f.

3. Wie überraschend seltsam es erscheinen mag, so unleugbar ist es doch, daß das deutsche slahan schlagen seinen Ursprung habe in dem unversiegbaren und reichen Wortquell im Reiche des Tons, Lautes, Schalles, in der Wahrnehmung des Hörbaren:

a. Das s an slahan ist gewiß das dem l, wie auch andern Lauten, vortretende s, wodurch das Wort verstärkten oder doch sonst veränberten Sinn bekommt, wie dieser Sinn so deutlich hervortritt in suerban als von werban, in suikan von wikan, im hochd. schlecker von lecker, im griech. σμικρός von μικρός, und so in vielen andern Wörtern. Danach ist slahan zu fassen als s und lahan.

b. Nun ist aber eben so gewiß die Wurzel lah buchstäblich das griech. λαx, woher λαxεῖν, λέλαxα, Präs. λάσxω bedeutend tönen, krachen, kracken, klappen, klatschen von Dingen, die durch Wurf oder Schlag getroffen, dann von lebenden Wesen gellen, bellen, u. a. Sieh die Wörterb. Das alles ist genau zutreffend mit unserm slahan, wie im Hel. vom Handschlag, Schwertschlag, Hammerschlag, wie wir slahan oder schlagen vom Ton gebrauchen, wenn wir sagen: die Uhr schlägt, die Glocke schlägt, die Nachtigal schlägt, der Hund schlägt an, u. s. w.

c. Nach dem Gesetze: die Ton oder Schallwörter werden übertragen auf die Handlung oder Thätigkeit, welche dem Schalle statt hat, ihn erwirkt und auf die Wirkung dieser Thätigkeit, nach diesem Gesetze tritt slahan mit allen Schallwörtern in ein Reich von Begriffen, wo unzählbare Bezeichnungen möglich sind. Hier ist dann auch begründet das slahan welches den Tod bezweckt und bewirkt, so daß man slahan gleich ist einen Mann tödten. Und sollten wir in diesem so unendlich weiten Erfolge

des slahan nicht gelangen zu slaht Geschlecht?

slahta, f. caesio, caedes, occisio, nex, Schlag, Schlacht, Tödtung, Todtschlag, Mord, erhalten in dem zusammengesetzten manslahta w. s.
Dazu bemerke:

1. Im alth. besteht slaht f. für caedes, dagegen die slahta für genus, Geschlecht Graff 6, 776 und 779, davon weicht also unser slahta in manslahtono merkwürdig ab.

2. Noch merkwürdiger ist, wie das goth. Wort abweicht, da es lautet slauhts, f., woher slauhtais für σφαγῆς, occisionis Rom. 8, 36. Da darin au nicht gleich sein kann o lang, sondern au für kurz u stehen muß, so beweiset das Wort, daß die VII. Conj. dennoch des Umlauts in u fähig ist. Es zeugt also slauhts gleich sluht oder sluhti für das heutige hochd. Grube, Wuchs u. a. Sieh unt. uvil.

3. Im Grunde ist slaht, die Form eines Particips, wovon das f. zum Substantiv erhoben ist, wie eben so maht w. s.

slapan, dormire. schlafen, wovon das Part. im ns. m. slapandi 61, wie auch im Hel. slapandi, zu sehen aus ap. slapandia 8703, 9504 und dp. slapandion 1401.
Dazu merke:

1. Im Hel. ist außer diesem slapandi nur noch der Inf. slapan 4474, 9541, 9553 und die 3 Pers. Pl. slapat 9609. Für das unbelegte Prät. sind wir daher nur auf Schlüsse verwiesen. Grimm stellt slapan mit latan und radan zur IV. Conj. Gramm. 1. 888, aber goth. hat ja doch letan Prät. lailot.

Danach müßte von latan die ursprüngliche Form Prät. liot gewesen sein, warum nicht auch sliop? Doch dem sei so oder anders, jedenfalls geht slapan wie radan und latan und wie diese haben riet und liet, so slapan sliep deren e aus a abgeschwächt ist, wie alth. slafan hat sliaf und slief Graff 6, 800.

2. Die Stellung des goth. slepan und unseres slapan beide mit langem Vocal, jenes mit e lang, dieses mit a lang, weiset entschieden auf den Vocal des Plurals der X. und XI. Conj. und beweiset eben so entschieden, daß slepan und slapan kein Urverbum, sondern aus X—XI. entweder unmittelbar oder mittelbar entstanden sei. Nehmen wir e und a in slepan und slapan für verschränkt aus ei oder ai, so sehen wir darin die Vocale der VIII. Conj. Kurz unsern slepan und slapan liegt zu Grunde ein Urverbum in dem Lautgange slip, slep, slap, slup, wozu auch die Verba slipan goth. sleipan, slep, slipun, schleifen, und sliopan, slop, slupun schliefen gehören. Grundbegriff wird sein der von labare und labi.

SO, ita, sic, ut, sicut, so, wie, so 40mal theils als Demonstrativ, theils als Relativ, ganz so wie im Hel. Es kommt dabei in Betracht:
1. Die sätzliche Verwendung und Stellung
  a. so Demonstrativ mit folgendem so als Relativ 17, 19, 22, 24 u. a.
  b. so Relativ mit vorhergehendem sulik 30.
  c. so huat so Bezeichnung für quodcunque, was immer, was auch, alles was, in: so huat, so ik thes gideda 5, 59.
  d. so huilik so Bezeichnung für qualiscunque, wie immer beschaffen, welcher immer in: so an huilicaru tidi so it wari 61, 62.
2. Für das demonstrative so im Hel. auch 2mal suo in C., in M. dagegen so 2549 und 5012, wie alth. ebenfalls suo neben so Graff 6, 11. Wir ersehen daraus wie die Länge des o, so auch die Nähe des goth. sva und sve jenes so bedeutend dieses wie. Das goth. v ist in unserm suo zum Vocal geworden und so konnte daraus werden ein so. Dabei bleibt jedoch bestehen, daß das goth. v in sva dennoch ursprünglich Vocal gewesen sein könne, daß sva aus sua entstanden sei, wie ja auch tvai wurde aus δύο, svein wurde aus σῦς, sus. In diesem sva oder sua und suo ist a und o ohne Zweifel adverbialer Casus, wie das auch für sve allgemein angenommen wird, und so bleibt als Wurzel für sua die Silbe su-, welches su dem Artikel sa der und dem Pronomen si sie, auch in sis sich, sik sich entspricht. Wie sich nun aus dem griech. ὅ, ἵ die Pronominal-Adverbia οὗ, οἷ u. a. gebildet haben, so aus dem goth. gleichen sa, si, su die casuellen Adv. sua, sue oder sva, sve. Mit dem s steht das goth. auf der Stufe der lat. Sprache, welche bildete sui, sibi, se, si, sic, suus.

sprak, loquebar, dicebam, sprach, sagte habe gesprochen, gesagt, Prät. von sprekan w. f.

sprekan, loqui, dicere, sprechen, sagen, reden, woher Prät. sprak, in: mer sprak endi mer sui-goda than ik scoldi 50, wie Hel. sprak 227, Pl. spracun 821 u. a. Bemerke dazu:

1. sprekan geht nach der XI. Conj., steht darum auf höchster Stufe der Entwicklung in dem Lautgange sprek, sprik, sprak, sprāk, sprok, welche Formen alle im Hel. erhalten sind, wie sprekan 1661, sprikis 285, sprak 277, sprakun 228, gisprokan 747 u. a.

2. Im Präsens dieser Conj. haben wie in der X. vier Personen das ursprüngliche i bewahrt: spriku ich spreche, sprikis du sprichst, sprikit er spricht, sprik sprich du, in allen übrigen Formen ist, wie in der X. das alte i in e abgeschwächt. So auch im alth. sprehhan oder sprechan: sprihhu, sprihhis, sprihhit, sprih Graff 6, 369 flg., im heutigen Hochd. blieb das bis auf ich spreche, welches ebenfalls das i eingebüßt hat.

stadal, m. status, statio, Stadel, Stand, Stehen, daher gp. stadlo 39. Merke dazu:

1. stadal nicht im Hel., aber alth. stadal für scuria, horreum Scheuer Graff 6, 653, eine Bedeutung, welche hier unser stadlo nicht verträgt, wo stadal die Art des Stehens bezeichnen muß, wie die Art des Sitzens der sethal w. s. Doch hat eine hochd. Beichte in gleichem Sinne beibehalten: unrehtes stadales Massm. 136.

2. stadal zeigt in dal ganz die Form vom alth. wadal, wadel, wadil Wedel Graff 1, 622, wie nadal Nadel 2, 998, wie diese zu waan wehen, naan nähen, so stadal zu stan stehen, dennoch ist nicht anzunehmen, daß sich dal als zusammengesetzte Endung unmittelbar an die Wurzel angesetzt habe, vielmehr setzt wadal ein wad, nadal ein nad Nath, und so auch unser stadal ein stad voraus, welches stad sich ja wirklich findet goth. staths und stads für τόπος, locus Marc. 1, 35, für κατάλυμα, deversorium Herberge Luc. 2, 7 für γῆ, terra, Ufer Marc. 4, 1, im Hel. stath, stad, woher ds. stathe 5798, stade 2249 u. a. bezeichnend das Ufer eines Flusses und Sees, als den Ort, wo das Wasser still steht, nicht weiter kann, einen Halt, eine Wehr findet. Daher auch stedi Stätte.

stal, furabar, furatus sum, Stahl, habe gestohlen, Prät. von stelan, w. s.

stelan, furari, surripere, stehlen, entwenden, davon stal: ik stal 43, und das zusammengesetzte farstelan w. s. Unser stelan ist ein höchst merkwürdiges Wort:

1. Wie sprekan geht stelan nach der XI. Conj., steht so auf höchster Stufe der Vollendung in dem Lautgange stelan, stil, stal, stālun, gistolan, goth. stilan, stal, stelun, stulans, woher stiland für κλέπτουσι, furantur Matth. 6, 20 und stilai für κλέψῃ, furetur Joh. 10, 10. Das goth. u im Part. Prät. hat sich erhalten in stulina furtum im Hel. 6538 gehalten oder erweckt durch das folgende i. Sieh unten u . . .

2. Im tiefsten Grunde muß stelan so böse nicht sein, als es geworden ist, da es das böse Thuen und Treiben der Diebe bezeichnet. Denn es muß unser

stelan seinen Ursprung haben im griech. στέλλειν d. i. stellen, schaffen, rüsten. Dafür spricht die Form ein unbestreitbares Wort, denn

a. durch das einfache l entfernt sich stelan nicht von στέλλειν, da dies nur für Präs. und Imp. gilt, und sonst der Stamm nur ein l hat, wie in στελῶ, ἐστάλην und dazu die Subst. στόλος und στολή beweisen.

b. Auch der Vocal i und e in stil, stelan stimmt genau zu dem ε in στέλλω, στελῶ, weil das griech. ε im goth. wird i und im alts. theils i, theils e, und dies so allgemein, daß es für ein Sprachgesetz gelten muß.

c. Wie i und e für die Gleichheit von στέλλω und stelan sprechen, so auch die übrigen Vocale a, o, u, beide Verba haben stal und stol und das griech. o goth. wird u, wofür unser stelan ein o, also zum griech. o wieder zurückkehrt, wie zu e.

3. So ist das griech. starke Verbum Laut für Laut das deutsche starke Verbum geblieben, so unversehrt, daß hier ursprüngliche Einerleiheit unleugbar ist und die Bedeutung sich, wenn auch noch so sträubig, der Form fügen muß. Fehlt es ja nicht an einem Wege, worauf das griech. so unschuldige στέλλειν ein so strafbares stelan werden konnte, ein verdächtliches Diebeswort. Dem Diebe ist in seinem Handwerk das stelan in der That ein στέλλειν ein schaffen, bereiten, treiben in so allgemeinem Begriffe gebraucht, wie dem Weber sein Handwerk ist ein wirken, seine Schöpfung ein Gewirk, im mw. ist es ihm ein tauen, alth. zawjan Graff 5, 713 und doch ist goth. taujan thuen. So beschränkte sich στέλλειν zu stelan, es ward im Deutschen Eigenwort für das treiben, rüsten, schaffen, wirken der Diebe. Einen Nachklang jener allgemeinen Bedeutung scheint 'mir noch zu enthalten das Wort Diebstahl alth. diebstal und meinstala für furtum Graff 5, 669. Zu dieser Beschränkung des stelan konnte sehr wohl beitragen der so häufige Gebrauch von farstelan d. h. wegschaffen, fortschaffen, wegnehmen, entwenden. Die Bedeutung des zusammengesetzten Wortes ging über in das einfache, wie oft geschehen in allen Sprachen.

4. Der Gewinn von dem Nachweise dieser Abstammung unseres stelan vom griech. στέλλω ist für die deutsche Sprachforschung von größter Bedeutung, weil so das Wort reiche Quelle wird, indem daraus nun entsprießen alle deutschen sonst so heimatlos irrenden Wörter, wie stil, stal, stol, stul oder still, stall, stoll, stull u. s. w. bei Graff 5. von 662 bis 679.

stridan, tendere, certare, pugnare streiten, zanken, kämpfen, nach dem alth. stritan Graff 6, 745, davon der strid Streit und davon gistridi w. s.

suerian, firmare, confirmare, festigen, bekräftigen, versichern, schwören, daher Prät. suor 45 und sueriannias 11. Im Hel. kommt davon noch weiter vor suerie 3012, 3021 in forsuerie 307, sueri 6535 und suor in bisuor 10161. Höchst wichtig und bemerkenswerth ist suerian sowohl in Form als Bedeutung:

1. Durch das Prät. suor steht suerian in der VII. Conj., bleibt so gleich dem goth. svor Marc. 6, 23, tritt jedoch im Präsens aus der starken in die schwache, wird so ungleich dem goth. svaran Matth. 5, 34. Dadurch ist suerian in die Reihe gerathen von giebbian ebben, hebbian oder hellian heben, sebbian einsehen, sceppian schaffen, schöpfen, ist diesen gleich durch Verlautung des a zu e, doch darin wieder ungleich, daß es für r nicht bekommt rr, nicht hat suerrian statt suerian, welche Verdopplung auch wirklich vorkommt im alth. suerran, suerro, suerrent Graff 6, 894.

2. Das Part. Prät. ist nicht erhalten, müßte der Conjugation gemäß lauten suaran oder gisuaran, wie sceppian hat scapan oder giscapan. Dennoch kanns gelautet haben gisuoran, wenigstens lautet es so alth. wo ist bisuoran Otfr. 320—48. Wie seltsam! Ist ja gisuoran wie giboran und so nicht in der VII. Conj., sondern in der XI. So hat denn Otfrid auch conjugirt, wie wir sehen an suar statt suor 315—15 und 316—31, obwohl er mit sueris 303—34 doch bei sueran, suor blieb. Daher also das heutige hochd. geschworen neben schwor.

3. Diese Sprünge des svaran oder suerian aus der VII. in die XI. haben sicher tiefern Grund, als bloßes Verderbniß ist. Die VII. Conj. ist ohne Zweifel entstanden aus der XI. Dieser XI. Prät. hat neuen Ablaut erzeugt, aus a wurde o für ein neues Prät., alle übrigen Formen behielten a. Und wirklich hat sich dieses Urverbum gehend wie beran erhalten. Es ist das alth. sueran, suir, suar, gisuoran Graff 6, 888, was man übersetzt mit dolere, obwohl das davon abstammende Adjectiv suar ist gravis schwer. In dieses Urverbum sueran suir, suar, gisuoran ist das Prät. gisuoran juratus hineingerathen, abirrend von suerian, oder wir sagen vielleicht richtiger: dem gisuoran von sueran ist die Bedeutung des suerian schwören verliehen. Dafür dürfte sogar sprechen der Sinn von Geschworner.

4. Schwer ist hart und hart ist schwer, ist dolens, suar schwer ist bezeichnet von der Empfindung, welche durch das Gewicht erzeugt wird. In diesem Sinne einigt sich suar schwer mit sueran dolere ganz vortrefflich, indem die Schwere, Härte, Festigkeit dolet, schmerzt. So begreifen wir nun auch das von sueran abstammende schwache Verbum suiron bedeutend firmare, zunächst allerdings von einem Nomen wie das schweiz. swire Pfal Graff 6, 893, wir begreifen, daß der Schwär, das Geschwür als von sueran, und der Schwur, wie weit sie auch aus einander liegen, dennoch aus einer Quelle fließen, aus dem starken Urverbum sueran bedeutend hart sein, fest sein, schmerzlich sein, der Schwär ist hart, fest, suiron ist sinnliches fest machen, suerian (jurare) ist abstractes fest machen firmare, ist erhärten, versichern. Daraus erkennen wir weiter, wie das von sueran, goth. svairan, svar, sverun abgeleitete suers und sueran so hohen Begriff bezeichnen konnte, es ist gravare im hohen Sinne von gravis schwer, wichtig, würdig, ehrenfest, ehrwürdig, in suerans habaith für ἐντίμους ἔχετε,

cum honore habetote Philipp. 2, 29, suerai attan für τίμα τὸν πατέρα, honora patrem Marc. 7, 10 u. a.

sueriannias von suerian w. f.

suestar, f. soror, germana, Schwester, daher ap. suestar 21, dazu im Hel. dp. suestron M. 2524. Merke dazu:

1. goth. lautet das Wort svistar Marc. 3, 35 gs. svistes Joh. 11, 1, np. svistrjus Marc. 3, 32, ap. svistruns Marc. 10, 30, woraus unter andern zu erkennen, daß das e in unserm suestar nicht aus a, sondern aus i entstanden ist.

2. Declinirt ist suestar, wie die übrigen verwandtschaftlichen Wörter auf ar, wie fadar, modar, brothar w. f.

3. Sicher ist suestar gleichen Stammes mit suas verwandt, angehörig, eigen, woher im Hel. suas man 2983, suases mannes 3420, suasostun mest 402, suaslico 8996 alle zur Bezeichnung des verwandtschaftlichen Verhältnisses. Doch kann das sues in suestar nicht unmittelbar von suas sein, weil darin a lang nach dem goth. sves Marc. 15, 20 u. a., sondern es kann dies sues oder suis nur entstehen in dem Lautgange eines Verbum der X. oder XI. Conj: suis, suas, suas goth. sues, suis oder suus Und damit gelangen wir an das lat. soror dessen sor ist aus sos, was erhalten ist in dem Mannsnamen Sosius beide von sero gleich seso, wovon soror ist wie germana Schwester von gero.

suigon, tacere, silere, schweigen, woher suigoda 50, so auch im Hel. suigon 7444, suigoda 2577, suigodun 4822, suigodi 10757. Merke dazu:

1. suigon ist schwaches also abgeleitetes Verbum, fordert demnach zum Stamme ein Nomen, was auch erhalten ist im alth. suiga für taciturnitas, silentium, altn. svig für suppressio Graff 6, 863, so unzweifelhaft ist diese Abkunft, wie griech. σιωπᾶν stammt von σιωπή und σιγᾶν von σιγή, lat silentium von silens, silere, und doch setzt Graff suiga hinter suigen.

2. Als von einem Nomen abstammend hat suigon zunächst nur sich selbst zum Object, seinen Inhalt oder die suiga zum Gegenstande seiner Thätigkeit, heißt eine suiga machen, thuen, es ist suigon intransitiv, weil es keinen außer ihm liegenden Gegenstand zum Objecte hat. Das Verbum geht jedoch so schon nach außen, indem es mer zum Gegenstand nimmt, mer suigon gleicht einem lat. multum amare, plus diligere.

3. Den Stand des Vocals in suigon erkennen wir aus dem alth. sueigjan für compescere, premere sc. vocem Graff 6, 860, 861. Danach ist suig entweder goth. svig oder sveig, weil alth. sueig gleich ist goth. svaig. Wir sehen also hier den Lautgang der VIII. Conj., eines starken Verbums suigan, sueg, suigun, goth. sveigan, svaig, svigun von Grimm so angesetzt Gramm. II. 17, nr. 192. Damit ist für die Sprachforschung wenig gewonnen, wenn wir nicht noch weiter

gehen, weiter nach dem Grundsatze: die VIII. Conj. ist ein Kind der X. oder XI., indem sich i, a zur weitern Ablautung zu i hinzufügte, aus i wurde ii oder ei, ai, also aus svig wurde sviig oder sveig, svaig. Also ist hier Urverbum suig, suag, sueg, suug. Aus diesem Urquell entspringen außer suiga, suigon noch eine Menge andrer Wörter, wie goth. sviglon pfeifen, svignjan oder svegnjan frohlocken, svoggjan seufzen, im Hel. suigli hell. Sieh Anm. zu B. 7150. Aber schweig und tönen das ist ja greller Widerspruch! Keineswegs, es ist hier vielmehr schönster Einklang. Denn in der Vergangenheit wird tönen zum schweigen, wie das Leben zum Tode. Wer gelebt hat ist todt, wer gesprochen hat, schweigt, sein Ton ist erloschen, ist todt. Laut und Stille wie Leben und Tod, Licht und Finsterniß, vermag die Sprache aus einer und derselben Quelle zu bezeichnen. In diesem Gegensatze sprudelt helle reiche Quelle der Wortbildung.

sulik, talis, solch, solcher, daher ds. s. sulikaru in: mid sulikaru forhtu endi mid sulikaru minniu 29, so auch sehr häufig im Hel., wie sulik 1178, 1181, 1681 u. a., dagegen aber für sulikar- nur suliker- 2616, 7870 und sulikoro 4278, 6161 u. a. Merke dazu:

1. sulik ist zusammengesetzt aus su und lik, wie mislik aus mis und lik. Dies su ist gleich dem su in suo, welches steht für so w. s., ich sage, dem su in diesem für so stehenden suo, weil man meinen könnte, daß das su in sulik verschränkt sei aus suo oder verlautet aus so, und somit dies su lang wäre. Das wäre böser Irrthum. In suo, woraus so entstanden ist, muß o für die eigentlich adverbiale Endung gelten, wie eben so das a im goth. sva, sieh oben so . . . Dies für a stehende o schwindet in der Zusammensetzung, wie das a oder o in samquic Hel. 11604 und samwurdi 11089. Der Gothe dagegen behielt das bindende a, wie wir sehen an samaleiks Marc. 14, 56, an svalauds Matth. 8, 10. So hat su in sulik einfaches, kurzes u, wie sehen in su einfach schönen Pronominal-Stamm, wie in sa, se, si

2. Der zweite Theil, lik ist kein andres lik als das oben besprochene . . ., wonach sulik bedeutet so-hell, so-schein d. h. so beschaffen, dergestalt, derartig, welche Beschaffenheit, Gestalt, Art goth. ausgedrückt ist durch ein von liudan wachsen abgeleitetes Adj. lauds, wie in svalauds. Eben so sinnig wird im mw. jene Eigenschaft ausgedrückt durch das von duen oder doen gebildete Particip dan gethan, indem man sagte sodan, alsodan hochd. sothan, jetzt veraltet.

sundia, f. crimen, mendum, culpa, noxa, piaculum, peccatum Sünde, daher as. sundia in: sundia werkian bigonsta 4, gp. sundiono in: ik giuhu allero minero sundiono 3, eben so im Hel. sundia 4291, sundiono 3233 und so oft. Ich bemerke hier zu diesem höchst merkwürdigen Worte unserer Sprache:

1. Im alth. galt sunda oder sunta für sundia. altn. synd. agf. syn Graff 6, 261, im goth. fehlt das Wort, es steht statt dessen fravaurhts für ἁμαρτία, peccatum Matth. 9, 2 u. a., was ist im Hel. farwurht oder forwurht 4246, 6462. Der Mangel unseres Wortes im goth. ist um so mehr zu bedauern als es hier vermuthlich die Urbedeutung gewähren und so zu dessen Abstammung führen könnte.

2. Die sundia gehört zu den abstractesten und so ihrer Quelle am entferntesten gerückten Wörtern einer Sprache. Je ferner aber ein Wort über die Sinnlichkeit gehoben ist, desto fremder wird es uns und desto bedenklicher, seine Quelle in der Nähe zu wähnen und zu suchen. Kaum wagt man daran zu denken, daß unsere sundia mit dem Subst. alth. sund Süden (Graff 6, 258, mit sund fretum und dem Adj. sundar sonder und gesund gesund von gleicher Wurzel sprießen könnte. Eben so wenig denken wir an die Nähe von sindar, sinder, sintar für scoria purgagamen metallorum das heutige Sinter Graff 6, 265, zu fern scheint unserm sundia zu liegen der alth. sind, goth. sinth Weg, Fahrt, woher gisindo Gefährte, der dazu gehörende sand missio Sendung, Absicht Graff 6, 238, woher dann goth. sandjan, alth. senten, im Hel. sendian senden, der Sand oder das sand arena kommt uns bei sundia am wenigsten in den Sinn. Alle diese Wörter mögen wir um so weniger mit sundia vereinigen, weil sie in den Wörterbüchern, auch in den etymologischen, so zerstreuet umher liegen. Wie niedrig indeß und wie hoch auch die Begriffe sein mögen, welche durch sind, sand, sund, und durch Abstammungen davon ausgedrückt sind, so müssen sie dennoch aus einer und derselben Wurzel entsprossen sein. Die Form nöthigt dazu durchaus, da sind, sand, sund der schönste Lautgang ist eines Verbums der XII. Conjugation. Der Einheit einer Form müssen sich die Begriffe und deren Spalten ergeben. Und in der That, sie thuen das hier auch, sogar ohne sonderlichen Zwang. Setzen wir einmal für ein Verbum sindan oder goth. sinthan den Begriff scheiden, dies Verbum im intransitiven Sinne, so einigt und scheidet sich darin alles und jedes leicht und licht: Der goth. sinth ist Scheidung, der sindar Sinter ist Scheidung, ist Ausscheidung, Auswurf, Schlacke, der sand missio ist Scheidung, Entfernung, Weggang, der oder das sand arena ist Scheidung, weil er ist zerbröckeltes, entzweites Gestein, oder auch gedacht als Ausscheidung des Wassers, Meers, der sund meridies ist Scheidung zwischen der Morgenzeit und Nachmittagszeit, der sund fretum ist Scheidung, weil er trennt das Land diesseits und jenseits, die sundia endlich ist nicht weniger Scheidung, die Sünde scheidet, trennt vom Guten, von der Tugend, die Sünde macht eine Scheidewand, eine Kluft zwischen Gott und den Menschen. Wahrlich die deutsche Sprache hat den äußerst abstracten sittlichen Begriff Sünde in hohem Grade sinnreich und bezeichnend auszudrücken verstanden.

sundion, peccare, sündigen, woher sundioda 46, wie im Hel.

sundion, wovon sundeo 5427 und gisundion 10063, auch alth. sunton und gisunton Graff 6, 264, 265. Merke dazu:

1. sundion ist abgeleitet von sundia, wahrt also das ableitende i des Stammwortes, wie sirion, giendion, und im Hel. mendion frohlocken von mendi Freude, minnion meinen von minnia, gibarion von gibari, darin gleichend dem goth. auhjon lärmen, sunjon rechtfertigen, gavadjon geloben, gasibjon sich versöhnen.

2. sundion beweiset recht augenfällig das allgemeine Gesetz, daß die abgeleiteten Verba zunächst sich selbst d. h. ihren Stamm zum Object haben und in diesem Bezuge intransitiv, in Bezug auf einen außer ihnen liegenden Gegenstand transitiv sind. Denn sundion bedeutet sundia thuen, sundia wirken, welche Umschreibung auch wirklich gebraucht ist in sundia werkian.

sunna, f. sol, Sonne, daher gs. sunnun in sunnundag, so auch im Hel. sunna 4952, 5633 u. a. gs. und ds. sunnun 7150, 5204. Höchst eigenthümlich ist diese deutsche Bezeichnung des Himmelslichtes:

1. Weiblich ist hier sunna, wie Sonne, im schlimmen Widerspruch mit dem griech. ἥλιος und lat. sol. Doch bestand daneben noch im Einklange mit ἥλιος, sol und goth. sunna, m. Marc. 4, 6 und 16, 2 der männliche sunno Hel. 5811, 6246, 8464, wo M. seinen Franken zu Liebe den sunno verändert hat in die sunne.

2. Der Grieche hat die sprachliche Bezeichnung dieser glänzenden und wärmenden Himmelswelt von eben dieser hervorstechenden Eigenschaft der Helle und Wärme hergenommen, denn ἥλιος hat gleichen Stamm mit ἀλέα Wärme, ἔλη Helle, Wärme, woher auch mit Wandel des Spir. asp. in s das σέλας Glanz und σελήνη Mond, welchem σέλ- dann das lat. sol entspricht. Sonderbar und wunderbar, daß der Deutsche von dieser so wesentlichen, so sichtbaren und fühlbaren Eigenschaft die Benennung der Sonne nicht hergenommen hat. Dennoch ist der Deutsche nicht minder sinnreich gewesen bei der Wahl des Namens für die Sonne. Die Sonne ist in unaufhörlicher ewiger Bewegung, sie ist ein wahres perpetuum mobile, nichts vermag ihren Gang zu hindern, sie geht und geht, und kommt und kommt trotz Sturm und Wetter und Wolken, sie geht alle Morgen auf, strebt hinan bis zur Mitte des Himmelsgewölbes und geht hinab um wieder hinaufzugehen. Und dies wunderbare ewige Gehen, Reisen, Streben zum Ende und zum Anfang, diese so sichtlich und so beständig wie Licht und Wärme der Sonne inwohnende Eigenschaft, ist dem Deutschen Grund gewesen zum Namen der Sonne. Sie ist ihm ein griech. ἴων von εἶμι, woher der ὑπερίων Hom. Od. 1, 8, eine ἰώ, wie die Argeier aus gleichem Grunde den Mond nannten, ein römischer ianus (von eo), woher der Gott Janus. Denn

3. der sunno und die sunna stammt, das sagt die Form unzweifelbar, von dem Verbum sinnan, sann, sunnun, dies Verbum noch in der sinnlichen Bedeutung genommen, wie es bei Otfrid steht: Da wollte Jesus

in Galilea sinnan gehen, eilen, reisen 120—39, wollte zi Hierusalem sinnan 274—1, zu ihm die Blinden kamen, auch zu ihm sunnun, welche mit dem Teufel besessen waren 214—63, das Licht erleuchtet die Welt und jeden Menschen, ther hera in worolt sinne 102—14, auch in der Zusammensetzung gisunnan: zi himile gisunnun zum Himmel aufstrebten 12—69, er so hoho gisan 384—22. Nach dieser uralten sinnlichen Bedeutung im Sinne des Prät. sunnan und gisunnan, wovon die sunna stammt, ist die Sonne, die welche gegangen ist, dies gethan hat in jedem Augenblick, wenn sie gehen thut, und so ist sie, oder ist der sunno der unaufhörliche Geher, Gänger, Reiser, Eiler, Streber, dies auf und ab, hin und her. Und das ist wundervoller Name für die Sonne, sinnreicher, weil tiefer, als der ἥλιος und sol.

sunnundag, m. solis dies, dominica, Sonntag, woher as. helagon sunnundag ne sirioda 27, aber ap. sunnonidage FII. 32—6, dagegen im Hel. sunnunnaht 11562*). Merke dazu:

1. Der wie eine Zusammensetzung aus sunnun und dag geschriebene sunnundag ist im Grunde oder ist keine eigentliche Zusammensetzung, eben so wenig als das lat. dies solis. Der sunnundag ist hier so zu einem Worte vereint, wie man im Hel. sunnun scin 7150 und sunnun lioht 7319 zusammenschreiben könnte, wie man Sonnenschein, Sonnenlicht schreibt.

2. Von sunnundag wäre ap. und ap. sunnundagos und sunnundagas, nach dem im Hel. vorkommenden dagos 8165, dagas 7956, daher ist ap. dage FH. 32 6 sehr absonderlich, weil dies dage aus daga verdorben und dies daga und dage ist alth. taga, daga und tage Graff 5, 357.

suonan, tendere, petere, judicare, pacare, streben, zielen,

---

*) Diese sunnunnaht, woran ich verzweifelte in der Anm. zu V. 11562, gegen die ich daselbst mit Macht und auch mit Sieg, wie ich glaubte, eiferte und sodann in Uebereinstimmung mit Schmeller diese naht für Schreibfehler statt lioht ansah, diese bezweifelte sunnunnaht hat dennoch ihre Richtigkeit, und zwar noch dazu sehr sinnreiche und merkwürdige Richtigkeit. Ich kam zu dieser Erkenntniß, als ich las bei Otfrid: thes sunnunabandes irbuabun sih thiu wib, si them grabe se illun 369—9, wo mit dem sunnunaband offenbar gemeint ist das vespere sabbathi bei Matth. 28, 1, der sunnunaband ist das heutige Sonnabend. Wie man nun sunnunabend sagt und darunter versteht den Abend vor dem Sonntag und nun gar mit Sonnabend den ganzen Tag vor Sonntag bezeichnet, so kann man dieser Ausdrucksweise durchaus entsprechend gewiß auch sagen sunnunnaht und damit bezeichnen die Nacht vom Samstag auf den Sonntag. So ist also richtig und sinnreich die suigli naht oder sunnunnaht als gleich dem wanom nahton 11531, sinnig dazu sered forthwardes naht gesagt wie scred thie wintar forth 393, u. a. Unrichtig ist also meine Uebersetzung Sonnenlicht, wie ich hier gern gestehe, desgleichen die von Grein V. 5784.

richten, urtheilen, söhnen, versöhnen in der Zusammensetzung gisuonan, w. s. Ein höchst bedeutsam Wort ist suonan:

1. suonan ist nicht starkes Verbum, wie doch durch an zu sein scheint, dem ja auch gisuonda widerspricht, auch wird an nicht verkürzt sein aus ian, wie das alth. suonen oder sonen aus suonian Graff 6, 243, es wird vielmehr dies an zu nehmen sein für das an der III. schwachen Conj., welches auch im Hel. so häufig neben dem ian der I. schwachen Conj. besteht, wie haban haben noch ganz das goth. haban und doch daneben hebbian und habbian, woher habas M. 2202, habbian M. 6813 und daher denn habda, dem dann gleicht suonda als von suonan.

2. Ganz begründet ist die Annahme des Lautganges eines starken Verbums XI. Conj.: sin, san, sen, sun in der Bedeutung und auch gleicher Conjug. des griech. τείνω, τενῶ, ἔτανον, τέτονα, dies ταν- und τον- wenigstens in ταναός und τόνος, dem dann lat. tendo und teneo entspricht. Zu diesem Lautgange gehört das goth. sins oder sinis in dem Superl. sinista Matth. 27, 1, unser sini in dem Mannsnamen Sini Trad. Corb. 119, woher auch Siniesthorp 485 und Sinega FH. 28--22, auch der Waldname Siuithi WH. 235, das sin in den Zusammensetzungen sinlibi, sinnahti u. s. w., welches sin ist das sin im hochd. Singrün, dazu denn das lat. senex; das Prät. san bewährt das san 339, und davon der Casus sana M. 2508, sane 4897 und sano M. 5875, woher auch das Verbum senian M. 4544, das Prät. sun bewährt das goth. suns Matth.

8, 3 u. a. ja auch sunis, woher sunja Wahrheit und sunjon bewahrheiten, welches sunja ist das sunnia im Hel. 4608, dessen nn erzeugt wurde durch das folgende i, dazu stimmt auch das lat. sonus im Sinne des griech. τόνος, warum sollte nicht auch sunus, sunu, suno Sohn dazu gehören? Ist ja der Sohn die continuatio des Vaters oder des Geschlechtes, er folgt unmittelbar auf den Vater, der Sohn ist ein continuus, wie san, sana, sane, sano ist continuo und goth. suns ist gleichfalls continuo Matth. 26, 74.

3. Das Urverbum in den Lauten sin, san, sun ist fähig, alle Laute aller übrigen Conjugationen zu erzeugen, wie durch Einsatz eines Vocals aus sin werden kann sein, sain (VIII. Conj.), woher auch goth. sainjan zaudern 1. Tim. 3, 15; aus sun wird siun, saun (IX. Conj.), woher saun Marc. 10, 45 die Erlösung ist continuatio, Vereinigung, Versöhnung; aus san wird son oder suon, woher suona Sühne Graff 6, 242, welche ist continuatio, contentio, confirmatio. Von diesem suona ward unser suonan oder suonian, was ist tendere, contendere, pacare einigen, befrieden, söhnen, versöhnen, wofür allerdings gisuonan bezeichnender ist. Durch Einsatz oder Ansatz eines Consonanten wie n und d oder th kann endlich aus sin, san, sun werden sinnan und sindan, sinthan, wie denn wirklich geworden ist (XII. Conj.).

suor, juravi, schwor, habe geschworen, Prät. von suerian w. s.

suvar, purus, merus, mundus, lautus, venustus, castus, sauber, lauter, rein, schmuck, keusch, daher unsuvar und daher unsuvron w. s. Merke dazu:

1. Gewiß muß das Wort in ältester Sprache ein b haben. Dies b hat das Wort auch im Hel., wo sich findet subar und in M. subri, woher subres und subreas 3447, wo das n. des Adj. als Subst. gebraucht ist, dem subar entsprechend subra 664 und 5131, für das b zeugt auch das alth. subar noch mehr das verschobene supar Graff 6, 70. Verweicht ist also aus dem b das v in unsuvron w. s. Diesem unsern subar mit b entsprechend müßte im goth. ein gleiches Wort mit b vorkommen, wenn es sich erhalten hätte.

2. Hat so das b in ältester Sprache seine Richtigkeit, so kann subar in sub nach der Lautverschiebung urverwandt sein mit dem griech. σαφής klar, hell, deutlich, und dadurch auch mit σοφός weise. Dies σαφ-, σοφ- steht aber in der VII. Conj. wie βάλλω und βόλος und darin steht ja auch saban, sob oder suob, wovon im Hel. alsuof 593, afsuobun 7280 und ansuobun 410.

3. Sehr zu beachten ist in suvar die Senkung des b zu v oder w. Mit diesem v geht suvar ins mw. in der Form suver: suver für merus Gloss. Bern. 223, woraus sich erklärt das heutige ml. sürk für reinlich, nett, hübsch, aus suverik verschränkt.

suvron, purare, putare, mundare, säubern, reinigen, fegen, zu schließen aus unsuvron w. s., nicht im Hel. das entsprechende subron, aber erhalten im mw. suveren und zwar

1. sinnlich in: suvert mi van allen smitten Fgb. 8. dat graff mit besemen suveren Pass. 116 — a.

2. abstract: suver ende sterke min herte Rsg. 456.

T.

-ta, Endung des Sing. im Prät. in bigonsta von biginnan, thahta und githahta von thenkan, so auch im Hel. thahta 1290, dazu brahta 5558 von brengian, warahta 156 von werkian, suohta 712 von suokian, dopta 1930 von dopian, buotta 4714 von buotian u. a.

te, ad, zu, nach, in, Präp. mit dem Dativo, in: te goda 68 und te gibotianna 66, so auch im Hel. te cuninge 123, te saranne 11308, wechselt jedoch häufig mit ti 39, 103, 192 u. a., auch mit to 1042, 1286, 1442, wozu dann auch wol gehören wird 481, 227, 1029 u. a. Merke dazu:

1. Im alth. lautet dies Wort za, ze, zi, zo, zu Graff 5, 572, 573, dem die Reihe ta, te, ti, to, tu entsprechen würde. Wir sehen daraus, daß diese Präp. spielt in gleichen Formen mit sar, ser, sir, sor, sur, ar, er, ir, or, ur.

2. Woher dies so verlassen unter den Präpositionen stehende ta, te, ti, to, tu? Die Gleichheit der Bedeutung mit at (ad), die Gleichheit in t läßt mit Grund vermuthen, daß ta,

te, ti durch Abfall des a vor ta entstanden sei. Dazu kommt, daß sich aus dieser Entstehung des ta, ti, te erklärte der geringe Umfang des Gebrauchs von at, daß im goth. nur at, nicht ta, ti, te vorkommt. Der Gothe hielt fest an der unversehrten Form, brauchte überall at, wo der Sachse at und te, ti verwendet. In diesem Abfall des a hätte ja ta seines Gleichen in fan als entstanden von af, in neban als aus aneban.

teman, decere, convenire, oportere, ziemen, getiemen, sich schicken, gebüren, Stamm zu tumst in mistumst, w. s., merke dazu:

1. teman erhalten in thi timit für σοὶ πρέπει, te decet, in: σοὶ πρέπει ὕμνος, ὁ θεὸς ἐν Σιών, te decet hymnus, deus in Sion Psalm. 64, 2, so fortsetzend das goth. timan in gatiman, woher gatimid für συμφωνεῖ, convenit schickt sich Luc. 5, 36, dann von einem tam das transitive gatamjan für δαμάσαι, domare bändigen Marc. 5, 4, im alth. zeman Graff 5, 661, woraus wir ersehen, daß unser teman auf höchster Stufe der Conjugation steht und geht wie neman: teman, tim, tam, tamun, gitoman, worin i und u im goth. timan, tumans abgeschwächt ist zu e und o wegen des folgenden a.

2. Als Verbum XI. Conj. ist teman nicht allein der Ableitungen aus allen seinen Vocalen, sondern auch der Lautstellung aller übrigen Conjugationen fähig. Erwähnung verdient hier vorzüglich tomig oder tuomig im Hel. 5226, und das Verbum tuomian 3151, 3435, 7484, darum weil dies tuom von tam im Lautgange der VII. Conj. entstanden ist, so gleichend einem somi M. Hel. 9013 als von sam, luomi Graff 2, 212, als von lam, u. a.

3. Zur Urverwandtschaft setzt man hinter timan oder teman das griech. δαμάω, lat. domare Gabel. Gloss. 176, was doch erst zu tamjan gehört. Unser timan oder teman ist unzweifelhaft das griech. δέμω bauen, da bauen ist fügen, aptare, jungere, condere. Die Formen gleichen sich in δ und t, wie nicht minder im Vocal e und i ganz im Gesetze der Verschiebung.

teran, scindere, frangere, rumpere, perdere, scheiden, trennen, brechen, reißen, verzehren, verderben, Stamm zu terian w. s., dazu merke:

1. teran geht wie beran steht also in der XI. Conj. mit dem Lautgange: teran, tir, tar, tarun, gitoran, wie das Wort auch erhalten im goth. tairan, tar, terun, taurans und alth. zeran, zir, zar, zor Graff. 5, 691. Alle Vocale dieses teran haben Wörter gegeben, wozu unter andern gehören das Adj. torn im Hel. in tornon trahnon 11042, als Substantiv bedeutend Zorn 4284.

2. Hinter diesem tairan, teran, zeran findet man als urverwandt geschrieben das gr. τείρω, lat. tero bei Gabel. Gloss. 175, Graff 5, 691, und das zum derben Trotz wider die Lautverschiebung. Unzweifelhaft ist unser teran, im Gesetze der Lautverschiebung das gr. δέρειν, was ebenfalls ist scindere, scheiden, schinden, im Sinne von σχίζειν. Auch goth.

steht gataura für σχίσμα Matth. 9, 16, aftaurnan für σχίζειν Luc. 5, 36. Nur in diesem allgemeinen Sinne einigen sich alle von δέρειν abstammenden Wörter wie δέρος, δέρμα, δορά, δέρθρον, δειράς und δειρή Rücken, Hals, Nacken, gedacht als First, Scheide, Schnat, δηρός geschieben, weit, lang δῆρις Scheidung, Streit.

3. Besonders zu bemerken ist, daß es neben torn auch ein tarn gegeben haben muß. Das tern in dem Ortsnamen, wie er steht in: in Ternetsca WH. 234 das heutige Ternsche bei Selm, welches in ältester goth. Form lauten mußte Tarnatisk, indem isc bis in die dritte Silbe Umlaut bewirkte. Bestätigt wird dies tarn durch das goth. tarn in gatarnjan, woher gatarnith 1 Tim. 6, 5 für ἀποστερημένος privatus, welches wider Form und Sinn mit verhüllen übersetzt wird Gabel. Gloss. 175. Dies tarn oder tarns ist gebildet durch n, wie gairns, analaugns, svikns, ibns. Die Bedeutung ist klar und wahr, da tairan den Begriff der Zerstörung, des Verschwindens enthält. Danach wird denn auch das tarnatisc oder Ternetsc sein corrupta, perdita seges.

terian, terere, abuti, zehren, verzehren, verbrauchen, daher terida in: mer terida than ik scoldi 18, im Hel. zweimal in der Zusammensetzung farterian, von der Sündflut, welche die liudi farterida 8724, von dem Feuer, welches Sodoma — gie land gie liudi farterida 8744. Ein sehr wichtig Verbum ist terian:

1. In terian ist e nicht ursprünglich, kann aber nicht Abschwächung von i sein, weil dann wegen des folgenden i hätte werden müssen tirian, das e muß entstanden sein aus a durch Einwirkung des folgenden i, so daß terian nach goth. Lautung wäre tarjan, was auch trefflich darthut das alth. zarte: er zarte gewate, sie zarten ire gewate Graff, 5, 691, als von zerian, für dessen e das a wieder eintritt, wo der Grund der Verlautung das folgende i, wegfällt.

2. Als abgeleitetes Verbum fordert terian ein Nomen tar als Adj. oder Subst. Das hat sich nun freilich nicht erhalten, aber wir erkennen doch aus einem dem terian zum Grunde liegenden tar den Vocal des Prät. eines starken Verbums des goth. tairan, tar, unseres teran u. s. Die Bedeutung von terian ist danach augenfällig.

thahta, cogitabam, cogitavi, dachte, gedacht habe, Prät. von thenkian u. s.

than, tum, tunc, tam, quum, quam, bann, denn, als wie, hier nur als Relativ nach dem Comparativ mer, bedeutend als, wie, denn, in: mer terida than ik scoldi 18, mer sprak endi mer suigoda than ik scoldi 50, mih mer unsuvroda than ik scoldi 53, so auch im Hel. nach einem Comparativ: that hie si betera than wi 422 u. a.

that, id, hoc, illud, quod, das, dies, daß, was, steht theils als Artikel, theils als Relativ, hier nur als Relativ, gleich dem hochd. daß, es regiert den Satz als Object, wie bei iuhu, in: ik iuhu, that ik etc. 23, 24, 34, bei biddian, in: ik thi biddiu gibedas, that etc. 67, bei githingi wesan, that ik etc. 68. Bemerke:

1. Als Relativ hat that oft nicht den Casus seines Satzes, sondern des vorhergehenden nach dem Gesetze der Attraction, wie im Griechischen, z. B. in: so huat so ik thes gideda, thes withar mineru cristinhedi wari 6.

2. that hat ein t wie huat w. s., welches 1 Rest ist des goth. thata, darin nicht ata Endung, sondern ta, so daß tha als Stamm gelten muß, deutlich ist dies bei huata, weil dafür im goth. gilt hva, eben so deutlich ist dies bei it goth. ita, weil darin i als Stamm gelten muß. Merkwürdig gleicht it, that, huat durch dies t dem lat. id, illud, quod. Ohne Zweifel ist dies t, ta, wie auch das d in id, illud, quod, demonstrativ, so daß es einem gr. δ gleicht in ὅδε, ἥδε, τόδε, wofür auch verstärkt steht ὁδί, ἡδί, τοδί. So wäre thata, that buchstäblich τόδε.

the, quod, quas, quos, das, welche, in: san thiu the 4, thes allas the (quod) 57, sundiono, thero the (quas) 3, thia giwar the (quos) 35, thia gisuonda the (quos) 36. Dies the ist eine sehr merkwürdige Form, wozu bemerke:

1. Wie hier dieß the steht für quod, quos, quas, so auch im Hel. und zudem noch für alle übrigen Casus aller Geschlechter, wie them the (welcher) 2742, thes the (welcher) 9915, them dage the (quo, an welchem) 1172, them mannon the (welche) 3107, thia gisithos the (quos) 5800, barno thero the (quae) 1669, withar thiu the (dafür daß) 3589 u. a.

2. the ist in diesem Gebrauche ein aller Declination entbehrendes Pronomen, ist ein örtliches Adverbium, so verwendet, wie im lat. ubi, unde wo es auf geschlechtliche Wörter bezogen wird, wie im hochd. das örtliche wo, oder wozu, womit, woburch u. a. auf alle Casus aller Geschlechter bezogen wird. Es sind dabei mehrere Stufen bemerkbar:

a. bezieht sich dies örtliche adverbiale Relativ auf einen Ort, wie locus ubi, unde, Ort, wo, woher;

b. auf ein Wort der Zeit übertragen, als: an them selbon dage the ina muoder gidruogi 1172 nachahmlich: an demselben Tage wo oder wann ihn die Mutter gebären würde. Dazu gehört denn auch san thiu the d. h. seit dem, wo oder wann.

c. auf Personen übertragen, wie: qui eum necasset, unde ipse natus esset Cic. Rosc. Am. 26, 71, wir: wo er selber von geboren wäre. Hierauf gründet sich thero gestio the at them gomon was Hel. 4089 in dem partitiven Sinne: was von Gästen da am Mahle war, wie auch der Lat. sagt: quidquid hominum, und im Hel. steht manno· so huat so thar huergin was 4445;

d. auf abstracte Gegenstände übertragen, hier ist begründet thes allas the ik nu binemnid hebbiu,

d. h. des alles, wo, wann, wie benannt habe, hier begründet sundiono thero the ik githahta, so partitiv gesagt: was von Sünde ich wo, wann, wie gedacht habe.

thena, eum, hunc, ben, in: thena helagon sunnundag 27. ist as. m. des Artikels the ober thie der.

thenkian, cogitare, denken, woher Prät. thahta in: that ik an kirikun unrehtas thahta 54, und das zusammengesetzte githenkian, w. f. Merke dazu:

1. thenkian ist schwaches oder abgeleitetes Verbum, muß deshalb ein Nomen zum Stamme haben, und dieser sein nominaler Stamm besteht in thank ns. thane 10027, ds. 234, 1008, as. thane 132, 947 u. a. Davon stammt thenkian, wie wenkian von wank, senkian von sank, das a ward e wegen des folgenden i goth. blieb thagkjan, welches a wiederkehrt in thahta, githaht, weil darin die Wirkung des i nicht mehr statt hat. Falsch ist bei Graff 5, 167 das alth. dank unter denkian gesetzt. Hat dazu die so fern scheinende Bedeutung von thank gratia bewogen? Dem Deutschen war ja eben was das Wort sagt, der thank eine cogitatio, memoria, und das ist ja auch so wahr, als schön und tief gedacht und so dadurch auch verschieden von dem eigentlichen Worte für gratia von aust w. f.

2. In den hochd. Beichten dieselbe Sünde: daz ih in chirichun unrehtles dahda Massm. 128, wo thenkian gleichfalls mit dem Gen. steht Derselbe ist begründet in der Abstammung des thenkian von thank nach dem Satze: die abgeleiteten Wörter behalten die Fügung des Stammes, und im Hel. ist thanc, thes 947, 308 u. a.

3. Der thank ist gebaut wie drank, frank, banc, sanc und zeigt darin den Bau des Prät. der XII. Conj. Darum läßt sich erwarten ein think und thunk, letzteres erhalten in dem Verbum thunkian dünken, woher im Hel. thunkean 4988, thunkit 313, thuhta 1362 u. a., welches thuhta in dieser Form ganz besonders die Gleichheit mit thahta bekundet.

3 thaht und thuht weisen auf ein einfaches thak und thuk, wie das lat. tactus auf tag, fractus auf frag, rictus auf rig-, woraus sich ein Präsens tango, frango, ringo entfaltete, und diesem gleich zu denken unser thinkan, thank, thunk. Dafür fordert die Gleichheit mit dem lat. ein einfaches thik, thak, thuk. Dies thik ist nach der Lautverschiebung buchstäblich das lat. tegere. Und wie sich aus dem Begriffe tegere das Denken entwickelt hat, wer vermöchte das so gelehrt-gründlich darzuthuen als Jacob Grimm? in den Abhandlungen der Königl. Acad. der Wissenschaften zu Berlin 1856, S. 59 flg. Durch dies thik, thak, thuk fällt nun auch helles Licht auf das so dunkel und altfremd klingende thok in dem Ortsnamen Thokthorp WH. 282, das thuk in der Thukenburg, jetzt Haus Tockenborg bei Sendenhorst, und das uralte Thukesburg bei Münster. Dies thuk wurzelt im Begriffe tegere, wie eben darin tegula, tectum, toga, tugurium, wie cella in celare.

thero, harum, earum, derer, der, gp. f. des Artikels sia oder siu, in sundiono thero 3, wie im Hel. thero dadio 279, u. a. goth. lautet thero thizo. Daraus schließen wir:

1. o in thero ist lang, weil es goth. nur langes o gibt, wobei wir beharren müssen bis zum Nachweis, daß dies o im altf. verkürzt sei.

2. Das s im goth. this ist im Grunde ursprünglich z wie es in thizo erscheint und dies z das weiche s ist es, welches zumeist in unserer Sprache zu r geworden ist.

3. Das e in thero ist verlautet aus dem i in thizo, wie in der Conjugation, wo lesan ward aus goth. lisan und ist diesem zufolge kurz, weil goth. i nur kurz ist.

theru, hujus, ejus, der gs. f. des Artikel sia oder siu in: theru helagun lecciun 55, so gleich im Hel. theru helagun thiernun 716, doch steht in C. gewöhnlich dafür thero und thera, wie in: thero marca 1525, thera seolun 3820 u. a. Bemerke dazu:

1. Die goth. Form für thera, thero, theru ist thizos, woraus wir sehen, daß darin i, z, o den Stand zu unsern thero wie im Gen. Pl. hat.

2. Daß das s in thizos abgefallen ist, wie das so oft auch sonst mitunter zum empfindlichen Verderbniß der Sprache geschehen ist.

thes, hujus, ejus, des, dessen, gs. m. und n. als Artikel, in thes alomahtigon godas 62, und thes allas 57, also von thie der und that das, dann als Demonstrativum weisend auf einen folgenden Satz in thes iuhu ik, thes etc. 5, 60 und thes iuhu ik that etc. 23, 25, endlich als Relativ 5, 43, 60, alle diese Fügungen, wie im Hel. Besonders ist noch zu bemerken:

1. Unser thes ist goth. this ebenfalls für m. und n. von so der, und thata, wie in this thiudanis Matth. 5, 35, wir schließen daraus, daß das e in thes aus i entstanden und kurz ist.

2. Wo thes demonstrativ ist weisend auf einen Satz, der mit that beginnt, da gleicht die Fügung dem jetzigen Hochd., wo dagegen nicht that folgt, sondern thes, wie in so huat so ik thes gideda thes withar mineru cristinhedi wari, so huat so ik thes gideda thes withar godas willion wari, da hat das Relativ eine Fügung, welche weder im jetzigen Hochd. noch auch im Latein ihres Gleichen findet, weil hier das Relativ vom vorhergehenden Namen nicht allein Geschlecht und Zahl in sich enthält, sondern auch dazu den Casus, indem für thes-that gesetzt ist thes-thes. Nur im Hel. ist diese Fügung und andre auf gleichem Grunde beruhende häufig genug, wie sagda gode thanc thes hie ina gisah 949, wo der Gen. thes von thanc abhängig ist.

thi, tibi, dir, ds. des Pron. thu, in thi godes manne 2, 67, wie im Hel. 244, 245, 256, goth. thus Matth. 5, 26, Marc. 1, 2, Luc. 1, 3, Joh. 3, 3 u. a.

thi, te, dich as das Pron. thu, in thi biddiu 67, wie im Hel. 552, 957, u. a., daneben jedoch auch thik 1643, 7899, 9364 u. a., in dieſer Form noch entſprechend dem goth. thuk Matth. 5, 23, Marc. 1, 24, Luc. 1, 35, Joh. 7, 4 u. a.

thia, hos, eos, illos, dieſe, jene, diejenigen, ap. des Pron. thie, hinweiſend auf ein Rel. im folgenden Satze, in thia giwar the- 35, thia ne giſuonda the 35.

thia, hanc, eam, die, as. ſ. des Pron. sia oder siu. in thia helagon missa 27, wie im Hel. thia buok 466, thia dohtor 506, thia idis 589 u. a.

thiu, eo, hoc, dem, ds. oder Inſtrumentalis von dem Pron. that, in: san thiu the 4, ſo auch im Hel. bei Präp., wie te thiu 18, after thiu 86, bi thiu 1147, furi thiu 8708, mid thiu 11768, under thiu 4103, withar thiu 3588 u a. Sehr zu merken iſt:

1. Dieſer Dativ thiu von that iſt mit huiu von huat ganz dazu geſchaffen, um die Eigenthümlichkeit der Form zu begründen, welche man mit dem (leider widerwärtigen!) Namen Instrumentalis benannt hat. Denn die Präp. after, bi, furi, te, undar, withar regieren hier mit thiu den Dativ, wonach alſo auch thiu als Dativ von that zu faſſen iſt, und dennoch gilt von that als der den übrigen Sprachen entſprechende Dativ themo oder them. So beſteht alſo dieſer Caſus für ſich und iſt als ſolcher mit beſonderm Namen zu bezeichnen.

2. Gewöhnlich erſcheint dieſer Inſtrumentalis bei Präp. wie hier thiu mit after u. ſ. w. und im Hel. mid is wordu 471, doch iſt das nicht der alleinige Gebrauch, es beſteht auch ohne die Präp., wie in thiu bat 4698, formon wordu 431 u. a.

thu, tu, du, ns. des perſönlichen Pronomens zweiter Perſon, in: that thu mi te goda githingi wesan willias 67, ſo auch im Hel. thu 235, 285, 315 u. a. und goth. thu Matth. 6, 6, Marc. 1, 11, Luc. 1, 28 u. a. Merke dazu:

1. Im goth. thu erkennen wir, daß das u in unſerm thu kurz iſt, da der Gothe nur kurzes u hat. So gleicht alſo das deutſche thu in der Kürze des u dem griech. τύ und σύ, weicht jedoch ab vom lat. tu, deſſen u lang iſt.

2. Unſer thu iſt in th nach der Lautverſchiebung ganz das griech. τύ und lat. tu. Recht merkwürdig iſt dabei, daß die deutſche Sprache hier nicht das joniſch-attiſche σ von σύ, ſondern das t im doriſch-lateiniſchen tu fortgeſetzt hat.

thurſt, f. necessitas, Durſt, Bedürfniß, Noth, in der Zuſammenſetzung nodthurſt, w. ſ. im Hel. auch einfach in der Form thuruſt, woher np. thuruſti 5650. Die thurſt iſt ein ſehr merkwürdiges Wort:

1. thurſt iſt goth. thaurſts Luc. 19, 34, wonach wir nicht thurſt, ſondern thorſt erwarten ſollten, nicht allein weil das goth. au wird o, ſondern auch weil, wenn jenes au für kurz u gilt, dies kurze u bei uns in o abgeſchwächt wird, wie word wird aus vaurd, forht aus faurhts, boran aus bauran u. ſ. w. Es unterliegt

keinem Zweifel, daß dies dem goth. durch au ausgedrückten u gleiche u erweckt oder gehalten ist durch das i in der Declination dieser Wörter. Denn thurst geht nach der II. Decl, wie wir sehen an thursti, es kann sogar der ns. sein thursti, wie alth. durſti bei Otfrid noch thursti Graff 5, 210, wo der Grund dieses u um so sichtlicher ist. So erkennen wir dann auch den Grund des u statt o noch in zahlreichen Wörtern dieser II. Declination, wie in farwurht, np. farwurhti Hel. 4246, goth. fravaurhts, wurm Hel. 3753, np. wurmi 3289 goth. vaurms Luc. 10, 19, u. a.

2. thurst ist im Grunde ein participiales Nomen, weil es durch t abgeleitet ist und steht zu einem Adjectiv thurst, erhalten im goth. thaursts 1. Cor. 12, 22, wie die maht zu dem goth. Adj. mahts u. a. In dieser II. Decl. muß das i, auch wo es im ns. nicht steht, doch für ableitig gelten. Will man das aber nicht, so muß doch immerhin angenommen werden, daß das Subst. vom Adj. stamme. So ist denn die thurst abgeleitet von einem participialen Adj. thurst, wie die maht vom Adj. maht, wie die farwurht von dem Adj. farwurht u. s. a. Und thurst ist vom Verbum thurban, wie haft von haban, lioht von liuhan.

tid, f. hora, tempus, Stunde, Zeit, ds. tidi in: so an huilikaru tidi so it wari 62, auch in der Zusammensetzung witid, w. f., so auch im Hel. ns. tid. 186, 1703, ds. tidi 7007, np. tidi 177, gp. tideo 9655, dp. 5353 u. a., im goth. fehlt dies Wort, es gilt dafür theihs, mel, hveila. Ich bemerke dazu:

1. Unserm tid ist der so allgemeine und abstracte Begriff des heutigen hochd. Zeit durchaus fern zu halten. Immer und überall bezeichnet die tid das eintreffen, begegnen, werden, kommen, ereignen, geschehen und die Dauer und Wiederkehr in der Zeit, als Tag, Nacht, Morgen, Abend, Frühling, Sommer, Herbst, Winter, Feste, Märkte, Geburt u. s. w. So enthält die tid eine reiche Fülle von Begriffen, woraus wir denn auch sofort erkennen, daß die Bezeichnung desjenigen Begriffes, welcher durch unser tid und das hochd. Zeit ausgedrückt wird, von sehr zahlreichen Wörtern hergenommen werden konnte, wie denn auch in den verschiedenen Sprachen geschehen ist. Die kleinste Zeit nannte der Römer momentum von movere höchst sinnreich, desgleichen punctum von pungere, woraus sehr wohl die Bezeichnung des allgemeinen Begriffes Zeit hätte entstehen können. Eben so sinnreich ist der griech. καιρός von κείρω, mit dorischem αι wie δαίρω für δείρω, wie wir sagen Zeitabschnitt. Der Deutsche dachte an crescere, alere wachsen, als er bildete Alter, wie der Gothe alths für αἰών II. Eph. 2, 7, woher auch unser aldar Hel. 91, 286 u. a. In gleichem Begriffe wurzelt das goth. theihs, n., woher theihs für καιρός, tempus Rom. 13, 11, theihsa t Thess. 5, 1 für χρόνοι, tempora, offenbar durch die Ableitung mit s von theihan gedeihen, wachsen, groß werden. Die Zeit ist darin höchst sinnreich dargestellt wie ein Wesen, das geboren wird, wächst und stirbt. Da-

mit gelangen wir denn auch zu dem Stamme und der ursprünglichen Bedeutung von unserm tid.

2. In unserm tid ist i lang, wie wir schon schließen aus dem heutigen ab. teid, ml. tīd, hochd. Zeit alth. geschrieben neben zit auch ziidh, ziit Graff 5, 635, dem dann entsprechen würde goth. teid auch teith. Nun gibt es aber ein agf. tidran für generare, augescere, crescere Bw Gloss. 276 durch r abgeleitet von einem Stamme tid, woher auch tida, tide für compos, das Subst. tid für concessio Gewährung Bw. 277, was sich, wie weit es auch von tidran zu sein scheint, dennoch höchst sinnig damit vereint in dem Begriffe des lat auctus, mactus. So unterliegt der tid ursprünglich ein Sinn, welcher dem von aldar, alths, aldomo, theihs gleich ist. Die tid ist auctio, auctus, augmentum ist von auctumnus gleichsam eine auctumna.

3. Zur Bestätigung dieser Herleitung und Deutung dient noch der so schöne Sinn, welcher dadurch den aus einem Verbum teidan, taid, tid mit der tid entspringenden Mannsnamen verliehen wird wie Tido WH. 235. Tidiko 226, Tiding 225, Tidhard 246, Tidmund 247, Tidward 246, Tydi Trad. Corb. 244, Tidulf 321, Tydso 390, Tizo (= Tidso) FH. 24—12, Tiziko 27—19. Der Tido ist ein herrlicher augustus, ein hehrer almus.

tragi, f. taedium, ignavia, desidia, torpor, inertia, pigritia, Trägheit, Ekel, Verdruß, gs. tragi, in: ik iuhu tragi godes ambahtas 13. Das Wort verdient vielseitige Betrachtung:

1. Das a in tragi ist lang, weil ja sonst durch Rückwirkung des folgenden i dafür tregi stehen würde, das a ist also der Vocal des Pl. im Prät. vom Verbum tregan w. f.

2. Auch das i in tragi ist von Graff 5, 503 im alth. tragi als lang gezeichnet, wozu wenig oder gar kein Grund ist, da tragi das zum Substantiv erhobene f. des gleichlautenden Adj. tragi neben trag Graff 5, 502 sein kann, und auch so sinniger ist. So begreift sich unter andern auch besser das alth. neben tragi bestehende traga Graff 5, 503, was dann steht neben tragi, wie im Hel. gibada 11654 neben gibadi 6318.

2. Die gewählte Uebersetzung: Trägheit im Gottesdienste läßt eine der hochd. Sprache unmögliche, doch wesentliche Bestimmung unbezeichnet. Denn nach dem Sinne des Verbums tregan w. f. muß der Ausdruck tragi godes ambahtas so in einen Satz aufgelöst werden, daß ambaht Nominativ wird: das godes ambaht trigid, heißt dolet, taedet, piget. Der Gottesdienst ist so als die Sache dargestellt, welche die Trägheit in dem sündigen Menschen erzeugt hat. In dieser grammatischen Auflösung des Ausdrucks tragi godes ambahtas erkennen wir augenfällig die höchst strafbare Sünde, deren sich der Beichtende schuldig gibt, die weit strafbarer ist, als das der hochd. Ausdruck: Trägheit im Gottesdienst bezeichnet, erkennen zugleich den tiefen Blick, welchen der Verfasser that in das sittliche Leben der Menschen, erkennen die strenge Gewissenhaftigkeit,

womit derselbe die Größe von Tugend und Sünde bemessen hat.

tregan, dolere, taedere, pigere, poenitere, schmerzen, verdrießen, kränken, betrüben, davon tragi w. f. Höchst merkwürdig ist tregan in Form und Bedeutung:

1. Im Hel. von tregan nur 3mal der Inf. 6463, 9459, 10037, woraus noch nicht mit Nothwendigkeit folgt, daß das Verbum ein starkes sei, das au könnte ja stehen für ian wie in suonan, gisuonan w. f. Daher sagt denn auch Schmeller, bedächtig wie immer, nur videtur Gloss. 119. Allein schon Grimm hat tregan unter die starken Verba, wenn auch verlornen, aufgenommen nach goth. Form: trigan, trag, tregun Gramm. II. 53, nr. 555. Es unterliegt auch gar keinem Zweifel mehr, daß tregan gehe nach der X. Conj., genau wie plegan, wegan u. a. Seine Stammformen waren also: tregan, trig, trag, tragun, gitregan, wovon für erwiesen gelten müssen:

a. treg oder trig durch den Inf. tregan im Hel ganz besonders aber durch das goth. trigo, f. für λύπη, tristitia 2. Cor. 9, 7. Daher nicht auch der alth. trikil für verna Graff 5, 500? Freilich liegt trikil nahe dem tregil für bajulus, allein i aus a (trakan — trikil), wenn auch nicht ohne Beispiel, doch immer seltene Ausnahme.

b. trag (a lang) in tragi und dem Verbum tragen und tragon Graff 5, 503, woher das mw. tragen für tardare, tepescere TC. 1, 25, 11.

c. trag (a kurz) in einem sehr seltsam klingenden Worte, was darum auch bis jetzt unerklärt geblieben ist, in dem sonderbaren zorkolon Graff 5, 705, wo Graff falsch ansetzt zorkalon, bei Otfr. von dem todtkranken Lazarus: druhtin tho gihorta, thaz er so zorkolota 250 — 25. Nach altsächsischem Lautstande würde sprachrichtig sein targalon oder torgolon, beide dann für tragalon. Das r verließ t und stellte sich zu g, so ward t was in tr unverschoben blieb, sprachrecht zu z. Die Rückwirkung des o erstreckte sich, wie so oft bei Otfr. bis auf die Wurzel trag oder targ, zarg. Nach der Stelle bedeutet zorkolon languere kränkeln ganz im Sinne von tragi und tragen.

2. Woher das heute in ganz Westfalen übliche trecken, Prät. trock und truockeln zögern, zaudern? vom lat. trahere, tractare? Das ist unglaublich. Eine starke Form sollte sich daraus in Sachsen gebildet haben? das ist unglaublich. Das o darin ist ja gleich a und der Lautstand verstellt wie im hochd. weben, wob, gewoben, bewegen, bewog, bewogen. So wäre trecken, trock, getrocken gleich trecken, track, gitrecken. Und das wäre ja vollständig mit hochd. k das alte tregan. Und die Bedeutung, welche ist die ursprüngliche von tregan?

trostian, consolari, solatiari, trösten, woher trosta, consolabar, consolatus sum, in: sera

18

endi unfraha ne trosta 32.
Recht merkwürdig ist dies trostian:
1. Die Bildung des Prät. trosta ist sehr eigenthümlich, doch nicht ohne Gleichheiten im Hel. Die vollständige dem trostian gemäße Form wäre trostida. Mit Abfall des die Endung bindenden i legte sich d unmittelbar an das vorhergehende t, es ward trostda. Dem Gesetze gemäß ward d dem t assimilirt, wie wir sehen an gruotta Hel. 512 aus gruotida, gruotda, von gruotian, an muotta 11898 aus muotida, muotda von muotian. Für trostta genügte zu schreiben trosta. Dem trosta gleicht im Hel. liuhta von liuhtian 6248, hestun von hestian 9833, lesta von lestian 4665. Sogar in das Part. Prät. ist diese das Wort oft sehr unkenntlich machende Verkürzung übergegangen, wie gimelt FH. 5--4 steht für gimeltid, gimelta für gimeltida 4—2, gimeltas 35—3 für gimeltidas, von meltian malzen, zu Malz bereiten.

2. trostian stammt vom Subst. trost, nicht im Hel., wohl aber alth. trost für solatium, consolatio, auxilium, spes Graff 5, 474, schon ganz das heutige Trost, wonach trostian heißt trost thuen, trost geben, trost sprechen, weil das abgeleitete Verbum zunächst nur seinen Stamm zum Object hat. Auf zweiter Stufe der sachlichen Fügung geht die Thätigkeit des Verbums auf einen außer ihm liegenden Gegenstand, so daß trostian sera heißt Trost an den Kranken thuen, ihn mit Trost begaben, ihm Trost einsprechen. So ist trostian ein inhaltsreiches Verbum, um so mehr werden wir das sagen müssen, wenn wir die Grundbedeutung von trost erkennen.

3. Der Stamm von trostian, der trost, ist durch st abgeleitet vom Verbum troian, wovon im Hel. gitroian 5898, was gleich ist dem goth. gatrauan, wie das einfache troian ist goth. trauan für $\pi\epsilon\pi o\iota\vartheta\acute\epsilon\nu\alpha\iota$, considere Matth. 27, 43, Luc. 18, 9, für $\pi\epsilon\pi\epsilon\tilde\iota\sigma\vartheta\alpha\iota$, certum esse 2. Tim. 1, 5, nur ist unser tro-ian durch i übergegangen aus der dritten schwachen Conj. in die erste, wie auch sonst gewöhnlich. Da nun trost von troian den Begriff von Vertrauen empfängt, so bedeutet trostian Vertrauen erwecken, Vertrauen einsprechen, und wir sehen den so wahren als tiefen Sinn, welchen der Deutsche ausdrückt, wenn er sagt sera endi unfraha trostian. Wie wenig sagt dagegen das für trostian im Griech. geltende $\pi\alpha\rho\alpha\mu\upsilon\vartheta\epsilon\tilde\iota\sigma\vartheta\alpha\iota$ ausreden, im lat. solari von solus = sollus d. h. ergänzen, integrare.

U.

Wichtige und vielfältige Dienste leistet u der Sprache in Declination, Conjugation und Wortbildung, wovon in dem Beichtspiegel zu merken:

1. u ds. der Subst. auf a, wie in sorhtu von sorhta, minniu von minnia, wie im Hel. ds. ahu M. 2328 von aha, baru M. 4362 von bara, bedu 1182 von beda u. a.

2. u gs. und ds. im Pron. theru, huilicaru, sulicaru,

3. u instr. in thiu von that,

4. u erste Person Präs. in starker Conjugation in gangu von gangan, iuhu von iehan,

5. u erste Person Präs. in 1. schwa-

der Conj. in biddiu von biddian und hebbiu von hebbian,

6. u für e durch Rückwirkung eines folgenden u in iuhu für iehu, einen folgenden i für o in kussian von koss Kuß.

-ul, Ableitung, wie in sillul, wie im Hel. hatul 6540, angul 6400, goth. skathuls Col. 3, 25, hakul 2. Tim. 4, 13, magula Joh. 6, 9, dann häufig in Eigennamen, wie Abulo 247, amul in Amulbald 237, Sarul 221, Stipula 241, thancul in Thanculashulhi (-huldi?) 238 u. a. Ueberall muß bei der Deutung dieser mit ul abgeleiteten Wörter der Grundsatz festgehalten werden, daß das u in ul im Stamme gegeben sei, wie das entschieden vorliegt im goth. magula für παιδάριον Joh. 6, 9, als von magus Knabe. Auch dürfen wir Verba auf on für dies ul voraussetzen, wie haton hassen für hatul.

-un, gs. und ds. der Subst. auf a in schwacher Decl. wie kirikun von kirika, lecciun von leccia, sunnun von sunna.

-un, as. f. der Adjective in schwacher Decl., wie in helagun: thena helagun sunnundag.

-und, Endung des participialen Substantivs friund w. f.

un- in, e, de, un, eine Verneinung gleich dem hochd. un, in unfrah, ungihorsam, ungi-lovo, unhreni, unreht, unsuvron, unwitand. Bemerke:

1. Dieses in der Zusammensetzung das anliegende Wort verneinende un, wie das griech. α und αν, lat. in, e, de, ist allen deutschen Sprachen gemeinschaftlich, un ist goth., alts., alth., angs., altn., altf und dauert bis auf heute in ganz Deutschland allerwegen. So verbreitet, so fest ist dies un. Dazu mag beigetragen haben der so mächtige Begriff, welcher dem un übertragen ist. Denn

2. un ist in der Zusammensetzung wesentlich verschieden von der freien, nicht verbundenen Verneinung ni oder ne, un ist absagend, wegnehmend, aufhebend, wie ni oder ne und zugleich wieder zusagend, beilegend, setzend, was ni nicht thut. Wer sagt ne, hreni nicht rein, nicht klar, der sagt bloß, daß er einem Dinge das hreni nicht beilege, daß ihm der Begriff hreni nicht zukomme und läßt dabei bestehen, daß dem Dinge alle möglichen sonstigen Eigenschaften zukommen können, wer aber sagt unhreni, der nimmt zwar ebenfalls dem Dinge den Begriff hreni, sagt aber zugleich, daß es die entgegengesetzte Eigenschaft an sich habe, daß es trübe, düster, schmutzig sei. Dieser Unterschied des un von ni ist höchst wichtig und bedeutsam, um den so vollen und so gewaltigen Sinn der damit verbundenen Wörter zu begreifen, wie denn unhrenia Gedanken sind nicht bloß nicht reine, sondern trübe, schmutzige, sündhafte. Ein lat. impiger ist das Gegentheil von piger, ist fleißig, betriebsam, rüstig. Kurz gesagt ist ni einfach verneinend, un- dagegen verneinendsetzend.

unfrah, in-laetus, tristis, moestus, lugens, unfroh, traurig, betrübt, ap. unfraha, in: sero endi unfraha ni trosta 32. Merke:

1. unfrah nicht im Hel., wohl aber das einfache frah, w. f., dagegen alth. unfrao, unfro, woher: er was es harto unfro Otfr. 404—30, er sar unfrawer si 436—251, ward unfrawer sar 298—1. Die Formen fraw-, frao, fro einigen sich, wenn wir das w für u ansehen, also fraw für frau, wovon o in frao abgeschwächt und o in fro in gewöhnlicher Weise aus au entstanden ist. Weiter einigt sich auch die Form frah und fraw, wenn wir in frah das h für w oder u nehmen, für welchen Wechsel es auch sonst nicht an Beispielen fehlt.

2. unfrah bewährt so recht augenfällig die mächtige Bedeutung des un, da es verneint und so deutlich setzt traurig, betrübt, welchen Gegensatz ja auch der Lat. nur durch tristis, moestus ausdrückt und ein in-laetus, in-hilaris nicht gebildet hat.

ungihorsam, inobediens, ungehorsam, ns. m., in: ik ungihorsam was 49, nicht im Hel., aber alth. unhorsam und das Subst. ungehorsami Graff 4, 1009. Sieh oben gihorsam.

ungilovo, m. incredulitas, Unglaube, ds. ungilovon, in: mid ungilovon 59, so auch im Hel. einmal in: ne hie thar oc bilitho filo thuru iro ungilobon· ogian welda 5315, goth.

ungalaubeins fût ἀπιστία, incredulitas Marc. 6, 6 u. a. Sieh oben gilovo.

unhreni, immundus, impurus, inquinatus, obscoenus, sordidus, spurcus, unrein, unsauber, unkeusch, schmutzig, garstig, ap. in: unhrenia sespilon 42, nicht im Hel., aber alth. unhreini, unreini Graff 4, 1160. Dort heißt unhreini Hund, Weg, Brot, Leib, Geist, Muth, Gelüste, Gedanke, bei Otfrid von Unkeuschheit mit unreinemo muate 159—6. Sieh oben hreni.

unnan, favere, fovere, gönnen, davon das zusammengesetzte abunnan, im Hel. abonsta 2085, wovon das Subst. avunst w. f. und ginnnan, woher gionsta Hel. 5106. Dies unnan gehört zu den wichtigsten und merkwürdigsten Wörtern der altf. und der deutschen Sprache überhaupt, wie wegen seiner Conjugation, so auch wegen seiner Abstammung und der Bedeutung seiner selbst und der davon abgeleiteten Wörter:

1. Im Hel. ist von unnan nur erhalten das Prät. onsta und zwar nur in der mit af und gi zusammengesetzten Form abonsta 2085 und gionsta 5106, dagegen im alth. selbst unnan oder unnen, dann unnis, unnist, unne, Prät. onda, ondun, ondi Graff 1, 271. Daraus ersehen wir

a. unnan geht genau wie kunnan wissen, es hat also, wie kunnan hat kann, kunnun, konsta, so auch unnan, an oder ann, unnun, onsta, onstun.

b. unnan setzt in ann die Form des Prät. der XII. Conj., wie sann von sinnan, und bildet dann das Prät. schwach in der Form onsta, wobei denn das dem Worte gebürende u in o abgeschwächt, für unsta geworden ist onsta, wie geronnen geworden ist aus girunnan von rinnan, rann, runnun.

2. Die Verba der XII. Conj. mit doppeltem Consonanten im Auslaute, wie gellan, thrimman, werran, brennan u. a. haben zu Wurzeln Verba oder Wörter mit nur einem Consonanten. Der Auslaut ist verdoppelt, wie im griech. βάλλω, κέλλω, wie im lat. pello vom griech. πέλω, mit dem Unterschiede, daß im Deutschen die Verdoppelung ll, mm, nn, rr in allen Formen des Verbums bleibt, während z. B. βάλλω macht βαλεῖν, pello macht (pe)puli. So hat denn auch unnan, ann ein einfaches anan zum Stamme, und dies anan, bedeutend πνεῖν, spirare, hauchen, athmen, ist erhalten in goth. usanan, woher uzon für ἐξέπνευσε, exspiravit Marc. 15, 37 und 39, geht also nach der VII. Conj. Dieses an in anan kann aber keine andre Silbe sein als das an im griech. ἄνεμος, woher auch lat. animus. Das griech. an geht zurück auf das Verbum ἄειν wehen, hauchen. Somit geht unser unnan, ann mittels anan zurück auf das griech. ἄειν. Die Begriffe einigen sich licht und leicht, wenn wir bedenken, daß das deutsche Wort nicht mehr den Hauch des Windes, sondern des menschlichen Mundes, den Athem bezeichnet, wie das lat. anima. Unser anan ist schon edler, als das griech. ἄειν, ist eine Thätigkeit des Lebens, der Seele, des Geistes, welche auch enthält das lat. anima und animus. Wie nun der lat. animus ist bald ein gleichgültiger, bald ein böser als Zorn, Wuth, bald ein guter als Liebe, Gunst, so wehet auch in den deutschen von ἄειν abstammenden Wörtern hier ein böser, dort ein guter Geist. Ja die deutsche Sprache hat diese Spaltung sogar an bestimmte feste Formen geknüpft, wie denn unnan und mehrere davon stammende Wörter den wohlwollenden animus Liebe, Zuneigung, Gunst bezeichnen, wie eben so das lat. aura steht für favor, gratia, amor, wie adspirare bedeutet günstig sein, begünstigen.

3. Zur festern Begründung der Vereinigung unseres unnan und anan im griech. ἄειν dient noch die Betrachtung einiger davon abstammender Wörter, als da sind:

a. goth. anno, s. woher dp. annom für ὀψωνίοις, stipendiis Luc. 3, 14 und 1. Cor. 9, 7 ist gemeint der Sold für Dienst im Kriege. Das schöne sinnreiche Wort steht in den Wörterbüchern einsam und verwaiset, obwohl es unstreitig aus dem Verbum unnan entsprungen ist. Der Sold oder Lohn ist darin dargestellt als eine Gunst, Gnade, wie wir sagen Gnadengeschenk, entspricht so genau dem Griech. für Geschenk stehenden χάρις, χάρισμα, χαριστήριον, dem lat. gratia, gratisicatio, remuneratio.

b. Hehr ist das Wort unna Gunst, Gnade, was noch heute bewahrt die Stadt Unna. Es ist aber dies Unna wirklich die unna, weil urſprünglich nicht der Ort hieß Unna, ſondern es hieß ſo die ecclesia Unna: ecclesiam Unna dictam Lac. Arch I. nr. 167. J. 1032. Die Kirche iſt die Gnade ſelbſt, ſo chriſtlich höchſt ſinnreich bezeichnet, wie die Kirche Godesginatha RC. 516 und die Astnithi (Eſſen) Gnaden-Hülfe. Die Männer Anno Trad. Corb. 486, und Unno WH. 286 haben ſchöne Namen ſchönen Sinnes, da ſie gleichen einem griech. Χάρης, Χαρίας, Χαρίτων, lat. Gratius, Gratianus.

c. Die ſinnliche Bedeutung zeigt noch die anadapa in dem Ortsnamen, wie er ſteht in: in Anadapun Trad. Corb. 431, de Anadopo WH. 269, worin op ſtatt ap durch Aſſim. des folgenden o, bedeutend als aus anad oder anath gleich spiritus Graff 1, 267 und apa gleich aqua ſinnreich aqua spirans. Dieſelbe Bedeutung waltet in der uthia im Hel. 3640 u. a. die Woge als Blähung, Blaſe, weiter der ust im Hel. 448 als flatus, Blaſt.

unreht, inrectus, injustus, illex, improbus, impius, nefarius, unrecht, ungerecht, ungeſetzlich, unſittlich, ſündhaft, davon gs m. in: unrehtas anafangas 41, gs. n. in: unrehtas cussiannias 40, unrehtas helsiannias 41, gp. m. unrehtaro, in: unrehtaro githankono 38, gango 40, sethlo 39, stadlo, gp. f. unrehtaro, in: unrehtaro gisihtio 37, gihorithano 37, gp. n. unrehtaro, in: unrehtaro legaro 40, werko 38, wordo 38. So auch im Hel. unreht gimet 3394 und unreht word 10274.

unreht, n. inrectum, injustum, Unrecht, gs. in: ik an kirikun unrehtas thahta 54, wozu bemerke:

1. unreht iſt hier das n. des Adj. unreht als Subſtantiv im Satze gebraucht, ſo auch im Hel., woher an unreht 612 und 3275, unreht gisprikit 3390, driban 7489, gifrumid 7680, gs. unrehtes 3249 und 3383.

2. In dem gs. unrehtas iſt as die älteſte, ſchönſte Form bewahrt, im Hel. ſchon das ſchwächere es in unrehtes

unrehto, inrecte, injuste, perperam, male, unrecht, unrichtig, verkehrt, ſchlecht, falſch, in: unrehto las, unrehto sang 49, nicht im Hel., doch alth. unrehto injuste, corrupte Graff 2, 404. Bemerke:

1. Dies unrehto lesan und unrehto singan bekundet tiefen und weiten Blick in die Sündhaftigkeit, und ſtrenge Gewiſſenhaftigkeit in Erwägung der Handlungen. Denn wenn ſchon, wer die Worte des vorgeſchriebenen Gebetes oder Geſanges (denn nur davon kann hier Rede ſein) nicht richtig lieſt und ſingt aus Unkenntniß oder Nachläſſigkeit, wenn ſchon der ſeine Pflicht verſäumt, weil er ſeine Andacht nicht vollſtändig verrichtet, ſo wird derjenige ſich um ſo ſchwerer vergehen, welcher abſichtlich zumal bei öffentlichem Got-

tesdienst das für die ganze Gemeinde bestimmte Gebet falsch liest, den Gesang falsch singt.

2. Wie hoch und wie sündhaft die Glaubensboten in jener Zeit das unrichtige Lesen der zur Lehre und Andacht bestimmten Schrift zu nehmen pflegten, darüber ist uns ein merkwürdiges Beispiel im Leben des h. Ludgerus überkommen. Zum Diakon geweiht war er aus England zurückgekehrt und las als solcher einmal in der h. Messe das Evangelium und las ein Wort unrecht, was ihm Gregorius der Bischof öffentlich bemerkte. Das kränkte und gereuete den eifrigen Jüngling so sehr, daß er trotz der inständigen Bitten des Bischofs Gregorius, ja selbst seiner Eltern wieder nach England reisete, um recht lesen zu lernen.

unsuvar, immundus, impurus, sordidus, unsauber, unrein, schmutzig, vorauszusetzen für das Verbum unsuvron w. s., nicht im Hel., aber alth. unsuvar, unsubar, unsupar Graff 6, 70, durch welches p erwiesen wird, daß dem Worte ursprünglich also goth. b gebüre.

unsuvron, immundare, contaminare, polluere, foedare, unsaubern, verunreinigen, beflecken, besudeln, in: mih selvon mid uvilon wordon etc. mer unsuvroda than ik scoldi 53, nicht im Hel., doch alth. unsubaron, unsupron Graff 6, 71. Statt dieses unsuvron steht in den alth. Beichten bewellan, bewal, bewollan für temerare,
polluere: ich han mich bewollen mit unchuschin worten — mit aller slahte bosheit, da ie dehein suntare sich mit bewal, da han ich mich mit bewollen Massm. 124.

unwitandi, nesciens, inscius, unwissend, unkundig, ns. m. unwitandi, in: so ik it witandi dadi so unwitandi 58, nicht im Hel., doch in gleicher Weise ein Part. Präs. mit un in unquethand unsprechend, sprachlos, leblos 11318. Unter diesem unquethandes so filo wird hier bei dem Tode Jesu verstanden, die Erde, welche bebte, die Berge, welche schütterten, die Felsen, welche kloben, der Vorhang, welcher zerriß, die Gräber, welche sich öffneten. Somit ist die Uebersetzung von Grein: stumme Creatur V. 5665 nicht getroffen, noch weniger aber der so schöne, das Ganze so herrlich abrundende Schluß: so filo thes gifuolian etc. mit: so erkennen sollten so Viele und fühlen ꝛc. V. 5678 für so Vieles d. h. so viele Dinge, die unquethand sind, wie Erde, Berge, Felsen, Vorhang, Gräber.

uobian, agere, agitare, exercere, colere, celebrare, üben, pflegen, begehen, feiern, ist als Stamm zu setzen für ubil oder uvil w. s. Ein Wort höchst seltenen Werthes ist dies uobian:

1. Im Hel. ist uobian zu hohem und edlem Begriff verwendet, da es von der Feier des Geburtsfestes vom König Herodes gebraucht, welchen Tag

jeder Jude uobian scolda mid gomon 5458, darin verwendet, wie das gleiche alth. uoban, uaben, wo dies zum Object hat Gottesdienst, Gottesrecht, Kunst, Hochzeit u. a. Graff 1, 70, doch hat dies uobian auch üble Dinge zum Object, wie Unrecht, Abgötterei, Raub Graff das. Aber noch tiefern Stand hat uobian, wo es vom Ackerbau gebraucht ist, wie sein Stamm und andre Ableitungen bezeugen, denn

2. uobian stammt von uoba, nicht dies uoba von uobian wie bei Graff 1, 71 gemeint ist, da uobian als schwaches Verbum ein Nomen zum Stamme haben muß. Diesem uoba steht zunächst uobo ist colonus, wie eben so uobari, landupo ist colonus, die uobunga cultus, cultura, die inubita sind inculta und die giubida ist colonia Graff 1, 71 und 72. Daraus erhellet ganz offenbar, daß uobian mit den verwandten Wörtern vom Ackerbau gänge war. Und das ist von großem Belange für unsere Sprache, weil es helles Licht verbreitet über zahlreiche bis jetzt in tiefes Dunkel gehüllte Personen- und Ortsnamen im Lande der Falen oder Sachsen. Denn nun ist

3. unser Ubbo und Ubi FH. 36—9 und 10 ein cultor, colonus, von ihm stammt ein Ubik 7—7 und Ubing in Ubinghem WH. 231 oder Obbighem WU. nr. 65, denselben Sinn haben Ovo WU. nr. 65, Ova Trad. Corb. 73, der so häufig begegnende Ortsname Ubiti WH. 234 ist das Gut eines Bauern, ist eine cultio, cultura, colonia, als Wort gestaltet wie das goth. stiviti 2. Cor. 1, 6, so gleichend einem Arviti Lac.

Urk. I. nr. 118 (das heutige Erwite) in Form und Bedeutung, da arviti stammt von arbi Erbe, gleichend einem Dumiti WH. 224, Fariti FH. 27—5, Ilesiti Trad. Corb. 380, und dem merkwürdigen thingiti WH. 244.

4. Aus einem Ubi FH. 36—11 wurde lat. sprachrecht Ubius, wie aus hugi ward ein Hugius Pertz. Mon. II. 575. Und so ist denn ausgemacht, daß unser über ganz Sachsen verbreiteter Ubius, daß unsere Ubii sind Namensgenossen der alten Ubii am Rhein, daß der Ortsname Ubiti ist der deutsche Name unseres Ubier oder Colonen, wie die Colonia (Köln) ist der Ortsname der klug von den Römern in diesem Namen verrömerten rheinischen Ubier. Anders deutet die Ubii Grimm Gesch. 526, 527.

usa, noster, unser, gs. m. usas, in: usas drohtinas 28, dies Pronomen ist in seiner Form sehr merkwürdig:

1. Der ns. lautet im Hel. usa, wie in usa drohtin 2432, geht also nach schwacher Decl., und dennoch geht stark usas waldandes 379, uses thinges 8386, während doch min, thin, sin auch im ns. stark sind. Worin hat diese Verschiedenheit ihren Grund?

2. Unser usa ist goth unsar und alth. unsar, unser, welches unser auch declinirt wird, als wäre er Declinationsendung, also neben unseres auch unses Graff 1, 389. So gewinnt es den gegründeten Schein, daß an unserm usa das r abgefallen, das a nun für Decl. genommen und die

übrigen Casus dann wurden uses u. s. w. als gäbe es einen Nom. us.

3. Bewirkt der Mangel des u in unserm usn Länge des u? Die Schreibung im Hel. usses 1973, ussan 5129, usso (n) 1240 spricht entschieden für die Kürze, der auch das heutige use (u kurz) folgt. Und Grundsatz muß bleiben: Bei Mangel des n verändert der vorhergehende Vocal sein Zeitmaß nur dann, wenn derselbe aus andern Gründen diese Veränderung fordert, wie im Griech. z. B. a kurz ist in λανθάνειν und in λαθεῖν, in λήθη dagegen Länge ist wie in λέληθα.

-ussia, volle, kräftige Endung zur Bildung von Substantiven wie in hetlunnussia w. f.

uvil, exercens, vexans, molestus, gravis, malus, vitiosus, quälend, plagend, lästig, drückend, übel, böse, schlecht, dp. aller Geschlechter m. in uvilon githankon, f. in uvilon luston, n. in uvilon wordon, uvilon werkon 51. Wie allgemein bekannt uvil in unserm übel ist, so merkwürdig ist dies üb e l e Wort:

1. Im Hel. hat das Wort nicht v, sondern b, wie ubilo bom 3490, ubiles willien 7790, ubilon manne 4900, ubila fiscos 5255, ubilun dad 6464, ubilon werc 6967, ubilun word 10599, ubil arabedi 3001 u. a., was auch stimmt zu dem goth. ubils, woher sa ubila bagms für τὸ σαπρὸν δένδρον, mala arbor, akrana ubila für καρποὺς πονηρούς, malos fructus Matth. 7, 17 u. a. Dem Worte gebürt also ursprünglich b, das v ist Verweichung, wie in suvar, suvron, unsuvron, und somit uvil Anfang des mw. ovel: olde budels sluten ovel Tunn. 8, 40 und des heutigen üvel.

2. Das il in ubil, uvil ist ableitend, wie in mikil, luttil, in den Subst. uodil, engil, wurgil, himil, drupil, biril, slutil, huvil, u. a. Dies il bewirkt wegen i Umlaut in vorhergehender Silbe, a wird e, wie engil aus angulus, e wird i, wie biril von beran, o oder uo der VII. Conjugation wird u, doch hält sich oft dies o oder uo neben u, wie schon im goth. lauhmuni neben lauhmonja, sunins neben son. Kein Zweifel über dies u aus o oder uo bleibt bei mulin Mühle als von malan, bei dem ganz gleichen alth. grubil Graff 4, 308 als von graban, hieher gehört auch das goth. slauhts (= sluhts) als von slahan, im Hel. gifulian für gisuolian 7285. Es ist also auch kein Zweifel, daß unser ubil, uvil gleichen Stammes sei mit nobian oder obian exercere, findet sich ja alth. uoban, uaban, und doch inubita inculta, landupo, giupida, u. a. Graff 1, 71 und 72. Ja ubil bewahrt in il, dürfen wir annehmen, das i von nobian, ist also von nobian abgeleitet.

3. Die Bedeutungen von ubil und uobian widerstreiten sich keineswegs, sie einigen sich vielmehr auf das schönste. Der Grieche bezeichnete den abstracten Begriff übel, böse durch πονηρός von πονεῖσθαι arbeiten, dann sich betrüben, leiden, in gleichem Sinne ist πόνος Arbeit, Elend, Noth, Leid, Schmerz, was dann gleicht dem lat. laborare, labor. Der Deutsche bildete ganz in demselben Gange der Begriffe ubil von nobian, wozu aus-

nehmend stimmt daz. leid mih uobet Graff 1, 70. Auch das lat. exercere, was ist unser uobian, bildet treffenden Vergleich, da es übergeht in den bösen Sinn plagen, quälen, vexare. Danach ist ubil plagend, quälend, mühsam, beschwerlich, wozu denn noch ausnehmend stimmt das ubil arabedi im Hel. 3001, 6742, 9170, es ist labor exercens, vexans qualvolle Arbeit, quälendes, hartes, böses Unglück, drückende Noth.

W.

wakon, vigilare, wachen, wovon Part. Präs. wakondi 61, auch im Hel. wakon, woher wacon 9555, wacodun 9615, wacot 8701 und durch ge erweitert wacogeande 764, auch alth. wachon Graff 1, 674 neben wachen 673. Zu merken dabei ist:

1. wakon ist schwaches Verbum, fordert also ein Nomen zum Stamme, was erhalten ist im alth. wac wach und wacha Wache Graff 1, 672, 674. Es hat also wacon sich selbst zum Object, heißt das wak, die waka thuen, also wach sein, wachen.

2. goth. gilt für den Begriff von wakon noch das starke Verbum vakon, vok 1. Cor. 16, 13, Col. 4, 2 u. a. merkwürdig lebt dies wakan noch im ml. waken, wok, dem gleicht raken, rok und maken, mok u. a. Aus diesem goth. vakan erkennen wir die Kürze des a in wak, wakan und wakon, woraus wir dann, weil die VII. Conj. aus der XI. entsprungen ist, weiter schließen, daß dem wak ein wikan, wak zum Grunde liege, wodurch wir gelangen zu der Urverwandtschaft mit dem lat. veg- in vegeo, veho, vigeo, vigil, vivo, vixi (= vic-si, vig-si), gebildet wie nix, g. nivis, dann auch zu wahsan, wohs wachsen, was, obgleich durch s von wak abgeleitet, dennoch in derselben Conjugation verblieb, und wachsen ist vigere, vivere, quick sein.

wari, esset, wäre, Prät. Conj. von wesan, w. s.

was, eram, war, Prät. Ind. von wesan, w. s.

werk, n. opus, opera, labor, Werk, Arbeit, gp. werko, in: ik iuhu unrehtaro werko 38, dp. werkon, in: mid uvilon werkon 52, dasselbe Wort sehr häufig im Hel. wie werk 999, werkes 6884, werco 3102, wercon 6942 u. a. Obwohl werk so schlicht und bekannt ist, so bietet es doch der Betrachtung manche lehrreiche Erkenntniß:

1. Das e in werk kann nicht entstanden sein aus a, weil ja dann ein i folgen müßte, das e ist Abschwächung von i, so daß werk im goth., wenn es sich hier erhalten hätte, lauten würde virk, wofür auch noch zeugt das einmal im Hel. vorkommende wirke 6852 so richtig, obwohl nur einzeln stehend unter soviel werk, wie wig neben weg, gilp neben gelp, giba neben geba, niman neben neman, das i ist hier überall noch Nachhall der goth. Form. Wichtig ist dies werk oder wirk, weil wir daraus ersehen, daß das Wort vermöge seines i stehe in der XI. Conj. und so fordere ein

wark, wurk, also ein vollständig Verbum nach sprekan zu setzen sei: werkan, wirk, wark, giwurkan oder giworkan. Die Richtigkeit dieser Annahme bestätigt sich durch die von diesen Formen abstammenden Wörter. Sieh das folgende.

2. In werk gleicht k einer Ableitung ak, welches ak sich auch bewährt in dem alth. neben werh und werk bestehenden werah Graff 1, 962, 963. Dieselbe Ablösung dürfen wir dem Verbum werkan zuschreiben. Dadurch gewännen wir neben werk, wirk, wark, wurk, work die Formen werak, wirak, warak, wurak, worak und mit Assimilation werek, wirik, wuruk, worok, diese Formen so sprachrecht wie bei allen zweisilbigen Verben im Hel. als felahan, hueraban, steraban u. a. Aus diesem in der That wunderbaren Spiel der Formen begreifen wir nun auch, und das ist ja der triftigste Beweis dafür,

  a. wirik im alth. kawirich für victoria Graff 1, 967, im Hel. giwirki 404, und wirkian.
  b. werek im alth. wereh Graff 1, 963 und werk
  c. warak warahta und giwaraht als Prät. von werkian w. f., was ein warak fordert,
  d. wārāk oder wērēk in dem goth. Mannsnamen Vereka Calend. Goth. der in e-e die Form des Pl. im Prät. bewahrt. Ist dies vereka nicht Uebersetzung von Victor?
  e. wuruk woruht in forwuruhti 6462 und wuruhtio 6918 und das goth. vaurkjan gleich vurkjan.

werkian, agere, facere, patrare, operari, wirken, thuen, verrichten, daher werkian, in: sundia werkian 5, so auch im Hel. einmal werkean 10938, sonst gewöhnlich wirkean 1578, 1620, 1708 u. a. unser werkian verdient vielseitige Betrachtung:

1. Das Prät. nimmt den Bindevocal, den werkian vor k eingebüßt hat, wieder auf, da die Form im Hel. lautet warahta 154, 929, warahtun 7438, und giwaraht 83 u. a. Nach diesem waraht sollte man meinen, daß Stamm zu werkian nicht wäre werk, sondern wark oder warak, so schließend nach latta, satta, lagda, sagda u. a., als von lettian, settian, leggian, seggian und diese von lat, sat, lag, sag, indem das durch die Rückwirkung des i aus a entstandene e wieder zu a wird, wo jene Wirkung wie in sagda aufhört. Indeß so wahr auch ein warak aus waraht folgt, so würde bei dessen Annahme für werkian, doch das Subst. werk zu mächtigen Einspruch thuen, als daß wir von ihm das Verbum werkian trennen dürften, und nicht annehmen sollten, daß die Sprache in werkian als von werk dem allgemeinen Gesetze der Verlautung zuwider werkian statt wirkian gebildet habe. Dazu kommt, daß auch sonst der in einem Worte gegebene Vocal der Wirkung des i zuweilen nicht erliegen ist. Im Hel. findet sich statt hebbian auch habbian 6813, 7721, bifallian statt bifellian 5016, u. a.

2. Merkwürdig entfernt sich werkian oder wirkian vom goth. vaurkjan, da es den Vocal des Präsens zur Bildung des schwachen Verbums gewählt,

dagegen vaurkjan den des Pl. im Prät. oder des Part. Prät. aufgenommen hat.

werran, variare, divertere, discernere, dividere, dissociare, abalienare, confundere, scheiden, trennen, theilen, entzweien, versenden, entfremden, davon das zusammengesetzte giwerran w. f. Dies einfache werran kommt im Hel. dreimal vor, nämlich wirrid 10722, wurrun 10563, giworran 11504. Das Wort verdient genauere Betrachtung, als ihm bisher zu Theil geworden, so wohl in seiner Form, als seiner Bedeutung. Die Bedeutung ist uns besonders sehr entfremdet durch das heutige so weit von dem alten werran entfernte wirren und verwirren.

1. Nach dem aus wirrid, wurrun, giworran vollständig erkennbaren Lautgange steht werran in der XII. Conj., und gehört hier zu denjenigen Werben, welche den auslautenden Consonanten verdoppeln, wie suellan, alth. durch rr entsprechend kerran garrire, scerran radere Grimm Gr. 1. 862, oder durch verschiedenen Consonanten erweitern, der ableitend ist z. B. huereban, huerban werben, selehan, selhan befehlen, werthan werben, was in seiner Form und Verlautung völlig gleicht einem gr. πέρθω, παρθ, πορθ.

2. Wenn wir nun erwägen, daß aus dem goth. thairsan, thars, thaurs entsprungen ist schon alth. tharran oder derran darren, thurri dürr, thorran dörren Graff 5, 199 flg., eben so aus dem goth. dars, daursun entsprang unser durran, merrian aus goth. marzjan, diese so entsprangen wie griech. ἄῤῥην aus ἄρσην, θάῤῥος aus θάρσος, τύῤῥις, turris aus τύρσις, μύῤῥα aus μύρσα, lat. terra und torrere aus griech. τέρσομαι, dann dürfen wir mit Fug annehmen, daß unser werran, wirr, war, wurr entstanden sei aus wersan, wirs, wars, wurs, wie das s noch enthalten ist in dem von daher stammenden Adj. wirs bedeutend varus, varius, versus, diversus im Hel. 2690, 3029, 3553, 49111, 4115, 5085. Es folgt dann auch, daß dies s oder r ableitig und werran oder wersan aufzulösen sei in wer-ran, wer-san.

3. Zu der ursprünglichen sinnlichen Bedeutung von werran wirs gelangen wir durch das urverwandte lat. Wort ver und dessen Ablaute var, vor, wovon ver ist in verrere, vertere, vergere, var in varus, varius, vor in dem altl. vorsus und vorta. Davon bedeutet varus was aus einander geht oder steht oder, wie wir von vergere hergenommen sagen, divergirt, wie cornua vara Ovid. Met. 12, 382, auch schon abstract genus (hominum) varum Hor. Sat. 2, 3, 56, im Begriffe von diversus, varius. Danach bedeutet also werran machen, daß etwas aus einander gehe, sich trenne, divergire, ist also variare, vertere, divertere, dividere, disjungere, noch abstracter dissociare, abalienare. Mit dieser sinnlichen Bedeutung sind auch die Stellen im Hel. im hellsten, schönsten Einklange, wie denn: hic wirrid im that riki 10722 heißt: er macht ihm das Reich varum, varium, diversum, ihm abwendig, entfremdet es ihm, und eben so bedeutet werod giwor-

ran 11504 das Volk getrennt, abgeneigt, abspenstig, und nicht minder hat thena godes suno wurrun 10563 den Sinn: sie trennten, schieden durch ihre spottenden Reden den Sohn Gottes, machten Zwiespalt zwischen ihm und Herodes, machten ihn feind dem Herodes und seinem Gefolge. Das Wort sagt nichts von calumniari, womit es für diese Stelle übersetzt ist bei Schmeller Gloss. 129.

4. In seiner Grundbedeutung ist werran gar nicht böse, ist so unschuldig wie varus, varius, diversus, böse wird es nur bei bösem Ziel, böser Gesinnung. Und in der That ist auch das giwerran im Beichtspiegel nicht böse gemeint, weil ja bei böser Bedeutung dann das the ik giwerran ne scolda den Gedanken zu ließe, daß das böse giwerran auch erlaubt sein könnte. Sieh giwerran. Durch diese ursprünglich nicht sittliche Bedeutung fällt helles Licht auf manche mißverstandene oder nicht gedeutete Wörter, wohin gehört: der Waldname Wirs WH. 284, die silva Wirs ist ein links liegender Wald, der Name Wersa, Fluß bei Münster, muß bedeuten aqua vara, flumen varium, wie zu heißen die Werse in der That verdient, wegen ihrer vielen Krümmungen und Windungen, wie auch varare heißt krümmen, biegen, wirsing oder Wirising auch Wursing, Wurising Pertz Mon. II. 404, 405 hieß der Vater des h. Liudger, er ist ein lat. Varro gewiß wie dieser tadellos. In diesem werran oder wersan entspringt gewiß auch der wurm, lat. vermis qui verrit in terra, die wurst von der krummen Form, das mw. worstelen ringen u. a.

wesan, manere, vivere, quiescere, esse, wesen, bleiben, leben, sich befinden, ruhen, sein, daher Inf. wesan 68, das Prät. was 50, und davon der Conj. wari 6, 7, 8, 9, 10. Höchst wichtig in deutscher Sprache ist dies wesan sowohl in Form, als Bedeutung:

1. wesan geht wie lesan nach der X. Conj. ist goth. visan, unterscheidet sich aber zweifach:

a. das goth. visan behält dies kurze i durch alle Formen, dagegen hat unser Wort dies i wie lesan nur in vier Formen des Präs.: wisu (ich), wisis (du), wisit (er) und wis (bleib, sei), in allen übrigen Formen des Präs. ist i abgeschwächt in e, wie auch im alth., wovon noch heute übrig ist Wesen, wesend in anwesend u. a. doch findet sich im Hel. neben der alten Form des Imp wis 514, 633, 6539, 6543, 7123 geschrieben wiss 11228 auch schon wes 11200, wie wes Gloss. Arg. was schon ist das mw. wes Tunn. 10, 43 TC. 3, 24, 2.

b. Im goth. haftet s durch alle Formen, von unserm wesan dagegen hat nur die 1. und 3. Pers. des Sing. dies s, die übrigen Personen empfangen r statt s, also waris warst warun waren, desgleichen der von diesem Plur. stammende Conj. wari, waris, warin, das alles wie alth. Graff 1, 1057. Im heutigen ml. hat der Pl. im Prät. das s bewahrt, hat jedoch den Vocal verkürzt, indem gesagt wird wassen (wir, ihr, sie).

2. visan oder wisan hat der deutschen Sprache mehr Wörter gegeben, als gewöhnlich bekannt ist.

a. Von der Form visan ist nicht zu trennen das goth. vis, n. für γαλήνη, tranquillitas Matth. 8, 26, Marc. 4, 39, Luc. 8, 24. Stille, Ruhe, Rast ist darin dargestellt als das Bleibende, Weilende, das vis ist eine griech. μονή, lat. mansio. Sinnreich ist diese Bezeichnung, wie dann gleichfalls sinnreich der Ortsname Wis WH. 265, so gleichend einem Rimi Rehme vom goth. rimis Ruhe 2. Thess. 3, 12, beide einem Karls-ruhe. Höchst sinnreich ist die Wisuraha die Weser, worin wisur wie billur in Billurbeki rivus sonorus und so die wisur-aha das stille, ruhige Wasser, im Gegensatz zu Rura die Rührige. Die wisa pratum ist die stille, ruhige, sehr bezeichnend im Gegensatz zum ackar Acker, dem der Landmann keine, oder selten Ruhe läßt, ja der ἀγρός, ager, Acker ist sogar selbst der rührige, thätige, als von ἄγω, ἀγείρω. Doch weiß ich den campus, cui Idistaviso nomen Tac. Ann. 2, 16 mit wisa pratum nicht zu vereinigen. Das Wort ist ohne Zweifel zusammengesetzt aus idis mulier, virgo, und mit einem tavis factum, facinus mit dem goth. tavi für ἔργον, opus Joh. 8, 41 mit teva, tevi Schar und taujan facere von einem Stamme, gebildet wie agis Furcht hatis Haß, rimis Ruhe und andere, so daß der Ort, wo die berühmte Schlacht geschah zur Zeit des Tacitus deutsch war: Idistavis-feld d. h. Frauenthat-feld.

b. Der west ist Bleiben, Ruhen, im Westen geht die Sonne zum Sitz, zur Rüste in weiter weiter Ferne, doch auch ganz in der Nähe ist der west, da am Abende Regung und Bewegung, Laut und Licht a.fhört, es ruhig, still wird, der west ist in der That ein goth. vis, γαλήνη, tranquillitas. So hat die Bedeutung des west als von wesan kein Bedenken, sie ist schön und sinnreich. Die Form kann eben so wenig angefochten werden, wie das goth. vists für φύσις, natura Rom. 11, 24, weil jeder Vocal eines starken Verbums der Ableitung mit t fähig ist, auch wenn diese aus andern, wie e aus i in wesan, entstanden sind.

c. Das goth. veis, das vis weise, wissend im Hel. 6082, 5573, 1162, 1136 u. a. wurzelt in wisan. Das e im Pl. des Prät. vesun ist gleich ei wie ja zum bündigsten Beweise zeigt das neben wesun wirklich bestehende veisun waren Nehem. 5, 15 und 6, 17, ist also Anfang des Adj. veis oder wis, und damit ist denn auch gegeben der vollständige Lautgang eines starken Verbums nach dem Grundsatze: die VIII. Conj. ist entsprungen aus der X. und XI. indem i und a zu dem wurzelhaften i hinzutrat, also aus wis wurde wi-is dies weis oder wis (i lang), aus wis wurde wa-is, dies wes (e lang). Und wirklich ist hier eine solche Entstehung nicht bloß künstliche Auflösung, sondern das Verbum veisan, vais, vis besteht in der That im alth. wisan, weis, wis Graff 1, 1065, was wir nicht dafür ansehen, weil wir es mit dem so weit abstehenden meiden, vitare zu übersetzen pflegen. Es ist dies wisan wahren, hüten, achten, sich wahren, sich hüten, sich in Acht nehmen, wovon Folge ist meiden, sich scheiden, trennen. Im Uebergange der Bedeutung von wisan zu weis, weisan hat treffende Aehnlichkeit der Gang vom gr. μένω, wesan, bleiben, zu μένος Muth, Gemüth, Sinn, μνάομαι gedenke, μιμνήσκω erinnere, μιμνήσκομαι bin eingedenk, bin mir bewußt, habe acht, beachte, weis ist μνήμων eingedenk, kundig, weis. Gleich weit liegt im lat. von manere vesan monere mahnen monstrare weisen, zeigen, und dennoch ist monere, monstrare von manere, wie wisian weisen, wis weise von wisan oder wesan.

d. Bei dieser Ableitung und Deutung muß auch der Gewinn freuen, daß nun auch der bisher so verwaiset umhergeirrte weis oder weiso der pupillus, orbus, Waise Graff 1, 1076 nicht mehr verwaiset ist, da er ist ein tuitus, tutus, tutelaris, so sinnreich benannt, weil er elterlos fremde Obhut bedarf und genießt, wie der gr. ὀρφανος als von ἐρέφω decken, hüten, schützen.

wethan, vertere, torquere, volvere, apere, jungere, ligare, wenden, winden, wickeln, drehen, fügen, binden, davon die Präp. with und withar, w. s. Ueber dies wethan, was Quell ist von zahlreichen Wörtern auch im altf., sei hier bemerkt:

1. Das goth. von Grimm Gr. 2. 26, nr. 288 angesetzte vithan nur in der einzigen Form vath und auch dies nur in der Zusammensetzung gavath für συνέζευξεν, conjunxit Marc. 10, 9, dazu aber das abstracte invidan verleugnen Marc. 8, 34 u a., wonach man wider Grimm jüngsthin vidan angesetzt hat, keineswegs mit vollgültigem Grunde, ihn bietet nicht invidan, nicht vadi nicht veda in kunaveda, weil der Gothe in abgeleiteten Wörtern, ihm folgend der Sachse d statt th zu setzen pflegt, überdies auch vithra wider für th spricht, im gleichen auch vithon, was gehört zu vithan trotz dem κινεῖν, movere, wofür es gesetzt ist Marc. 15, 29, da der Gothe dadurch recht anschaulich beschrieben hat, wie die Juden den Kopf auf der Wirbelsäule rechts und links wendeten, hin und her drehten. Nach diesem goth. vithan wären die Stammformen unseres Wortes, wie von geban, lesan in der XI. Conj.: wethan, with, wath, wathun, giwethan.

2. Von den zahlreichen aus wethan entsprossenen Wörtern hebe ich hier neben with und withar noch aus:

a. die nun gefundene schöne giwetha, f. für qualus, canistrum, corbis, fiscus, Korb, Fruchtkorb, als Geflecht: vas quod dicitur giwetha, canistrum plenum pomorum WH. 250, 251, 253, so ſtimmend zum alth. wit Graff 1, 745, 773.

b. Das withu oder widu für lignum, Holz, erhalten in vielen Perſonen und Ortsnamen, als Widuberg WU. 11, nr. 19, Withuste (aus Withuseti) WH. 225, Widukind 231, ſo gleichend einem lat. Silvigena. Sinnreich gehört unſer withu zu withan oder wethan, wie das lignum zu ligare.

c. Die alth. wat für vestis und giwati Graff 1, 740, das giwadi im Hel. 3290, 3343, 3369 u. a.

d. Sollte von withan nicht auch ſtammen der goth. vithrus für ἀμνός, agnus Joh. 1, 29, alth widar für aries vervex, altſ. withar Graff 1, 779? Gewiß iſt dies withar nicht enthalten in Uvitherwald WU. nr. 64, woraus mit großer Sprachunkunde gemacht iſt Witherowald Reg. nr. 396, weil das Wort da geſchrieben iſt Uuitherowald, da es doch iſt der Wald von Uviti d. i. Oeſterwald.

3. Ein neuer reicher Quell für Wortbildung entwickelt ſich aus withan oder wethan, indem ſich n in die Wurzel ſchiebt, aus withan wird windan, wie aus athar wird andar, ſindan aus ſithan, nindan aus nithan u. a. Sieh Anm. zum Hel B. 50, 7e9, 1108 u. a. Bei dieſer Entwicklung der Form gilt das Geſetz, daß für das urſprüngliche th eintritt nd, welches nd nahe liegt einem dd, da ja n ſeinem lautlichen Weſen nach einem halben d gleicht. So liegt windan nahe einem widdan. Dieſe Nähe der Formen bekundet ja auch merkwürdig das goth. vaddjus in baurgswaddjus 2. Cor. 11, 33, Grunduwaddjus Luc. 6, 48, worin vadd nichts anderes ſein kann als wand.

Wi, sacer, sanctus, weih, heilig, ſo ohne h in wieth, wiheth und witid w. ſ., auch im Hel. wi ſtatt wih in wiroc 211 neben wihroc 1346, desgleichen gleichzeitig und beſonders ſpäter wi ſtatt wih häufig in Eigennamen, als erſter Theil in Zuſammenſetzungen, wie in Wibraht WU. 248, Wihard 231, Winad 225, Wirad 237, Wiric 226 u. a., als zweiter Theil Adalwi 228, Burgwi 220, Hathwi 229, Radwi 231 u. a. Auch angſ. iſt vi ſtatt vih in vibed Weihtiſch für Altar Bw. Gloss. 298.

wieth, m. sacrum juramentum, sacramentum, Weih-eid, heiliger Eid, ds. wiethon, in: meneth suor an wiethon 45. Lacomblet überſetzt an wiethon in sanctos, er nimmt alſo an, dies wiethon ſei wie wiheth w. ſ. durch Ausfall des h entſtanden und hält demgemäß auch wiethon für den Accuſativ, da es doch der Dativ iſt. Auch Schmeller meint, dies wiethon ſei gleich wihethon Gloss. 132. Dagegen bemerke ich:

1. Wenn wieth gleich wäre wiheth, ſo müßte dieſes wie jenes ſtammen von wih oder wihian. Daß dann aber das e in wiethon gar keine ſprachliche Begründung habe, ſoll gezeigt werden bei wiheth w. ſ.

2. Wenn hier wieth nichts anders bedeuten sollte, als sanctus oder doch besser sanctitas, und die Worte suor an wiethon nur bedeuteten juravi in sanctis, so ist doch gar nicht einzusehen, warum der Verfasser des Beichtspiegels hier ein anderes Wort wählte, als das allbekannte helag.

3. Der Ausfall des h in wi statt wih sonst nur zufällig und bedeutungslos, hatte hier sogar vollen Grund, wenn wir wieth für eine Zusammensetzung aus wi und eth nehmen. Denn mit h wäre das Wort in der Schrift zusammengefallen mit wiheth, was dann leicht Mißverständniß herbeiführen konnte.

4. Die Auflösung des wiethon in wih-ethon von wih-eth für sanctum juramentum ist in Form und Bedeutung außerdem noch mehrfach begründet,

a. in dem altfr. witheth d. h. Eid auf die Reliquien, wofür der lat. Text auch hat withjuramentum Richth. 1155. Der Friese nahm zur Bezeichnung der Sache das Subst witha Reliquie, der Sachse dagegen für die Sünde, die er meinte, das Adj. wih.

b. Der altf. Ausdruck wi-eth ist, wenn auch dem altfr. witheth gleich in der Art der Zusammensetzung, dennoch allgemeiner und darum auch für die Beichte eines ganzen Volkes aller Orten weit zweckmäßiger. Denn nicht waren ja allerwegen in Sachsen Reliquien, bei welchen Eide geschworen wurden. Ein wi-eth wird gethan auch mit bloßer Anrufung der Heiligen ohne Gegenwart der Reliquien, mit Anrufung Gott-Vaters, wovon es keine Reliquien gab. Das Wort wieth ist so im hohen Grade ebenmäßig zu dem meneth.

c. Der Pl. wiethon ist auch als ein wi-eth eben so sprachlich gerechtfertigt, als von einem wih-etha (Reliquien), ja ist noch sinnreicher, denn wer einen Meineid schwört in einem wietha, der schwört in den wi-ethon, worin auch andre zu schwören pflegen. Der eine Schwur, den Jemand an einem wi-etha thut, gehört zu den vielen sogenannten wiethon. Er schwört so in einem Plural, der gleich ist einem Pl., wie wir ihn sehen in den wanom nahton d. h. in hellen Nächten im Hel. B. 11531, und doch ist damit nur eine Nacht gemeint, nur die Nacht, welche ist in den hellen Nächten, eine Ausdrucksweise, welche gleicht dem griech. περὶ μέσας νύκτας Xenoph. Ann. 7, 8, 12.

d. Unter einem wih-eth d. h. geweihetem, heiligen Eid wäre dann hier höchst sinnreich ein Eid als heilige Handlung verstanden, welche mit gesetzlicher Förmlichkeit vor Priester und Richter geschieht, im Gegensatze zu dem Eide, welcher so gemeinhin gesprochen wird. Trotz diesem so bedeutsamen Wortsinne von wieth habe ich doch in der Uebersetzung auf die Heiligen beibehalten. Der Grund ist sichtlich.

wih, sacer, sanctus, weih, heilig, geweiht, dafür wi m. s. davon auch wihian, m. s., auch im Hel. nicht einfach, sondern nur in den Zusammensetzungen wihdag, wihroe, wie hochd. **Weihrauch, Weihnacht, Weihwaffer** u. a. Doch das m. als Substantiv für Tempel 189, 194, 1626 u. a. Dazu kommt der Mannsname Wiho, wie heißt der Legende gemäß der erste Bischof von Osnabrück MChr. l. 2 und 92. Dieser wiho ist buchstäblich der goth. veiha in anhumists veiha für ἀρχιερεύς, pontifex Joh. 18, 13. Die Benennung ist echt altf. und bis zur Verehrung ausgezeichnet, da das goth. Abj. veihs oder veiha gleich wiho bedeutet ἅγιος sanctus in πνεῦμα ἅγιον, spiritus sanctus Luc. 1, 35 und von einem Bischof es heißt im Briefe an den Titus: ein Bischof soll sein veihs, ἅγιος, sanctus, heilig, fromm Tit. 1, 8.

wiheth, m. sanctus ordo, sancta dignitas, sancta persona, Heiligheit, Heiligkeit, heiliger Grad, heilige Würde, heilige Persönlichkeit, ds. wihethon, in: ik giuhu allon helagon wihethon 2. Dies wihethon kann sprachrecht nicht zurückgeführt werden auf einen Nom. wiheth oder wihetha, wihethi, was gleich wäre einem goth. veihitha 2. Cor. 7, 1 u. a. einem alth. wihida (Graff 1, 724, noch weniger kann der Nom. davon ein Abj. sein, bedeutend sanctus. was Schmeller dafür ansetzt Gloss. 132. Merke darüber:
1. Wenn wihethon gleich sein sollte wihithon, so müßte das e eine Abschwächung sein von i. Eine solche Verwandlung in so alter Sprache bei so festem Stande der Lautverhältnisse, wie sie auch in diesem Beichtspiegel unsere Bewunderung erregen, wäre ein nicht zubegründendes, ja unerhörtes Verderbniß. Im 8. und 9. Jahrh. steht die Ableitung ith, itha, ithi so unversehrt und eisenfest im altf. wie im goth. Im Beichtsp. selbst ist ghoritha w. s., im Hel. bilithi imago, diuritha claritas, maritha gloria, selitha mansio, spahitha sapientia, wie im goth. aggvitha, aglitha, airzitha, gauritha und viele andre, selbst auch veihitha, nirgends statt dieses ith ein eth. Das banethi im Hel. 10964 und doch binithi 9729 bildet keine Ausnahme, da hier e und auch i — i durch Rückwirkung des folgenden i aus banathi entstanden ist, wie menegi 5361 aus manag, wie hinginnia oder hinginna M. 10330 ward aus hangani u. a., was bei wihethon nicht gelten kann, da ja darin kein i folgt. Eben so wenig kann ein goth. faheds oder faheids neben fulleith Marc. 4, 28 ein wihetha für wihitha begründen, weil wir ja danach ebenfalls ein wihith mit langem i erwarten müßten. Das arbed, arbedi im Hel. ein Erbstück vom goth. arbaids kann für wiheth nicht sprechen in Betracht des Abj wih und Verbum wihian, weil diesem nur wihitha entsprechen kann. Also wihethon ist Zusammensetzung wie wieth, aus wi oder wih und heth w. f

2. Der heth ist dignitas, ordo, persona Würde, Rang, Stand, Person, wie die hohe Würde eines Bischofs ist heth im Hel. 8320. So stimmt alles und jedes im hohen Grade vortrefflich zur Stelle in der Form und

auch in Bedeutung. Das zusammengesetzte wiheth für wih-heth besteht neben einem einfachen wihitha, wie im Hel. das spahed für spah-hed 3801 neben spahitha 6905. Der Mangel des h in wi-heth hat hier um so mehr Grund, weil das folgende Wort mit h beginnt, wie in spa-hed. Die Bedeutung von wi-hethon ist höchst vortrefflich, weil damit hier die dignitates oder ordines sanctorum, bezeichnet sind, wie in dem Confiteor der Messe. Als heth ordo sind hier genannt die Engel in ihren verschiedenen Graden, die Patriarchen, Propheten, Apostel, Evangelisten, Märtyrer u. a. in welchen Schaaren, Ordnungen, Reihen Geschlechtern die Heiligen aufgezählt werden z. B. in der Litanei von allen Heiligen. Ein solcher heth von Heiligen heißt sehr sinnig diesem entsprechend kunne in einem Leben des h Ludgerus S. 99, wo dies kunne Geschlecht bezeichnet die Engel, Propheten, Apostel, Martirer, Bekenner, Jungfrauen. Und allen diesen wihon hethon bekennt der Beichtende seine Sünden.

3. Wer bei dieser Deutung des wihethon noch Anstoß nehmen könnte an helag und wih in demselben Ausdruck so nahe zusammen, der bedenkt nicht, daß derselbe Uebelstand, wenns ein solcher wäre, nicht minder bliebe bei helagon wihithou. Der Ausdruck helag wiheth ist höchst sinnreich durch die Eigenthümlichkeit, daß von den beiden sinnverwandten Adjectiven helag und wih, welche das heth bestimmen sollen, das eine sich mit dem Nomen zu einer Zusammensetzung verband. Dieser Art Fügung gleicht völlig und ist für helag wih-heth Bestä-

tigung im Hel. das hluttar hrencorni 5077, hluttra hrencorni 5159, worin hluttar und hren sinnverwandt wie helag und wih, und hren sich mit corn verbunden hat zur Bezeichnung des Begriffes Weizen. Ein corni oder curni in hrencurni 4778, welches man daraus geschlossen hat, gibt es eben so wenig, als ein nahti, wenn man dieses schließen wollte aus sinnathi 4290. Dem Ausdruck helag-wih (heth) gleicht an Schönheit und Erhabenheit das lat. sacrosanctus, so daß allon helagon wihethon in lat. Bezeichnung wäre omnibus sacrosanctis ordinibus. Jeder sieht nun auch leicht ein, wie schwer dieser herrliche Ausdruck Wort für Wort und verständlich in hochd. Sprache wieder zu geben ist, und warum ich mit Lacomblet dafür **Geister zum Nothbehelf** gewählt habe.

wihian, sacrare, sanctificare, benedicere, heiligen, weihen, segnen daher giwihid, in: that ik giwihid mos endi drank nithargot 16. So auch im Hel. wihian, woher wihda 5702, wihida 9265, 11945 und giwihid von Maria 520 und im Vater unser 3204. Bemerke dazu:

1. Unser wihian auch alth. so Graff 1, 724 nach erster schw. Conj., goth. jedoch nach der dritten veihan für ἁγιάζειν, sanctificare Joh. 17, 19, 1. Cor. 7, 14 u. a. Wir sehen, unser wihian ist versetzt aus der III. in die I, wie auch sonst gewöhnlich wie hebbian, goth. haban, thagian goth. thahan, libbian goth. liban, troian goth. trauan u. a.

2. **wihian** stammt vom Adj. wih,

ist davon factitives und transitives Verbum, bedeutet also wih machen, welche beiden Begriffe der Lat. in seinem sanctificare ausgedrückt hat.

willian, velle, wollen, daher Präs. willias, in: that thu mi te goda githingi wesan willias 68. Dieses willias, wie auch alle übrigen Formen dieses Verbums sind so merkwürdig, wie wohl von keinem zweiten Verbum in deutscher Sprache:

1. Die Lautstellung ias in willias gleichend der von bisprakias, cussiannias, ovarmodias ist die älteste, vollendetste, schönste, im Hel. schon ies oder eas, wie willies 8969, dem folgt willie 2838 u. a.

2. Schon im goth. beginnt bei diesem Verbum eine Eigenthümlichkeit wie bei keinem zweiten:

a. Von dem aus viljands Marc. 15, 15 u. a. zu schließenden Präsens findet sich nichts weiter als eben dies viljands. Man müßte erwarten viljan, vilja, viljis, viljith u. s. w.

b. Das so in viljands erwartete Präs. wird nur fortgesetzt im Prät. vilda Matth. 3, 13 u. a. merkwürdig genug ohne Bindevocal vilda statt vilida, wodurch es einem munda von man gleich wird.

c. Die Formen des Präs. außer viljands werden gebildet durch eine starke Form, jedoch wieder nicht der Ind., sondern nur der Conj. wie viljau Matth. 8, 3, vileis Matth. 8, 2, vili Matth. 27, 43, vileits Marc. 10, 36,

vileima Marc 10, 35, vileith Matth. 27, 17 und viele andre.

d. Bei genauer Ansicht dieser Formen viljau, vileis, vili, vileits, vileima, vileith ergeben sich zwei wichtige Dinge:

1. sie sind die Formen des Conjunctivs im Prät. der VIII. Conj. Ihnen würde also ein Ind. vail entsprechen, was gleich wäre einem vait, lais, aih.

2. So hat aber vail, viljan nicht die Bedeutung eines Prät., sondern eines Präsens. In viljau ist verschobenes Prät., das Prät. hat Präsensbedeutung, gehört also in die Reihe jener Verba, welche dem Prät. Präsensbedeutung gegeben haben, und es sollte auch, so mangelhaft es ist, dazu gezählt werden, zu den 13 bei Grimm Gesch. II. 894, um so mehr, da vilda durch da ohne Bindevocal dem sculda, munda und so auch den übrigen entspricht. Wie Grimm dort lais, wovon es doch nur dies einzige lais gibt, vollständig aufstellt, so verdient dies viljan ein Gleiches, wir sollten stellen vail, vailt, vail, vilum, viluth, vilun, dem folgte dann sprachrecht viljan, vilais, und vilda u. s. w.

3. Der Gewinn dieser genauen Betrachtung und Einreihung des viljan ist für die Sprachforschung von großer Bedeutung. Wir sehen unter andern daraus, wie richtig ist das sonst so verloren dastehende goth. vaila, daß dem gleich ist das wela mit langem e im Hel. 2019 u. a., wozu dann auch

der welo gehört 3298 u. a. Sie führen den Vocal des Präs. von viljan oder vail von einem vorauszusetzenden veilan. Am meisten gewinnen wir jedoch durch jene Stellung für die Beurtheilung unseres willian, wir vermögen darin die Gleichheiten und Ungleichheiten von willian und wiljan zu erkennen, wissen zu deuten, wenn wir sehen im Hel.

a. williu 3011 und welliu 4875, wili C. und wilt M. 2200, wilit 3371,
b. welda 320 und daneben wolda 10 und dar walda 599,
c. wil in wilspel 1035, daneben wili in den Mannsnamen, wie Wilihelm und willi in Willibert WH. 228, das goth. vilis in silbaviljos 2. Cor. 8, 3.

Denn wir sehen, daß die Form welliu eingerückt ist in das Verbum goth. valjan wählen, was sich dann auch fortsetzt in welda und walda, daß wolda gleichend scolda gemacht ist als lautete das Präf. wal wie scal, u. s. w. Die Nähe der Begriffe wirkte dazu.

4. Nach dem Grundsatze, daß die VIII. Conj. aus der X. oder XI. durch Einsetzung des i und a entstanden ist, liegt dem Verbum veilan, vail, vilun ein vilan, val, velun, vulans zum Grunde, aus welchem val dann auch valjan wählen und das führt geradeswegs auf die Urverwandtschaft mit dem griech. ἐλεῖν wählen, dessen ἀλ- in ἀλίσκομαι, ἁλούς, ἁλῶναι, ὀλ in ὅλος, u. s. w.

willio, m., voluptas, voluntas, studium, Wille, Wonne, Lust, Begierde, ds. willion, in withar godas willion 60, an godas willion 66, und gp. williono in horwilliono w. f., so auch im Hel. willio 3952, 4391, auch schon willeo 569, 891, ds. willion 4044, 4297, gp. williono 1204, 8047, 11848, sonst noch häufig. Bedenke:

1. Ganz besonders ist darauf hinzuweisen, daß dies willio nicht so engen Sinn hat, als das jetzige hochd. Wille zumal in der Wissenschaft. Vermöge seiner Abstammung begreift willio außer dem Willen auch Wonne, Lust, Begierde, welchen so weiten Begriff ja auch der Lat. sogar in zwei von volo abgeleitete Wörter gespalten hat, in voluntas und voluptas.

2. Wohl stammt willio von willian w. f., da es das i von willian in sich trägt wie lerio Lehrer, von lerian, scenkio Schenke, von scenkian u. a., doch stammt es wohl nicht unmittelbar von willian, sondern mittels des Adj. wili oder willi volupis, libitus, wovon willio das schwache m. sein kann, das dann zum Substantiv erhoben ist.

wison, visere, visitare, besuchen, davon wisoda, in: siakoro ne wisoda 31, so ganz gleich im Hel. 4426, 7084, 7361, 7962, 7405, 8801, sogar derselbe Ausdruck, in: ni weldun gi min seokes thar wison 8854, entsprechend dem biblischen ἠσθένησα καὶ ἐπεσκέψασθε me, infirmus eram et visitastis me Matth. 25, 36. Es verdient wison genauere Betrachtung:

1. wison ist ganz geblieben das goth. veison in der Zusammensetzung

gaveison, woher gaveisodeduth meina Matth. 25, 43, gaveisoda Luc. 1, 68, gaveisod 1, 78, gaveisoda guth manageins seinaizos 7, 16 so mit dem Gen. in der Bedeutung besuchen, aber auch mit dem Acc. in der Bedeutung aussuchen, wenn wir diesen Acc. schließen dürfen aus: gaveisodai vaurthun dauravardos Neh. 7, 1. Aus diesem goth. veison erkennen wir die Länge des i in unserm wison und sind so auch dessen Abstammung völlig gewiß.

2. wison ist vom Adj. wis scitus, gnarus, weis, kundig, im Hel. sagt Maria: ne ik gio mannes ni ward wis 541, von der es dann auch heißt: thiu gio thegnes ni warth wis 5572. Und aus diesem wis mit dem Gen. mannes und thegnes ergibt sich der Grund des Gen. bei wison, der ist: das abgeleitete Wort behält die Fügung des Stammes. Da nun wison heißt wis machen, nämlich in Bezug auf das Subject, sich wis machen, so bedeutet siokes wison sich des Kranken wis, d. h. kundig, wissend machen. So ist doch wison höchst sinnreich, weit sinnreicher als das hochd. besuchen.

witan, videre, scire, novisse, sehen, kennen, wissen, daher witandi 58, auch im Hel. witan 97mal, in allen Formen, wie witan 4869, ich, er wet 1198, 1448, du west 1649, wir, ihr, sie witun 2390, er witi 5059, wir, ihr, sie witin 9297, ich, er wissa wußte 499, wir, ihr, sie wissun wußten, er wissi wüßte, wir, ihr, sie wissin wüßten 1206, witanne 9214. Unser witan fordert seiner Form und Abstammung wegen die sorgfältigste Aufmerksamkeit, weil es zu einer Conjugation gehört, worin die Vocale leicht zu Irrthümern verleiten:

1. Die Formen wet, witun, witi, witin stehen in VIII. Conj., haben also kurzes i, und so hat auch witan und witandi kurzes i, weil sich diese Formen des Präs. aus dem Pl. des Prät. entwickelt haben.

2. Dies witan mit kurzem i fordert ein Präs. mit langem i, was sich auch erhalten hat im Hel. in witan (= weitan) woher der Imp. wit 10313.

3. Wie bei allen Verben mit Perfect-Präsens-Bedeutung, so konnte auch dies witan zur Bildung des Prät. kein ida, sondern nur da empfangen, es konnte nicht bilden witida, sondern nur witda. Nach goth. Weise verwandelt sich nun dies td in ss, woher also wissa, wissun, wissi, wissin. Daher denn auch wiss certus im Hel. 3875.

withar, ob, contra, adversus, wider, gegen, zuwider, Präp. mit dem Dativ, in: withar cristinhedi, withar gilovon, withar bigihton, withar mestra, withar herdoma, withar rehta 6, 7, 8, 9, 10, withar godas willion 60. Form, Bedeutung und Abstammung dieses withar sind gleich merkwürdig:

1. In dieser ältesten Form mit th gleicht withar dem goth. vithra: vithra marein für πρός und circa Marc. 4, 1, im Hel. unter 48mal nur 3mal mehr withar: withar thiu 3588, an frithe withar siondo

nith 8419, wretha witharsacon 11282, wo noch dazu th durch die beistehenden Wörter mit th geweckt und gehalten zu sein scheint, sonst immer widar und wider.

2. Den Stamm von withar hat Graff 1, 635 in einem wi, wa, we zu finden gesucht, wie gewöhnlich durch so viele wenn, aber, vielleicht, möglich??, daß man gar nicht weiß, worauf, woher, wohin er selbst will, und er uns führen will. Durch solche eingebildete wi, wa, we gelangen wir hier zu — Nichts! Wir sollten uns nicht befangen lassen von dem höchst verderblichen Wahn, daß wenn diese oder jene vielgegliederte Partikeln sich aus ursprünglichen entfaltet haben, daß dies bei allen und jeden so der Gang sei. Ist es doch daneben mit aller Gewalt nicht abzustreiten, daß viele Partikeln, Präp., Conj., Adv. aus bedeutungsvollen Nominibus oder lebensvollen Verben entsprossen sind. Sinnvolle Bedeutung und rege Thätigkeit bewahren wir der Sprache, wenn wir mit Grimm Gr. III. 258 nithar von dem Verbum nithan premere herleiten. Sieh oben nithar. Diesen schönen Vortheil erzielen wir, wenn wir auch unserm withar die gleiche rührige und lautere Quelle zuweisen. Die Gründe dafür sind:

a. Zunächst stammt withar von dem einfachen with, was ja auch wirklich besteht, im Hel. sogar das gewöhnliche und dazu in der Verwendung so wenig von withar unterschieden ist, daß beide, mit gleichem Casus gefügt, nicht selten für dasselbe Verhältniß, zuweilen ganz nahe bei einander stehen, wie wid siundo nith 104 und wither siondo nith 8419, wid winde 3642 und wider winde 3628, wid thia siond 4562 und widar hettindeon 4561, u. s. w. So gleicht withar und with dem nithar und nith, dem undar und und, ut und ular, dem goth. afar und af, undar und und, uf und ufar, in dem ar auch noch dem sundar. Das ar hat dabei keine andre Bedeutung, als das örtliche ar in ostar nach Osten, westar nach Westen.

b. Wie nahe nun nith, nithar dem Verbum nithan liegt, so nahe with oder wid dem Verbum withan oder widan, woher goth. gavithan in gavath für συνέζευξεν, conjunxit Marc. 10, 9 auch invidan für verleugnen, übertreten, für das altf. muß das dem with in th gleichende wethan w. s. angenommen werden, seine Grundbedeutung muß sein vertere, torquere, volvere, dann apere, jungere, ligare. Daß daher with und withar stamme, dafür bietet außer nith von nithan trefflichen Vergleich und somit trefflichen Beweis das den entgegengesetzten Begriff bezeichnende sundar sonder, als von sindan, worüber sieh bei sundia, weiter auch das lat. sine als von sinere, dann apud als von apere und juxta als von jungere. So zutreffend sind dies apud und juxta, daß ein harm with herta im Hel. 1211 völlig gleich wäre einem dolor apud cor, dolor juxta cor, das harm ist gefügt, genüpft, geheftet ans Herz, dolor aptus, junctus cordi, fixus in corde.

c. Ein feindliches **wider**, wie dies hochd. oder freundliches bezeichnet withar im Grunde eben wenig, wie jede andre Präp. eine Gesinnung bezeichnen kann. Es ist allerwegen Verkümmerung und Verdunklung der Wissenschaft, wo man den freundlichen und feindlichen Sinn, welcher in den durch Präp. verbundenen Worten liegt, diesen Präpositionen zuschreibt. Wo withar oder with feindlich scheint, liegt diese Gesinnung im Subject oder Object oder beiden zugleich, wie im Hel. in widar sionde 2915, wo siond der Feind ist, nicht widar, wo freundlich, liegt diese Freundschaft eben so, wie in wid is wini wirkian, wo wini der Freund, ist nicht wid. Wie sich nun aus withan, wethan aus dem binden, knüpfen, aus dem mit, zusammen, wie es so örtlich deutlich ist in widar wolcan im Hel. 6232 die Bezeichnung für wider, entgegen, vor, für entwickele, beweiset noch recht treffend das lat. contra als von con = cum mit zusammen als geltend für gegenüber, entgegen, wider.

witid, f. sacra dies, dies festa, sacrum tempus, tempus festum Weihzeit, heilige Zeit, Festzeit, Feierzeit, Feiertag, daher dp. witidion, in: witidion mos fehoda endi drank 15. Form und Bedeutung dieses witidion ist von entscheidendem Gewichte für die richtige Erkenntniß des ganzen Gedankens und der Größe des Vergehens, dessen sich der Sünder hier anklagt:

1. Man könnte hier den Mangel der Präp. an vor witidion auffällig finden, zumal gegenüber dem an dag so an nahta, an huilicaru tidi. Auffällig freilich fehlt bei witidion die Präp. an, jedoch auch sehr bedeutungsvoll. Es unterscheidet sich witidion wesentlich von an witidion, so wesentlich, als lat. in die, in diebus von die, diebus. Wer sagt: in die dormivi, der sagt damit bei strenger Genauigkeit, daß er im Verlaufe des Tages zu irgend einer Zeit einmal geschlafen habe, dagegen sagt er mit die dormivi, daß er im ganzen Verlaufe des Tages immerfort geschlafen habe. Eben also wer an witidion mos fehoda, der hat innerhalb einer wihtid oder aller einmal oder auch wiederholentlich mos gifehod, wer dagegen witidion mos fehoda, der hat in der ganzen Zeit einer witid oder aller vom Morgen bis zum Abend mos gifehod, wie die Wächter des Grabes Jesu, welche auf der Wacht da saßen wanom nahton Hel. 11531 (unter diesen wanom nahton werden verstanden die alljährlichen mondhellen Nächte zu Ostern), wenigstens die eine ganze mondhelle Nacht vom Abend bis zum Morgen Wache hielten, wie es auch ausdrücklich heißt: wardos obar themo grabe satun· alla langan naht 11748.

2. Lacomblet versteht unter diesen witidion die heilige Fastenzeit S. 6. Da er nun auch mos fehoda endi drank für essen und trinken nimmt, so würde nach dieser Deutung auch gesagt sein, daß den alten Sachsen an

Fasttagen zu essen und zu trinken verboten und geboten wäre, die 40 Tage vor Ostern als die eigentliche heilige Fastenzeit hindurch nichts zu essen und nichts zu trinken im grellsten Widerspruch mit den Geboten der Kirche wie heute so auch damals. Dazu sieht man auch nicht ein, wie der überall in diesem Beichtspiegel so bestimmt und klar sich aussprechende Verfasser eine so bekannte und bestimmte Sache als die Fasttage sind, so allgemein und unbestimmt durch witidion ausgedrückt haben sollte, zumal das Wort für den Begriff fasten feststand und allgemein bekannt sein musste, sogar in den drei Formen fasta, fastinga und fastunnia. Sieh Schmeller Gloss. Das eine davon die fastunnia im Hel. 1750, 3259, 2103 und hier auch fasta bei M. So schon kann witid unmöglich die Faste bezeichnen. Dazu kommt aber geradezu beweisend, dass im Hel. es von den Osterfeiertagen heisst an them wihdagon 8400 und als Sinnreim dazu thia helagun tidi 8403 und iudéono pascha 8404, desgleichen an them wihdage 9058 und erklärend wieder thia helagun tidi 9061, dann an thia helagon tid 10393 und erklärend an them wihdage 10395. Diese helagon tid ist Wort für Wort unser witid und diese helagun tidi sind völlig unsere wihtidi. Die österlichen Feiertage sind wie Weihnachten, Pfingsten und andere helaga oder wiha tidi, sind witidi, sind dies festi, tempora festa, Feiertage, Festtage.

3. Fassen wir nun den durch den Dativ witidion bezeichneten Sinn und die für schon gefundene Bedeutung zusammen, so gibt der Beichtende mit den Worten: ik witidion mos sehoda endi drank sich schuldig, dass er, wie den helagun sunnundag nicht gehörig feierte, auch die von der Kirche gebotenen Feiertage oder Festtage nicht gehalten, sondern diese heiligen Zeiten entweihet habe durch knechtische Beschaffung und Bereitung von Speise und Trank, wie der sündlich thut, welcher an Sonn- und Feiertagen Brod backt und Bier brauet.

word, n. verbum, Wort, gp. wordo in unrehtaro wordo 38, dp. wordon, in: mid uvilon wordon 51, so auch im Hel. word 4, wordo 280, wordon 84, und wordun 9, 188, 860, dazu ds. worde 1863, is. wordu 431 u. a. in allem 370mal. Merke dazu:

1. Die Form des ds. wordon ist die in C. gewöhnliche, wordun die in M. Beide sind wohl zunächst aus dem is. des Sing. wordu, wofür auch wordo im Hel. 8 entstanden nach dem Gesetze, dass die Form des einen Casus auf die Gestaltung des andern einzuwirken pflegt.

2. Das word wurde, ist geworden, ist ein gewordenes, da es stammt vom Verbum werthan, doch nicht von sich und aus sich selbst, das word wird und ward und ist worden von und aus dem Geiste durch des Mundes Kraft und That. Sobald ein Wort gesprochen, ist eine That des Geistes geschehen durch den Mund. Aber auch ein ganzer Satz, wenn er gesprochen, ist ein word, ja eine große noch so große gesprochene Rede ist ein word, ist so ein Gewordenes, eine That, die ganze Lehre Jesu, das Evan-

gelium, ist ein word, ein word im Hel. ist lera cristes helag word godas 12—13. In gleichem Sinne ist auch der Beichtspiegel ein herrliches Wort. In diesem Begriffe gleicht das deutsche word dem griech. λόγος, weil auch dieser λόγος ist jedes einzelne Wort, wie nicht minder jeder Satz, eine ganze Rede. Doch ist die deutsche Bezeichnung word noch weit tiefer und sinnreicher, als der griech. λόγος, da sich in word das Sein durch Werden offenbart.

Die Bischöfe von Münster

in ihrer Reihenfolge

vom h. Liudger bis an Johann Georg.

―――――

(Die nebenstehende Jahrzeit bezeichnet den Abgang durch Tod, Entsagung u. a.)

―――――

1. **Liudger**, lat. **Liudgerus** . . . . . 809, März 26.
   Entstellt ist Liudger in Ludger, Luidger, Lüdger um so übler, als Liudger bedeutet proles acris, juvenis acer.

2. **Gerfrid**, lat. **Gerfridus** . . . . . . 839, September 12.
   Entstellt ist Gerfrid in Gherfrid, Gerefrid, Gherefrid, bedeutet acris tutela.

3. **Aldfrid**, lat. **Aldfridus** . . . . . . 849, April 22.
   Entstellt in Altfrid, Alfrid, dies sehr widersinnig, da Aldfrid bedeutet adulta tutela.

4. **Liudbert**, lat. **Liudbertus** . . . 871, April 27.
   Entstellt in Liutbert, Lutbert, Ludbert, Lubbert, so verdunkelt der glänzende Name Liudbert, der bedeutet proles lucida, juvenis clarus, illustris.

5. **Bertold**, lat **Bertoldus** . . . . . . 875, März 23.
   Entstellt in Berthold, bedeutet clara aetas, illustris aetate.

6. **Wolfhelm**, lat. **Wolfhelmus**   895, Juli 7.
Häßlich findet sich dafür Wilhelm, auch entstellt in Wulfhelm, bedeutet aber in der Form Wolfhelm, als aus uolfhelm, sinnreich candida tutela, candidus tutor.

7. **Nithard**, lat. **Nithardus** . . . . .   922, Mai 26.
Sehr übel findet sich auch Richard für dies höchst sinnreiche Nithard (gleich nith-hard) juvamen firmum, auxiliator fortis.

8. **Rumold**, lat. **Rumoldus** . . . . .   941, Juni 19.
durch die Form Rynnold unsinnig verunstaltet, bedeutet extensa aetas, grandaevus.

9. **Hildibald**, lat. **Hildibaldus** . . .   967, November 17.
verändert in Hildebald, Hildibold, Hildebold und völlig zerstört in Hillebold, das so tiefen Sinn bergende Hildibald d. i. pugna fortis.

10. **Duodo**, lat. **Duodo**, gs.-**onis**   993, December 15.
daneben Dodo doch so auch sprachrecht, in beiden Formen bedeutet der Name vir strenuus.

11. **Suithger**, lat. **Suithgerus** . . . . 1011, November 19.
leicht verändert in Suitger, aber bis zum Unsinn verstümmelt in Sweder, der sinnvolle Suithger, da er bedeutet valde acer.

12. **Theoderic**, lat. **Theodericus** 1022, Januar 23.
entfremdet in Theoderich, Thiderich, sogar in Dietrich, der sinnige Theoderic d. i. populo oder populi potens.

13. **Sigifrid**, lat. **Sigifridus** . . . . . 1032, November 27.
verändert in Sigefrid, entstellt in Seghefrid, gar schreibwidrig in Siegfried, bedeutet victoriam tutans.

14. **Herimann I.**, lat. **Herimannus** 1042, Juli 21.
entstellt in Hermann, was etwas ganz andres bedeutet als Herimann, der ist miles-vir.

15. **Ruodbert**, lat. **Ruodbertus** . . 1063, November 16.
Verhochdeutscht in Rodpert, bedauerlich verstümmelt in Robert und Rubert, der schöne sinnvolle Ruodbert, der ist oratione clarus, orator illustris.

16. **Fritheric I.**, lat. **Frithericus** 1084, April 18.
Nur leise verändert in Frideric, aber gänzlich verdunkelt in Frederic, der nicht mehr bedeutet, was Fritheric die pax potens.

17. **Erpo**, lat. **Erpo**, gs. **Erponis** . . 1097, November 9.
Neben Erpo üblicher Erpho und richtig, obwohl das h darin ausländisch ist, Erpo bedeutet fuscus, rufus.

18. **Burghard**, lat. **Burghardus** . . 1118, März 19.
Daneben Burchard, worin c gleich k hochd. ist, verdorben in Borchard, sinnreich bedeutet Burghard arx firma.

19. **Theoderic II.**, lat. **Theodericus** 1127, Februar 28.
Sehr entstellt in Thideric, verdorben in Dideric, verstümmelt in Dieterich und gar Dirick. Bedeutung bei Theoderic I.

20. **Egebert** lat. **Egebertus** . . . . . 1132, Januar 9.
Richtiger wäre Egibert, aber die Sprache neigt schon zum Verfall, verdorben ist doch Eghebert, noch mehr Ecbert, er bedeutet sinnreich disciplina clarus.

21. **Werinher** lat. **Werinherus** . . 1151, December 7.
Abgeschwächt in Werenher, Wernher, verunstaltet in Werner, bedeutet defensor lucidus.

22. **Fritheric II.**, lat. **Frithericus** 1168, December 30.
Verderbniß und Bedeutung bei Fritheric I., w. s.

23. **Ludewig I.**, lat. **Ludewicus** . 1173, December 26.
Auch Ludowig, was wegen o wohl ursprünglich richtiger ist, durch Abfall des h für Hludowig, aber weiter verdorben Lodewig, Lothewig, bedeutet praeclara pugna, praeclarus pugna.

24. **Herimann II.**, lat. **Herimannus** 1203, Juni 9.
Verderbniß und Bedeutung bei Herimann I. w. f.

25. **Otto I.**, lat. **Otto**, gs. **Ottonis** . . 1218, März 6.
Bedeutet, wenn tt hochd. steht für dd oder d, beatus, felix.

26. **Theoderic III.**, lat. **Theodericus** 1226, Juli 18.
Verderbniß und Bedeutung bei Theoderic I. w. f.

27. **Ludolf**, lat. **Ludolfus** . . . . 1247, Juni 10.
Daneben Ludolphus verdorben durch ph, darin gehört lud statt liud jener Zeit an, und so bedeutet der Name proles candida, juvenis probus.

28. **Otto II.**, lat. **Otto**, gs. **Ottonis** 1259, Juni 21.
Bedeutung bei Otto I., w. f.

29. **Wilhelm**, lat. **Wilhelmus** . . . 1260, December 30.
Widerwärtig geschrieben Wylhelm, bedeutet sinnig cara tutela, gratus custos.

30. **Gerhard**, lat. **Gerhardus** . . . . 1261, September 30.
Entstellt geschrieben Gherhard, bedeutet recht bezeichnend acer-firmus.

31. **Everhard**, lat. **Everhardus** . . 1301, April 5.
Sinnreich ist Everhard vir ferox-firmus.

32. **Otto III.**, lat. **Otto**, gs. **Ottonis** 1308, October 16.
Bedeutung bei Otto I. w. f.

33. **Ludowig II.**, lat. **Ludowicus** . 1357, August 18.
Form und Bedeutung bei Ludwig I. w. f.

34. **Adolf**, lat. **Adolfus** . . . . 1363, Juni 21.
Unrichtig geschrieben Adolph, abscheulich verstümmelt in Aleff, bedeutet sinnreich genus candidum, proles proba.

35. Johann I., lat. Johannes .... 1371, März 27.
36. Florenz lat. Florentius ..... 1379 ....
37. Potho, lat. Potho, gs. Pothonis 1381, October 29.
38. Henric I., lat. Henricus ..... 1392, April 1.
39. Otto IV., lat. Otto, gen. Ottonis 1424, October 3.
40. Henric II., lat. Henricus ..... 1450, Juni 2.
41. Walram, lat. Walramus .... 1456, October 3.
42. Johann II., lat. Johannes ... 1466 ....
43. Henric III., lat. Henricus .... 1496, December 24.
44. Conrad, lat. Conradus ..... 1508, Februar 9.
45. Eric I., lat. Ericus .... 1522, October 20.
46. Frideric, lat. Fridericus .... 1532, März 24.
47. Eric II., lat. Ericus .... 1532, Mai 14.
48. Franz, lat. Franciscus ...... 1553, Juli 15.
49. Wilhelm II., lat. Wilhelmus 1557, December 3.
50. Bernhard, lat. Bernhardus .. 1566, October 25.
51. Johann III., lat. Johannes ... 1574, April 5.
52. Johann Wilhelm .... 1585, Mai 8.
53. Ernst, lat. Ernestus .... 1612, Februar 17.
54. Ferdinand I., lat. Ferdinandus 1650, September 13.
55. Christoph Bernhard ...... 1678, September 19.

56. Ferdinand II. . . . . 1683, Juni 26.

57. Maximilian Heinrich . . . . . . 1688, Juni 3.

58. Fridrich Christian . . . . 1706, Mai 5.

59. Franz Arnold . . . . 1718, December 25.

60. Clemens August . . . . 1761, Februar 6.

61. Maximilian Fridrich . . . . . . 1784, April 15.

62. Maximilian Franz . . . . 1801, Juli 27.

63. Ferdinand III. . . . . 1825, März.

64. Caspar Max . . . . 1846, August 3.

65. Johann Georg inthronisirt am 22. December 1847.

Berichtigungen.

Seite	Spalte	Zeile	
14	1	30	lies andbahteis
59	2	25	(verlesen Hamarichi)
65	2	6	lies bifilliu
68	2	12	— (= horaw)
68	2	38	— laisjan
71	2	16	— goth. bida
73	2	32	— is wib
75	1	37	— milith
77	1	27	— thahta
77	2	17	— cristinhed
79	2	33	— unrehtas thahta
82	1	8	— lasun
84	2	21	— slaht und slahta
85	--	6	— mahti
88	1	10	— warun iro thes muodgithabti
92	2	26	— numts
103	1	19	— fraistobni
103	2	15	— iubu
113	2	20	— VII. Conj.
117	2	41	— lailot
122	1	11	— svistra
122	1	38	— goth. aves, svis oder avus
125	1	9	— minnen
156	2	34	— viljau, vileis

www.ingramcontent.com/pod-product-compliance
Lightning Source LLC
Chambersburg PA
CBHW020846160426
43192CB00007B/801